Vies des enfants célèbres de tous les temps et de tous les pays : Panthéon de la jeunesse

Julien CABOCHE

© 2024, Julien Caboche (domaine public)
Édition : BoD · Books on Demand GmbH, In de Tarpen 42, 22848 Norderstedt (Allemagne)
Impression : Libri Plureos GmbH, Friedensallee 273, 22763 Hamburg (Allemagne)
ISBN: 978-2-3224-7949-8
Dépôt légal : Octobre 2024

INTRODUCTION.

En écrivant la vie des enfants célèbres, en la proposant à l'admiration d'enfants comme eux, l'auteur n'a pas eu, Dieu merci, la folle pensée de faire naître dans le cœur de ses jeunes lecteurs l'amour d'une célébrité précoce. Il n'est pas cependant de ceux qui condamnent absolument la noble ambition de la gloire comme indigne de la véritable modestie et de l'humilité chrétienne. Mais il met le bonheur au-dessus de tous les biens, et il ne croit pas que la célébrité soit le bonheur.

Nous vivons sous une forme de gouvernement qui excite et légitime toutes les ambitions; nous vivons dans un siècle où chacun est entraîné par des désirs immodérés de fortune et de luxe. La célébrité donne assez souvent les richesses, et l'amour de la célébrité a gagné tout le monde: depuis le boutiquier le plus obscur jusqu'à l'orateur, le poëte le plus célèbre, chacun cherche à faire proclamer son nom par les mille voix de la publicité.

L'auteur ne saurait assez condamner son livre s'il avait, en le publiant, donné un nouvel élément, quelque minime qu'il soit, à cette maladie de notre époque.

Il ne croit pas être tombé dans cette faute grave. S'il a parlé, comme cela était nécessairement de son sujet, des enfants qui ont acquis la célébrité par leurs talents précoces, s'il leur a payé un juste tribut d'admiration et de louanges, il n'a jamais déguisé les dangers et les tourments de la gloire.

Les auteurs qui ont écrit jusqu'à ce jour la vie des enfants célèbres n'ont parlé, pour la plupart, que des enfants qui ont brillé par des qualités phénoménales, des talents extraordinaires. On n'a pas cru, dans cet ouvrage, devoir suivre un pareil exemple.

Les vertus simples, naïves, obscures de la famille, les qualités du cœur ont eu aussi leurs jeunes héros: des enfants se sont distingués par des actes de courage, de dévouement, de probité, de bravoure, de bienfaisance; on les a recherchés avec un soin scrupuleux, avec une sollicitude empressée. On n'a fait aucune distinction entre les vertus privées et les vertus publiques. On a placé sur la même ligne l'immortelle Jeanne d'Arc, Mlle Julie d'Angenne et la pauvre Mariette, le savant Pic de la Mirandole et l'industrieux et bon Micheli.

Ces enfants d'aujourd'hui, ceux qui seront des hommes actifs et puissants quand l'âge ou la mort nous aura glacés, la génération qui vient sera-t-elle plus instruite que la génération qui s'en va? Il faut bien l'espérer. La statistique nous l'assure; elle nous dit chaque année combien d'écoles nouvelles ont été ouvertes, à combien s'élève le chiffre des enfants qui les fréquentent. Nos fils seront donc plus savants que leurs pères; seront-ils meilleurs? Élevés dans les loisirs de la paix, sous un gouvernement populaire, formeront-ils un peuple plus grand, plus uni, plus honorable, plus dévoué que nous, qui avons reçu l'éducation au milieu des tourments de la guerre, ou sous un gouvernement d'aristocratie? Grave question qu'il importe d'examiner aujourd'hui et non pas demain. L'éducation fait les hommes, et quand les hommes sont faits, il faut les subir leur vie durant, et la vie d'une génération est longue.

Assez de livres sont faits pour l'instruction de la jeunesse; celui-ci aura rempli son but s'il est de quelque utilité pour son éducation. L'auteur ne songe jamais sans frémir à l'indifférence religieuse qu'on affiche dans la plupart des colléges de France, où un professeur n'ose pas le plus souvent prononcer devant ses élèves les mots sacrés religion et morale. Pour lui, il regarde le christianisme comme la plus simple et la plus sublime de toutes les religions, comme le dernier mot, la plus parfaite expression de toute civilisation. Il n'a cessé de faire ressortir dans tout le cours de cet ouvrage les divines vérités qu'il enseigne.

On n'a pas seulement écrit la vie des enfants morts au sein de leur gloire précoce, on a pensé que ce serait une lecture pleine de pénibles émotions que celle de cette longue suite d'enfants moissonnés à l'aurore de la vie.

On a donc admis dans ce Panthéon de la Jeunesse, non-seulement les enfants célèbres, mais encore ceux qui, après une jeunesse obscure, mais laborieuse, sont devenus des hommes éminents. Ces dernières existences sont plus fécondes en enseignements et peut-être aussi en intérêt. N'est-ce pas, en effet, un spectacle consolant que de voir de pauvres enfants lutter avec une persévérance intrépide contre le malheur de leur naissance, et s'élever par leurs propres forces jusqu'aux plus hautes positions sociales? Ces exemples, assez communs, prouveront aux enfants que la considération et la fortune ne manquent jamais d'arriver à ceux qui les veulent conquérir par le travail et l'étude.

JEUNES GENS CÉLÈBRES.

LES ENFANTS D'ÉDOUARD.

Voici deux pauvres petits princes qui seraient restés confondus parmi la foule de ces rois dont l'histoire n'a rien à mentionner que la date de leur naissance et de leur mort, si une belle peinture de Paul Delaroche, si une tragédie touchante de Casimir Delavigne, deux grands artistes de ce temps-ci, ne les avaient rendus plus célèbres que ne l'ont fait tous les historiens ensemble. Ce que peut le génie!

L'aîné de ces deux enfants, Édouard, prince de Galles, avait à peine treize ans quand il eut le malheur de devenir roi d'Angleterre, par la mort de son père, Édouard IV. — An de J.-C. 1483. — Richard, duc d'York, son frère, entrait dans sa neuvième année.

Richard était blond, beau comme un ange, mais vif, joueur, espiègle comme un lutin, plein de courage et d'ardeur: tête chaude, bon cœur! Édouard, d'une santé faible, était déjà calme, digne, noble, mais aussi déjà sérieux et triste comme un roi. Tous deux étaient aimables, bons, généreux; de caractères différents, ils s'aimaient d'un amour égal et dévoué.

A cette époque l'Angleterre offrait au monde un spectacle épouvantable; depuis longtemps deux familles rivales, York et Lancastre, se disputaient le pouvoir; l'échafaud était en permanence dans ce malheureux pays; le trône semblait être devenu le partage du plus féroce. Cependant les troubles avaient cessé quelque peu sur la fin du règne d'Édouard IV; mais à peine ce prince eut-il fermé les yeux, que les ambitions se réveillèrent et qu'une nouvelle série de crimes commença.

Élisabeth de Wydeville, veuve d'Édouard, prit la régence du royaume avec la tutelle de ses enfants. Née loin du trône, elle y avait été appelée par son royal époux, en dépit de la noblesse, qui ne lui pardonnait pas cette élévation, qu'elle méritait par ses vertus. Richard, duc de Gloucester, oncle paternel des enfants d'Édouard, résolut de profiter des dissensions qui déchiraient la patrie pour ravir le trône à ses neveux, dont il aurait dû être le premier, le plus dévoué défenseur. Richard était un homme rusé, méchant, ambitieux; il portait une vilaine âme dans un vilain corps; rien ne lui coûtait pour arriver à son but, ni perfidie, ni trahison, ni meurtre, ni sacrilége. Au lieu de chercher à apaiser les troubles, il les excita sourdement; en même temps qu'il obtenait la confiance de la reine-mère par des protestations du plus sincère dévouement, il gagnait à sa cause plusieurs seigneurs, notamment le duc de Buckingham, par les promesses les plus pompeuses.

A la mort du roi son père, le jeune Édouard était à Ludlow, sur les frontières du pays de Galles. Bientôt Élisabeth demanda que son fils fût ramené à Londres, sous la protection d'une armée; elle ne put obtenir qu'un cortége de deux mille cavaliers. Gloucester, qui commandait l'armée d'Écosse, s'avançait aussi vers la métropole dans le dessein, disait-il, d'assister au couronnement de son neveu; mais en route il attira traîtreusement près de lui le comte Rivers et lord Gray, oncles maternels du jeune roi, les fit arrêter et emprisonner; puis il se rendit auprès d'Édouard, et avec les démonstrations du plus grand respect il lui enleva tous ses gens de confiance et l'emmena à Londres, où ils firent bientôt une entrée triomphale. Gloucester était à cheval en avant d'Édouard, et il le désignait aux acclamations du peuple.

Le jeune prince reçut dans le palais de l'évêque le serment de fidélité et l'hommage des prélats, des lords, des communes; après cette cérémonie, Gloucester, sous prétexte du couronnement prochain, fit conduire le jeune roi à la Tour de Londres et se déclara protecteur du royaume.

Cependant la reine-mère, voyant ce qui se passait et avec quelle précaution Gloucester se rendait maître de son fils ainé, fut effrayée, et se réfugia avec Richard dans l'abbaye de Westminster. Cette conduite dérangeait les plans de Gloucester: une seule victime ne lui eût pas suffi; aussi résolut-il d'attirer Richard auprès de son frère. Il redoubla de protestations de dévouement et d'hypocrites démonstrations. Édouard, prisonnier dans ses propres états, entouré de gens à la dévotion de son oncle, dépérissait d'ennui et de chagrin; Gloucester lui conseilla d'écrire à sa mère pour lui demander Richard. Une députation de lords, l'évêque de Cantorbéry en tète, se rendit auprès d'Élisabeth pour lui faire la même demande. Une mère est difficile à tromper sur le sort de ses enfants, la reine résista longtemps; enfin, vaincue par toutes les sollicitations, elle prit Richard dans ses bras, le couvrit de baisers, de larmes, et lui dit: «Allez, Richard, allez auprès du roi votre frère;
«consolez-le et aimez-le; dites-lui combien je l'aime; et,
«quel que soit le sort qui vous attend, montrez-vous tous
«deux dignes de votre rang.» Puis elle le laissa partir.

Les deux pauvres enfants eurent quelques jours de bonheur. Ils s'abandonnèrent à toute la joie de se voir réunis. Ils jouaient, ils riaient ensemble, parlaient de leur mère, de l'avenir brillant qui leur était promis, et ils étaient heureux.

Néanmoins, les projets de Gloucester commençaient à percer. Les amis, les fidèles serviteurs du jeune roi conspirèrent pour les faire échouer; mais les âmes honnêtes sont lentes à croire à la perfidie; ils mirent quelque hésitation dans leurs actes, et Gloucester les devança; il les fit arrêter et mettre à mort. Alors périt la fleur de la noblesse anglaise, fidèle à son roi: Rivers, Hastings, sir Richard Gray, sir Thomas Vaughan, et plusieurs autres encore. Après ces crimes, le protecteur ne garda plus aucune contrainte; il devint évident qu'il aspirait à la couronne d'Angleterre; il gagna la noblesse par de grandes promesses: il acheta toutes les âmes vénales, flatta toutes les passions de ceux dont il avait besoin, fit haranguer le peuple, ou plutôt la populace, qui se décida enfin à lui offrir la couronne. D'abord il fit mine de la refuser, et l'accepta bientôt, disait-il, par amour pour la patrie.

Bientôt il se rendit en grande cérémonie à Saint-Paul, où il fut reçu par le clergé ; c'était le 24 juin, et il data de ce jour le commencement de son règne.

Pendant cette déloyale usurpation, Édouard et Richard, attendant avec impatience le jour promis du couronnement, étaient toujours prisonniers dans cette horrible Tour de Londres, qui vit tant de crimes.

Ire VUE DE LA TOUR DE LONDRES. — (Les tours Blanches.)

En vain inventait-on mille mensonges pour leur cacher leur véritable position; en vain colorait-on par mille prétextes les retards apportés à leur liberté ; l'inquiétude, de noirs pressentiments avaient gagné leurs cœurs. Richard, qui était toujours vif et joyeux, prompt aux danses et aux ébats, disait à son frère, le voyant mélancolique et triste:
«Venez, Édouard, que je vous montre à danser, afin que
«vous soyez admiré au château de Windsor, où bientôt
«nous serons au milieu des fêtes et des joies. — Il vaudrait
«mieux que vous et moi apprissions à mourir, lui répon-

«dait Édouard, car je crois bien savoir que guère de temps
«ne serons au monde.» Puis ils se mirent à pleurer. Mais comme ils avaient appris de leur mère à être pieux et confiants en Dieu, ils priaient et trouvaient dans la prière de nouvelles forces, de nouvelles espérances.

Le peuple était loin d'être du parti de Gloucester, mais il n'avait plus de chefs: ceux qui auraient pu le guider avaient été assassinés. Cependant quelques sujets fidèles, et la reine-mère à la tête de tous, faisaient dans l'ombre des préparatifs pour la délivrance des deux petits prisonniers. Mais Gloucester n'était pas homme à se laisser surprendre; il voulut d'un seul coup se débarrasser de toutes ses craintes; il envoya ordre au gouverneur de la Tour de mettre à mort les deux jeunes princes. Ce gouverneur, nommé Brackenburg, était un homme d'honneur; il ne voulut pas tremper ses mains dans le sang innocent de son roi. Il refusa. Mais les tyrans trouvent toujours des instruments pour exécuter leurs crimes. Il y avait alors à Londres un nommé James Tyrrel, homme perdu de dettes et de débauches, qui ne conservait de l'humanité que les passions les plus viles, les plus honteuses. Gloucester vit bien que celui-là était son homme, il lui confia cette horrible besogne.

Tyrrel choisit trois complices; ils se mirent quatre hommes pour étouffer deux pauvres petits enfants. Presque toujours le crime est lâche.

Eux, ils étaient endormis l'un près de l'autre; ils se tenaient enlacés dans leurs bras innocents et blancs comme l'albâtre. Un livre de prières était posé sur leur chevet. Cette vue attendrit les assassins; mais l'ordre était donné, il fallut obéir. Les scélérats s'approchèrent des jeunes princes. Richard veillait; il s'écria aussitôt en voyant briller les poignards: «Réveillez-vous, Édouard, on vient nous
«tuer.» Puis, se jetant au-devant des assassins, il ajouta:
«Tuez-moi, mais laissez-le vivre.» Aussitôt Édouard, éveillé, s'écria:

«Non; c'est moi qui suis le roi.» Mais bientôt ils furent étouffés tous deux sous leurs oreillers.

Ainsi périrent ces deux malheureux princes, comme deux roses encore en boutons que le pied lourd et cruel d'un jardinier écrase au printemps. Les assassins les enterrèrent au pied d'un escalier, dans une fosse profonde que l'on creusa sous un monceau de pierres.

Ce meurtre horrible fut avoué par les assassins sous le règne suivant. James Tyrrel, après en avoir fait connaître tous les détails, reçut le juste châtiment de son crime; mais ce ne fut que sous le règne de Charles II que furent retrouvés les restes des jeunes princes. Alors on leur rendit les honneurs funèbres et on leur éleva dans l'abbaye de West6 minster ce monument en marbre qu'on voit encore aujourd'hui.

Sur leur tombe on a gravé l'inscription suivante:

ICI
REPOSENT LES RESTES
D'ÉDOUARD V, ROI D'ANGLETERRE,
DE RICHARD, DUC D'YORK.
CES DEUX FRÈRES,
ENFERMÉS DANS LA TOUR DE LONDRES,
ÉTOUFFÉS SOUS LEURS OREILLERS,
FURENT ENTERRÉS EN CACHETTE ET SANS HONNEURS
PAR ORDRE DE LEUR ONCLE PATERNEL
RICHARD,
PERFIDE USURPATEUR DE LEUR ROYAUME.
LEURS RESTES, LONGTEMPS ET BEAUCOUP CHERCHÉS,
FURENT, APRÈS 191 ANS, RETROUVÉS,
D'APRÈS LES INDICES LES PLUS CERTAINS, DANS LES DÉCOMBRES DES ESCALIERS (CES

ESCALIERS CONDUISAIENT AUPARAVANT AU FAÎTE DES TOURS BLANCHES), LE 17ᵉ JOUR
DE JUILLET, AN DE J.-C. 1674.
CHARLES, ROI TRÈS-CLÉMENT,
LEUR REND LES HONNEURS FUNÈBRES
L'ANNÉE DE J.-C. 1678, ET DE SON RÈGNE LA 30.

Richard ne jouit pas longtemps en paix de son crime. Buckingham, qui l'avait aidé à le commettre, se révolta bientôt contre lui; l'usurpateur écrasa son complice et le fit mettre à mort; mais peu de temps après cette victoire, le duc de Richemont, qui prétendait à la couronne d'Angleterre, et qui était réfugié en France, vint l'attaquer. Les deux armées se rencontrèrent dans le comté de Leicester (le 23 août 1485). Richard combattit vaillamment; mais, trahi et se voyant abandonné par tous, il se précipita en poussant un cri horrible au milieu des ennemis, où il trouva une mort trop belle pour lui, celle du soldat.

Après le combat, son corps, souillé de sang, fut ramassé, dépouillé, jeté en travers sur le dos d'un cheval, et conduit de cette manière ignoble à Leicester, où il fut enterré sans aucune pompe.

Ainsi finit ce prince sanguinaire, trahi par les siens comme il avait trahi les autres, maudit de ses contemporains et de la postérité.

IIᵉ VUE DE LA TOUR DE LONDRES. — (Porte des Traîtres.)

FRANCESCO MICHELI.

Vers l'an 1664, il y avait à Tempi, petite ville au nord de la Sardaigne, une famille qui vivait heureuse au dedans, considérée au dehors; c'était celle d'un riche charpentier nommé Micheli. Micheli avait une épouse qui à une vertu sévère joignait tout le charme des plus heureuses qualités; belle et bonne, elle concentrait toutes ses affections sur son mari, son fils Francesco Micheli et deux petites filles qui annonçaient déjà, par la douceur de leur caractère et la vivacité de leur esprit, qu'elles ressembleraient à leur mère. Francesco, déjà industrieux, économe, aimant le travail, promettait aussi un digne successeur à son père, le meilleur artisan du pays. Rien ne semblait devoir troubler cette touchante félicité, quand une catastrophe épouvantable vint réduire toute cette famille à la misère. La plus jeune des deux sœurs s'avisa un jour d'attacher à la queue d'un chat un paquet d'allumettes enflammées; l'animal effarouché prit la fuite, et se précipita dans les ateliers du charpentier, allumant sur son passage les copeaux épars; en une minute le feu avait tout envahi. Micheli s'élance au milieu des flammes pour sauver ses deux filles, tandis que son épouse arrache à une mort certaine le petit Francesco. Les enfants furent sauvés, mais la pauvre mère eut la figure, les mains, les pieds brûlés. Elle resta mutilée et percluse pour le reste de ses jours; le malheureux Micheli trouva la mort au milieu des flammes, en voulant arrêter les progrès de l'incendie. Hélas! Dieu permet souvent que des malheurs imprévus tombent sur les familles, même les plus vertueuses, pour donner une preuve que rien n'est stable en ce monde, et que ceux-là sont bien imprudents qui placent leur félicité dans des choses périssables!

Toute cette famille éplorée fut donc réduite à aller chercher un asile dans une chaumière de la campagne voisine; quelque temps ils y vécurent des débris de leur ancienne prospérité, quelque temps encore des secours que n'osèrent pas leur refuser leurs anciens amis et leurs parents; mais c'est une bien triste nécessité que d'en être réduit à vivre des libéralités d'autrui. Sans doute il y a des âmes généreuses qui s'attachent au malheur, mais ce n'est que l'exception. Le jeune Francesco entourait sa mère infirme de soins, d'attentions de tout genre; mais il ne pouvait empêcher que souvent elle ne manquât du strict nécessaire. Il se révoltait à l'idée de ne devoir qu'à la pitié son existence et celle de sa chère famille, et il se sentait humilié de recevoir ce qu'il ne gagnait pas. Il résolut donc de faire tons ses efforts pour se tirer d'une si mauvaise situation, et pour se créer une indépendance dont il pressentait tout le prix, quoique bien jeune encore. C'est à peine si Francesco avait douze ans. Or, il avisa qu'il y avait beaucoup d'oiseaux de différentes espèces aux alentours du village qu'ils habitaient. Il fabriqua avec des osiers une grande volière; puis, au retour du printemps, il commença la chasse aux oiseaux; il grimpait aux arbres pour les dénicher, il leur tendait des piéges. Bientôt sa volière se trouva pleine; c'étaient des pinçons, des fauvettes, des roitelets, des linots, des merles, des mésanges, des ramereaux, des geais, des tourterelles, tout le peuple ailé des airs. Il cherchait les graines que ces oiseaux préfèrent et leur en donnait; il leur préparait des nids, il planta au milieu de sa volière de petits arbres où ils pussent se reposer; il étudia leurs mœurs, leurs habitudes, pour satisfaire tous leurs besoins. Bientôt cet industrieux enfant eut une belle et nombreuse collection de toutes espèces d'oiseaux; alors lui et ses sœurs, auxquelles il avait appris son nouveau métier, et qui le secondaient de toutes leurs forces, se mirent à fabriquer de petites cages en osier, qu'ils portaient pleines d'oiseaux tous les dimanches au marché de Suffari, ville voisine de leur habitation. Ils gagnaient peu, mais ce peu ils ne le devaient qu'à leur travail, et, en s'imposant de grandes privations, les pauvres enfants trouvaient encore avec ce peu le moyen d'offrir à leur mère de petites douceurs qui comblaient la bonne femme de joie et de bonheur. Francesco avait trop d'industrie et de courage pour se contenter de ce strict et rigoureux nécessaire; il était possédé par une louable ambition, celle de ne devoir qu'à lui seul le bonheur de sa mère et de ses sœurs. Il vivait au milieu de ses oiseaux: les observant sans cesse, il remarqua bientôt que l'habitude est chez eux comme chez nous une seconde nature, que l'instinct chez les animaux est assez puissant pour obtenir de leur éducation des résultats extraordinaires; il résolut en conséquence de faire une petite ménagerie d'animaux savants; aux uns il apprenait à siffler des airs charmants, à se taire ou à chanter à la parole, aux autres à se livrer à certains jeux sur des bâtons disposés dans les cages. Enfin il imagina une chose à cette époque entièrement inouïe: il prit une chatte angora fort jeune, il l'éleva au milieu des oiseaux, il l'instruisit à se laisser donner par eux des coups de bec et à leur servir de piédestal; il imagina aussi de faire battre ses oiseaux contre la chatte; alors les pinçons, les fauvettes, les mésanges fondaient sur Blanquette (c'était le nom de cette chatte) en escadrons pressés, chantant, criant, sifflant et becquetant à l'envi. D'abord la chatte faisait bonne contenance; mais bientôt elle prenait la fuite, puis revenait simulant la colère; les oiseaux s'enfuyaient alors en poussant des cris de désespoir. Enfin, au signal accoutumé, tout ce bruit cessait, la chatte s'asseyait au beau milieu de la volière, s'y secouait, s'y léchait, s'y grattait avec une dignité parfaite, et les petits combattants ailés, perchés çà et là, modulaient leurs plus douces chansons.

Ce spectacle si nouveau d'ennemis acharnés vivant ensemble si paisiblement et si joyeusement, attira une grande foule, et partant beaucoup d'argent au petit Francesco. Outre le bénéfice qu'il retirait des spectateurs qui venaient voir son intéressante ménagerie, il vendait encore fort cher des oiseaux auxquels il avait appris mille choses surprenantes. Enfin cet industrieux enfant était parvenu à son but, de pouvoir, par ses propres moyens, non-seulement vivre honorablement, mais encore procurer à sa mère tous les secours dont elle avait si grand besoin. Cependant il ne s'en tint pas à ce premier succès: son biographe nous raconte qu'il enseigna à des perdreaux différentes évolutions militaires. Il en prit dix, tous du même nid; après les avoir bien apprivoisés, il attela les uns à de légers canons et les habitua à les traîner assez régulièrement; il en affubla d'autres de petits costumes, et les arma de sabres. Ces artilleurs de nouvelle espèce manœuvraient d'une façon tout à fait comique autour du petit canon, au commandement de Francesco. La ligne droite et la ligne gauche allumaient à un brasier qu'on leur présentait de petites mèches, et, mettant le feu au canon, elles entendaient sans broncher le bruit de la détonation: elles restaient impassibles et fixes comme de vieux canonniers. Plus tard il perfectionna son invention à ce point que la bande de ses perdreaux se séparait en deux: partie faisait le service du petit canon, partie, armée de petits sabres, se précipitait sur les artilleurs; ceux-ci prenaient la fuite; mais bientôt après ils chassaient à leur tour les assaillants, reprenaient leur canon et tiraient sur les fuyards, dont quelques-uns tombaient raides, quelques autres s'enfuyaient au plus vite clopin clopant, criant et gémissant comme s'ils étaient bien grièvement blessés; mais tout à coup Francesco faisait un roulement de tambour: alors vaincus et vainqueurs, morts et blessés, se relevaient, voltigeaient ensemble et jouaient à qui mieux mieux.

Parmi ces étonnantes perdrix il s'en trouvait une plus surprenante encore que toutes les autres; et si le fait ne nous était attesté par un homme grave et sérieux, l'abbé Repéronci, nous hésiterions à le donner comme certain. Cette perdrix miraculeuse avait nom Rosoletta; elle suivait son maître ni plus ni moins qu'un chien; quand Francesco sortait, elle venait à l'instant se poser sur son épaule, et l'accompagnait en volant, si c'était à la ville, de maison en maison; si c'était à la campagne, d'arbre en arbre. Quand il arrivait qu'elle perdait de vue son jeune maître, un coup de sifflet de celui-ci la ramenait soudain. Mais ce n'est pas tout encore: Francesco était parvenu à se faire un aide de Rosoletta pour l'éducation des autres oiseaux; elle remplissait auprès de lui le rôle du chien auprès du berger; quelque oiseau indocile venait-il à s'égarer, Rosoletta d'un coup d'aile le ramenait au bercail; quelque étourdi dérangeait-il ses camarades, soudain il recevait de Rosoletta l'avertissement préalable, qui était suivi de la correction en cas de récidive.

On raconte que Micheli avait élevé un fort joli chardonneret avec une attention toute particulière; son éducation était terminée; Micheli allait le vendre un bon prix, quand l'élève, qui préférait la liberté des champs à la plus magnifique prison, profitant d'un moment d'inattention de son maître, prit soudain la fuite. Micheli était profondément désolé de cette perte; en vain il cherchait de tous côtés, en vain il l'appelait matin et soir; cinq jours s'étaient écoulés, et il avait tout à fait perdu l'espérance de retrouver jamais son fugitif, quand le sixième jour, au matin, il vit Rosoletta chassant d'arbre en arbre un oiseau qui criait et cherchait en vain à s'échapper. Quel ne fut pas son étonnement quand il reconnut dans le fuyard son gentil chardonneret, qui, voyant que toute espérance de liberté lui était désormais ravie, vint tout honteux se poser près de la porte de la volière, redemandant sa place bien malgré lui! Rosoletta triomphait: chantant victoire, battant des ailes, elle s'en vint becqueter Francesco en signe de joie.

Francesco Micheli était parvenu au comble de ses vœux; il vivait heureux, aimé ; il procurait à sa mère, à ses sœurs, une existence honorable et aisée, quand le malheur vint frapper encore cette estimable famille, éprouvée déjà par de si grandes infortunes. Francesco cueillit un jour des oronges, espèce de champignons excellents qu'on trouve en quantité dans le Midi; il ne sut pas distinguer les bons d'avec les mauvais, et comme parmi ces champignons il y en a de vénéneux, lui et sa sœur cadette furent empoisonnés.

Pendant trois jours que dura l'agonie de l'infortuné Micheli, sa mère et sa sœur aînée n'étaient pas les seuls êtres qui se désolaient à son chevet: la plupart des oiseaux élevés par ses soins, et qui l'aimaient beaucoup, voltigeaient autour de son lit; les uns se tenaient tristement blottis, les autres s'agitaient en vains efforts, quelques-uns poussaient des cris lugubres; presque tous ne prirent aucune nourriture tant que dura sa maladie. Francesco vit bientôt que son état était tout à fait désespéré ; il ne pouvait se consoler de laisser sa mère, sa sœur et ses chers oiseaux sans soutien. Il répétait sans cesse: «Que va donc devenir ma bonne mère, ma pauvre sœur? que vont devenir mes chers petits oiseaux?» Malgré ses horribles souffrances, Francesco ne cessa de s'occuper des êtres qui lui étaient chers; il s'enquérait à chaque instant de sa sœur, qui souffrait les mêmes tortures que lui. Enfin cet excellent fils, cet enfant plein de courage et d'industrie, mourut à peine âgé de quatorze ans. Sa perdrix Rosoletta donna surtout les marques du plus vif désespoir. On assure qu'au moment où l'on mit son maître dans le cercueil, elle voltigea tout autour, poussant des cris plaintifs, et finit par s'y poser. Vainement on l'en écarta à diverses reprises, elle revenait toujours; semblable à ce chien du vieux soldat, devenu historique, elle suivit le convoi funèbre, accompagna Francesco à sa dernière demeure, et ne le quitta plus jamais que pour aller chercher quelque nourriture. Tant qu'elle vécut, elle vint chaque jour se percher et dormir sur la gouttière d'une chapelle donnant sur le cimetière, appelé encore aujourd'hui le Cimetière du petit Oiseleur.

PIC DE LA MIRANDOLE

PIC DE LA MIRANDOLE.

On peut diviser en deux catégories les enfants célèbres par leurs études et par leurs travaux: ceux qui ont eu le bonheur de naître de parents riches, instruits, et qui ont reçu d'eux une éducation soignée, intelligente et progressive; et ceux qui, nés dans la classe pauvre, n'ont dû leur instruction qu'à eux-mêmes, à une volonté forte et constante, à un travail pénible et rigoureux. Je compare les premiers à ces plantes qu'un habile jardinier cultive dans des serres chaudes, avant la saison: il engraisse leurs racines de sucs bienfaisants et générateurs; il concentre sur leurs têtes les rayons vivifiants du soleil, il les défend des insectes nuisibles et de toutes les intempéries. Les seconds ne sont-ils pas, au contraire, comme ces plantes qui naissent dans quelque coin ignoré du jardin, qui poussent d'elles-mêmes de vigoureuses tiges dont la tête dépasse bientôt les herbes qui les entourent, et qui doivent seulement à leur excellente nature, à quelque heureux accident, une croissance précoce qui les fait distinguer et cultiver ensuite avec soin par le jardinier intelligent?

Jean Pic de la Mirandole doit trouver une place honorable parmi les premiers. Tout concourut à le rendre l'enfant le plus extraordinaire de son siècle.

Au dire de ses historiens, un prodige signala sa naissance. Au moment où il entrait dans ce monde, on vit des tourbillons de flamme s'arrêter au-dessus de la chambre à coucher de sa mère, puis s'évanouir bientôt. Pic, son neveu, qui nous a laissé de lui une biographie assez étendue, ajoute:

«Ce phénomène eut lieu sans doute pour prouver que
«son intelligence brillerait comme ces flammes, et que
«lui serait semblable à ce feu; qu'il paraîtrait pour dispa-
«raître bientôt, et étonnerait le monde par l'excellence et
«l'éclat de son génie; que son éloquence serait des traits
«de flamme qui célébreraient le Dieu des chrétiens, qui
«lui-même est le véritable feu inspirateur. On a remar-
«qué en effet qu'à la naissance ou à la mort des hommes
«doctes et saints, des signes extraordinaires se sont pro-
«duits, pour indiquer que c'étaient des créatures à part,
«qu'il y avait en eux quelque chose de divin, et qu'ils
«étaient destinés à de grandes choses. Pour n'en pas citer
«d'autres, je ne parlerai que du grand saint Ambroise. Un
«essaim d'abeilles se posa sur sa bouche, s'y introduisit,
«et, en sortant aussitôt, s'envola au plus haut des airs,
«se cacha dans les nues, et disparut aux yeux de ses
«parents et de tous ceux qui étaient présents à ce spec-
«tacle.»

Je n'ai rapporté ces paroles de Pic, sur la naissance de son oncle, que pour donner une idée exacte de l'opinion des contemporains sur cet homme célèbre, sans attacher d'autre importance au phénomène qui les a motivées. Quoi qu'il en soit, il est certain que sa mère en fut vivement frappée et fortement convaincue que son fils était promis à de grandes destinées; aussi veilla-t-elle d'une manière toute spéciale sur son éducation.

Jean Pic, comte de la Mirandole et de Concordia, naquit le 24 février 1463.

A peine le jeune enfant put-il parler, qu'on lui apprit à lire, et à peine sut-il lire dans sa langue maternelle, qu'on lui enseigna les éléments des langues mortes et étrangères.

Il profita au delà de toute espérance des leçons qui lui furent données, car il avait une mémoire prodigieuse. Dès sa plus tendre jeunesse, il lui suffisait d'entendre une seule fois réciter des vers pour pouvoir les répéter aussitôt, soit dans l'ordre naturel, soit en commençant par la fin. Pour être parvenu à cet étonnant résultat, sans doute il fallait que Pic eût reçu de la nature une bien heureuse organisation. Cependant, il est hors de doute que l'exercice précoce auquel on l'accoutuma a puissamment secondé cette prodigieuse facilité. La mémoire, qui est une des plus précieuses facultés de l'homme, est aussi celle qui s'agrandit le plus par l'usage. Les enfants même les plus ordinaires peuvent, par une bonne direction, acquérir une sorte de puissance mnémonique, dont ils sentiront le bienfait toute leur vie.

L'étude était toute la vie de Pic, sa seule passion, sa seule occupation, son seul plaisir; aussi était-il à quatorze ans déjà considéré comme l'un des premiers poëtes et des premiers orateurs de son siècle. A cet âge, il avait déjà composé cinq livres de poésie latine en vers élégiaques, et un autre grand nombre de poésies italiennes. Pic était cadet de sa maison, et, selon la coutume du temps, ses parents le destinaient à l'Église. Élevé dans les sentiments les plus pieux, il entra avec plaisir dans cette carrière; il alla à quatorze ans étudier à Bologne le droit canon. Là il montra cet amour de l'étude et cette intelligence si vaste qui le distinguaient. En fort peu de temps il fut l'élève le plus savant de cette célèbre académie. Il composa un abrégé des Décrétales, avec un si grand discernement, que les professeurs les plus habiles jugèrent que c'était un ouvrage digne de servir à l'éducation de la jeunesse. A peine eut-il appris toute cette science du droit canon, qu'il la jugea si vaine et si creuse, qu'il l'abandonna pour se livrer à l'étude des sciences naturelles. Il se rendit en conséquence à Rome, où brillaient alors des docteurs de grande renommée; mais il eut bientôt dépassé toutes les bornes connues de ces sciences, dans lesquelles il fit aussi d'étonnantes découvertes. Voulant enfin mettre le comble à sa réputation, il annonça qu'il soutiendrait une thèse sur toutes les sciences. Cette proposition phénoménale excita une vive curiosité ; les savants les plus distingués d'Italie s'empressèrent d'assister à cet étrange tournoi intellectuel, où un seul combattait contre tous. Pic répondit victorieusement à neuf cents questions qui lui furent posées dans sa fameuse thèse De omni re. Mais son savoir parut si prodigieux et excita tant de jalousie autour de lui, qu'on l'accusa de sorcellerie et de magie; à cette époque, c'était une accusation terrible et qui pouvait conduire tout droit au gibet ou au bûcher. Pic montra en cette circonstance qu'à un beau génie il savait allier un beau courage: il tint tête à l'orage, répondit à toutes les accusations, et finit par triompher. Cependant toutes ces persécutions, ces haines mesquines, l'avaient dégoûté du séjour de Rome. Il se mit à voyager dans les principales contrées de l'Europe. Il fut reçu à la cour de France par le roi Charles VIII avec toute sorte d'honneurs et de distinctions; il devint même l'ami de ce prince, qui désirait l'attacher à sa personne; mais après sept ans d'absence, il voulut revoir sa patrie.

Pic de la Mirandole avait toujours été non moins remarquable par les qualités du cœur que par celles de l'esprit, et s'était constamment distingué par une modestie réelle, une extrême douceur et une tendre piété. Cependant il avait la parole rapide et la repartie vive; il avait besoin de s'observer beaucoup pour ne pas se laisser aller dans la discussion à quelque vive épigramme. On raconte que, discutant un jour avec un de ces docteurs pédants et pesants dont toute la science se compose de quelques ouï-dire qu'ils n'ont jamais approfondis, comme celui-ci, qui ne le connaissait pas, soutenait, sans donner aucune bonne raison de son opinion, que tous les enfants précoces deviennent des hommes fort ordinaires, Pic, poussé à bout, finit par convenir du fait avec le bonhomme, puis il ajouta: «Je suis convaincu, docteur, que vous avez été un bien prodigieux enfant.» Mais bientôt il se repentit de cette vivacité et s'en excusa.

Pic avait dix-huit ans: il parlait, dit-on, douze ou treize langues; il était théologien et philosophe consommé ; il avait reculé les limites de la physique; il avait remporté tous les prix de poésie et d'éloquence; il était sorti vainqueur de toutes ces luttes de science, fort en usage à cette époque. Parvenu pour ainsi dire au sommet des connaissances humaines, il voulut donner au monde savant un grand exemple de piété. On le pressait de répandre ses poésies, et il allait les livrer au public, quand il vit que ces fruits de sa jeunesse ne seraient peut-être pas sans danger pour ceux qui s'en nourriraient, car il avait donné un caractère de galanterie à ses premiers ouvrages qu'il condamnait fortement: en conséquence, il en fit le sacrifice et les jeta tous au feu. Comme plusieurs de ses amis le voulaient détourner de cette action, lui disant que la poésie s'accommodait de la galanterie, il leur répondit: «Si la poésie ne peut fleurir qu'aux dépens de la chasteté, périsse à jamais la poésie plutôt qu'un instant la chasteté !» Depuis ce moment il s'adonna tout entier à l'étude des livres sacrés; il fit bientôt paraître un traité qui porta le nom d'Heptaples; c'étaient des dissertations sur les sept premiers jours du monde. Cet ouvrage est considéré comme son chef-d'œuvre; il n'avait guère que dix-huit ans lorsqu'il le fit paraître. Ce qu'il fit depuis, dit un de ses historiens, n'a été qu'une suite de semblables merveilles, dont la plus grande était celle d'avoir trouvé le moyen de faire usage de toutes les sciences des gentils, des Arabes et des Juifs, qu'il avait apprises par le secours de douze ou treize langues qu'il savait, et de les faire servir à la théologie, qu'il prétendait perfectionner. Il avait à cet égard formé de vastes projets: il méditait un ouvrage fort important, destiné à combattre et convaincre d'imposture les ennemis de la religion, quand Dieu le rappela à lui.

Pic de la Mirandole était venu passer quelque temps à Florence; il y fut saisi d'un accès de fièvre qui résista à tous les remèdes; il mourut au milieu des sentiments de la plus fervente piété. Il disait voir les cieux entr'ouverts et les anges qui rappelaient chantant d'indicibles cantiques. Il déclara un jour que pendant la nuit précédente la reine du ciel était venue le visiter, en répandant autour de lui les plus merveilleux parfums; qu'elle avait réchauffé ses membres glacés et brisés sous l'effort de la fièvre; qu'elle lui avait promis qu'il ne mourrait pas tout entier. Et tandis qu'il était en proie à la maladie, il croyait la voir se tenant à son chevet, le visage souriant.

Sur ces entrefaites, Chartes VIII, roi de France, ce glorieux ami de Pic, allant à la conquête de ce beau royaume de Naples qu'il prétendait lui appartenir, fit un matin son entrée à Florence. A peine arrivé, il envoya près de l'illustre malade ses médecins avec le titre d'ambassadeurs, pour le visiter et lui donner leurs soins; il les chargea en même temps

d'une lettre écrite de sa propre main, dans laquelle il lui témoignait le plus vif intérêt. Pic répondit à ces ambassadeurs: «Messeigneurs, votre art ne
«peut plus m'être d'aucun secours. Je vais quitter la vie.
«et je m'en réjouis. Dites au roi votre maître que je res-
«sens une grande joie du souvenir dont il m'honore. Le
«roi de France est jeune encore, mais il apprendra, par
«mon exemple, que la mort ne connaît pas d'âge. Il
«cherche des triomphes et de la gloire: j'ai eu, dans ma
«vie, bien des couronnes; c'est au moment où je suis
«que je vois la vanité de cette gloire. Un seul royaume
«mérité d'être conquis, c'est le royaume céleste; une
«seule couronne est digne des travaux de l'homme, la cou-
«ronne du juste. Allez, messeigneurs, et donnez au roi de
«France ce dernier conseil d'un homme qui l'aime, et qui
«va mourir.»

Puis il les congédia, ne voulant plus penser qu'à son salut. Il expira le jour même. Il avait à peine trente-deux ans. On lui fit des funérailles magnifiques. Charles VIII voulut que toute sa cour y assistât. On remarquait parmi ces grands personnages le chevalier Bayard, qui honorait, sans doute, en lui, bien plus l'homme vertueux que les avant.

La plus grande gloire de Pic n'est pas, assurément, d'avoir réuni en lui seul toutes les connaissances de son temps, d'avoir été aussi savant qu'il était possible de l'être à cette époque, et cela encore fort jeune, puisque, orné de tous les dons de la nature, riche, docte, beau, il sut conserver, au milieu de tous ses triomphes, une vertu sans tache; puisqu il rendit son âme à Dieu aussi pure, aussi belle, aussi innocente qu'il l'avait reçue de lui.

On ne peut s'empêcher de pleurer une mort si prématurée; mais on ne peut non plus s'empêcher de dire qu'il avait assez vécu, puisqu'il était mûr pour l'éternité.

Voici le portrait qu'on nous a laissé de lui:

Pic était d'une beauté remarquable, d'une douce carnation. Sa taille était haute et élancée; son visage était gracieux, d'une blancheur éblouissante, empreinte d'un pudique vermillon. Dans ses yeux respirait la vivacité. Ses -cheveux blonds étaient naturellement bouclés. Ses dents étaient parfaitement rangées et blanches comme l'ivoire.

On lui fit l'épitaphe suivante:

HIC SITUS EST PICUS, CUJUS SI CUNCTA PERISSENT VIRTUTUM, SEPTEM VIX SAT ERANT TUMULI.

LES DEUX PETITS LAZZARONI.

Il y avait à Naples, vers le milieu du dix-septième siècle, et il y a encore aujourd'hui, quarante mille hommes qui n'ont d'autre propriété que le vieux manteau et le large pantalon de toile grise qui les couvrent; pour qui le far niente, le repos, est le suprême bonheur, et qui le savourent une grande partie de la journée, couchés çà et là sur les quais, sur les places publiques, au doux soleil d'Italie. Leur principale vertu, on pourrait dire leur seule vertu, si ce n'était une habitude de paresse, est une sobriété intrépide: un peu de macaroni, qu'ils se procurent pour une somme modique, suffit à leur nourriture; et aussitôt qu'ils ont gagné les quelques sous nécessaires à leur subsistance, aucune considération ne saurait les faire travailler. Ils ne s'éveillent que s'ils entendent le bruit de quelque rixe, s'il y a quelques troubles à exciter ou à entretenir. Ces vagabonds s'appellent lazzaroni. Il surgit quelquefois, mais rarement, parmi ce peuple indolent et vicieux, un homme à qui le spectacle de cette espèce de sauvagerie inspire du dégoût, et qui, par un travail honorable, vient conquérir une position dans l'état et se rend utile à la patrie.

Un de ces lazzaroni avait un talent naturel vraiment remarquable sur le zufolino, espèce de flageolet, avec lequel il s'était appris à imiter les chants de plusieurs espèces d'oiseaux, à moduler les airs les plus suaves. Sous le ciel harmonieux de l'Italie, on nait musicien comme on naît poète en Allemagne: vers le soir, il s'en allait le long du beau quai de Chiaja, tout planté de citronniers et d'orangers, et il donnait un petit concert aux promeurs, jusqu'à ce qu'ils aient laissé tomber à ses pieds quelques pièces de monnaie pour le macaroni du lendemain; puis il s'en allait aussitôt dormir sous quelque porche d'église, sous quelque voûte de pont. S'éveillant le lendemain, il jouait, pour son divertissement personnel, ses airs les plus doux, jusqu'au moment où il lui plaisait d'aller les faire entendre, comme la veille, aux promeneurs du quai Chiaja. Ainsi faisait-il au jour le jour, quand sa compagne lui donna deux petits enfants si jolis, si mignons, qu'ils faisaient l'admiration de tous, mais si fluets, si faibles, qu'on croyait qu'ils ne pourraient pas longtemps supporter la vie. Cependant ils vécurent; mais bientôt mourut leur pauvre mère; ils restèrent, ayant à peine un an, à la charge de leur père. Ce malheur mit le lazzarone dans le plus grand embarras. Il ne pouvait se résoudre à demeurer dans quelque misérable cabane pour soigner ses pauvres enfants; il ne pouvait non plus se décidera s'en séparer, tant il les aimait. Il imagina donc de faire pratiquer à son manteau deux grandes poches: il plaça dans chacune l'un de ses petits enfants, et trouva ainsi le moyen de s'en aller partout où il voudrait, sans abandonner sa jeune famille. Les premières impressions que nous recevons sont celles qui se gravent le plus profondément en nous et qui ont souvent le plus d'influence sur notre avenir; l'existence du lazzarone était toute remplie par ses enfants et sa musique. Les pauvres petits s'endormaient, jouaient, se roulaient, et vivaient au bruit du zufolino de leur père. Voyant comment celui-ci s'y prenait pour en tirer des sons, ils s'essayaient avec leurs faibles doigts à l'imiter. Ce que voyant, le père se procura de tout petits zufolini, et s'amusait à placer sur les trous les doigts mignons des petites créatures: il leur apprit à emboucher l'instrument, à y souffler enfin, avec une patience qu'on ne peut attendre que d'un père et d'un lazzarone.

Il parvint au bout d'un an à apprendre à ces deux pauvres enfants une quantité de petits airs charmants et variés. Les jumeaux avaient à peine trois ans, qu'ils étaient en état d'exécuter avec leur père les concerts les plus curieux; ce qu'ils firent pendant quelque temps dans leur Naples chérie. Lorsqu'ils se montraient en public, l'étrangeté de ce spectacle attirait une foule considérable, et procurait aux exécutants une abondante recette. Le vieux lazzarone gagnait à ce métier vingt fois ce qui lui était nécessaire pour se pouvoir gaudir au soleil, manger son macaroni quotidien, et jouer de son instrument une grande partie du jour, comme faisait de nos jours le grand Paganini, pour sa satisfaction personnelle. Mais l'amour paternel l'avait rendu ambitieux; il sentait qu'il avait quelque chose de mieux à donner à ses enfants que ce qu'il avait reçu de son père; il les aimait tant, qu'il les voulut voir riches, heureux, considérés. Il prit donc la résolution, pénible pour lui, car les Napolitains aiment Naples avant tout, de quitter sa patrie et de voyager avec sa petite famille.

Il parcourut ainsi les principales villes, bourgs et villages d'Italie; puis il vint en France, de là en Angleterre, enfin en Écosse. Lorsqu'il arrivait sur quelque place publique, le père, tenant toujours ses deux petits enfants blottis dans ses deux grandes poches, commençait seul à imiter le chant des oiseaux, ou à jouer quelque air bruyant pour attirer la foule; mais quand rassemblée était assez nombreuse, il jouait alors une musique plus savante, et bientôt les deux enfants sortaient comme par enchantement de leur cachette, sautaient avec une grâce et une gentillesse parfaites sur les épaules de leur père, et se mettaient à l'accompagner avec un art et une justesse qui charmaient tout le monde. Ils amassaient ainsi beaucoup de réputation et beaucoup d'argent; et comme le vieux lazzarone avait appris l'économie à une trop rude école pour l'oublier, l'argent amassé se conservait. Bientôt le petit orchestre ne s'établit plus sur les places publiques en plein vent; il ne se produisait que dans les palais, les concerts, les spectacles. Bientôt il n'eut plus à faire à pied des routes pénibles Ils voyageaient dans des voitures commodes. Les musiciens ambulants étaient devenus des artistes, et, traités comme tels, ils étaient partout accueillis avec distinction et empressement. Mais c'est en Angleterre surtout qu'ils furent magnifiquement récompensés de leurs travaux et de leurs talents. Ils y arrivèrent à une époque où le plaisir était la pensée dominante: le roi Charles II était remonté sur le trône de ses pères, et sa cour se montrait au moins aussi amie des plaisirs que celle de Cromwell l'avait été de la simplicité. Les Anglais aiment à la folie tout ce qui est extraordinaire; les choses les plus bizarres, les plus étranges, sont celles qui leur plaisent le plus. A leur début dans ce pays, nos jeunes musiciens furent les héros d'une fête qui les mit tout à fait à la mode. Un lord qui devait prochainement donner une fête magnifique à propos du mariage d'une de ses filles, les vit jouer un jour au théâtre, et eut l'idée de donner à sa fête quelque originalité en y invitant les trois Italiens. Le jour de la noce venu, il ordonna un magnifique repas; le dessert était surtout d'une rare beauté ; on avait figuré un jardin: des fruits de toute espèce appendaient aux arbres; des ruisseaux des liqueurs les plus fines coulaient de tous côtés; çà et là étaient des mares de confitures et des montagnes de dragées; mais ce qui attirait surtout l'attention c'était un charmant, bosquet. Bientôt on entendit sortir de ce bosquet les chants les plus doux, celui du rossignol, de la fauvette, du serin, de la mésange; en même temps tous ces oiseaux s'échappèrent du bosquet, voltigèrent autour de la salle du festin, et les chants continuaient toujours. Il était impossible aux spectateurs d'imaginer d'où provenaient ces chants, voyant les oiseaux se taire et écouter aussi en admiration. Mais voilà que les arbustes des bosquets s'ouvrent et se séparent, et qu'on voit deux petits lazzaroni qui tirent de leurs flageolets les sons mystérieux. Les convives étaient remplis d'admiration, et le bruit de cette aventure se répandit dans toute la ville; tout le monde voulut avoir chez soi des enfants si extraordinaires, car ils n'avaient que sept ans à cette époque. Ils furent mandés à la cour, où ils furent choyés et fêtés par les plus grandes dames. Les Anglais payent généreusement leurs plaisirs; aussi nos artistes firent-ils en peu de temps une honnête fortune.

Quand le vieux lazzarone se vit riche pour toujours, il voulut revoir Naples, son ciel magnifique, son beau soleil, sa mer bleue. Les pauvres enfants regrettaient bien aussi leur belle patrie sous le climat sévère de la Grande-Bretagne. Ils auraient pu, en y restant encore quelque temps, devenir beaucoup plus riches; mais ils n'auraient pas été plus heureux. Le naturel napolitain avait repris le dessus: ils avaient assez joué pour les autres, ils ne voulurent plus faire de musique que pour eux. Le repos, le far niente, l'indépendance, le bonheur, ne l'ont-ils pas bien mérité ? Ils s'en allèrent donc de Londres et revinrent à Naples: là ils eurent, non loin de ce quai où ils étaient nés si pauvres, une villa charmante; et tandis que leurs anciens compagnons, couverts de haillons, à jeun, s'en allaient le soir dormir à la belle étoile, eux ils avaient de bons lits, une bonne nourriture, une belle calèche pour courir les riches campagnes, et tout cela ils ne le devaient qu'à eux-mêmes.

J'ai oublié de dire que ces deux enfants restaient toujours tout petits, tout mignons; quand ils avaient déjà sept ans, on leur en aurait donné à peine quatre. Ils étaient doux, avenants, bons; ils ne sortaient jamais sans emporter plusieurs pièces de monnaie, et ils aimaient à les donner surtout aux jeunes mendiants de leur âge, surtout aux pauvres petits musiciens qui crient d'une voix faible et déjà cassée des chansonnettes le long des routes: ils aimaient à les entretenir, à leur raconter leur véridique histoire, et les engager à faire comme eux, leur affirmant que l'économie et le travail seuls les avaient rendus ce qu'ils étaient.

Ils allèrent un jour se promener tous deux, et ne rentrèrent plus: en vain les chercha-t-on partout pendant toute la nuit; enfin un religieux de l'ordre de Saint-François vint annoncer au père désolé qu'il n'avait plus de fils.

Un orage avait éclaté soudain. Les deux petits, se prenant bras dessus bras dessous, s'étaient mis à courir pour lui échapper. En vain le révérend père leur avait crié de ne pas courir ainsi, de marcher lentement, au contraire; ils ne savaient pas que plus on agite l'air au milieu de la tempête, plus on attire la foudre vers soi, et que le meilleur moyen de l'éviter est de ne pas la fuir. «Tout à coup, ajouta le révérend, comme nous suivions tous trois la route du Pausilippe, bordée de grands peupliers, je vis ces pauvres enfants tomber dans les bras l'un de l'autre. J'entendis un bruit effroyable, et quand je fus près d'eux ils n'existaient plus.»

Ils n'avaient pas encore huit ans. A peine purent-ils jouir du fruit de leurs travaux. Ils n'étaient revenus de leurs voyages que depuis six mois au plus. On leur fit des obsèques magnifiques; une foule immense les accompagna à leur dernière demeure. Ils reposent dans l'église Sainte-Cécile, sous un mausolée de porphyre. Leur souvenir est encore vivant en Italie, où vous entendez chanter une romance plaintive qui a pour refrain:

Pleurez, enfants mignons,
Les gentils lazzarons!
Pleurez, pleurez sans cesse
Les petits lazzarons,
Modèles de sagesse.

HENRI ET FRANÇOIS DE NEMOURS,

FILS DE JACQUES D'ARMAGNAC.

Le dix-neuvième jour de décembre 1475, une foule immense stationnait sur la place de Grève. Un échafaud était dressé au milieu de cette place, depuis longtemps consacrée aux exécutions capitales. Le peuple, toujours avide de ces sortes de spectacles, était ce jour-là plus empressé que jamais: la tragédie, se disait-on, devait avoir des complications inouïes; et puis le coupable n'était pas un truand, un malheureux bourgeois de la bonne ville de Paris, mais un grand seigneur, allié des maisons de France et d'Angleterre, de Bourgogne et de Savoie, un des premiers officiers de la couronne de France, puissant en terres, en finances, en amis. Un grand nombre d'archers, d'hommes d'armes, entouraient l'échafaud, et toutes ces troupes étaient commandées par de grands officiers, les comtes du Bouchage, de Saint-Pierre de Cerisay: évidemment il ne s'agissait pas d'une exécution ordinaire, un morne silence régnait sur toute la foule assemblée. Bientôt le condamné parut au milieu d'un lugubre cortége; il s'avança lentement et monta avec fermeté les marches de l'échafaud; puis la hache du bourreau tomba et fit justice.

Les armes placées en tète de cette page sont celles de la maison d'Armagnac. La vignette représente le connétable d'Armagnac.

Mais ce qu'il y eut de plus étrange et de plus effroyable, ce fut de voir deux petits enfants revêtus de robes blanches et placés sous l'échafaud pour être arrosés du sang qui tombait.
Quel était ce grand coupable?
Quels étaient ces enfants?
Le supplicié était le seigneur d'Armagnac, connétable de France; ses biens avaient été confisqués, il avait été dégradé d'office, et finalement il servait de spectacle à tout un peuple.

Il était sage, vaillant et de grande expérience, dit la chronique; mais en ces dernières années, abandonné de la grâce de Dieu, il s'était ligué avec les ducs de Bretagne et de Bourgogne pour ravir à Louis XI la couronne et livrer la France aux Anglais. Trahir son pays, le vendre à l'étranger, c'est une action ignoble, infâme, dont rien ne peut atténuer l'horreur. Louis XI découvrit le complot; il fit trancher la tête à Jacques d'Armagnac, et ce fut bien fait, selon la prudence et la justice.

Mais Louis XI était un de ces hommes qui sont un peu plus cruels que les animaux féroces; il aimait l'odeur du sang, comme d'autres celle des parfums; il se réjouissait à la vue des supplices, comme d'autres à celle des danses et des jeux; et quand il s'agissait surtout de défendre son pouvoir, sa couronne, c'était un tigre enragé. C'était par son ordre que les deux pauvres petits enfants étaient là pour recevoir sur leurs têtes innocentes le sang coupable de leur père: ces deux enfants étaient les fils de Jacques d'Armagnac. L'aîné, Henri de Nemours, avait huit ans, et François, son frère, en comptait sept à peine.

Ils menaient une vie heureuse et paisible dans le château seigneurial de Lectoure, sous l'œil de leur mère, ne songeant qu'aux plaisirs et aux joies de leur âge, s'aimant l'un l'autre, chérissant tous deux leur mère, quand on vint les arrêter comme des coupables: des conspirateurs de sept ans! Par une indigne parodie de la justice, on les interrogea, et on leur demanda s'ils n'étaient pas complices du crime de leur père, eux qui étaient à peine nés!

Quand ils furent ainsi couverts du sang paternel, Louis XI ne se crut pas encore assez vengé, il les fit conduire à la Bastille: on les jeta dans les cachots souterrains. Mais l'emprisonnement ne satisfit-il pas encore la vengeance du roi: on inventa pour eux un supplice nouveau, le plus cruel peut-être que l'imagination puisse concevoir. On fit construire des cages en fer, larges par le haut et fort étroites par le bas, dans la forme d'un cornet de papier; de sorte qu'on ne pouvait, à vrai dire, s'y tenir ni debout, ni couché, ni assis. Ce fut dans ces machines infernales qu'on mit ces pauvres petites créatures. Ils éprouvaient une souffrance continuelle, sans repos, sans trêve, sans sommeil. Un morceau de pain noir, un peu d'eau sale, étaient toute leur nourriture. Qu'on se figure les tortures de ces enfants tombés là, du beau château de Lectoure, où leur enfance s'était écoulée si paisible, si heureuse, où ils avaient l'air embaumé, les belles pelouses pour jouer, les beaux coteaux d'Armagnac pour courir, les baisers, les tendres soins de leur mère adorée! Heureusement leurs deux cages étaient placées l'une près de l'autre; à travers leurs barreaux, ils pouvaient se prendre et se serrer affectueusement la main; ils pouvaient parler de leur mère, se consoler entre eux, s'exciter à la résignation et au courage, et c'est ainsi que faisaient ces pauvres petits martyrs.

François de Nemours, le plus jeune des deux frères, était aussi naturellement le plus faible, le moins fort à la souffrance; souvent il se plaignait et disait: «Nous ne reverrons plus notre mère, notre beau pays d'Armagnac! Pourquoi Dieu ne nous fait-il pas mourir bien vite? — Dieu sait ce qu'il fait, répondait Henri; peut-être nous réserve-t-il encore de beaux jours. Ne pleure pas, mon bon petit frère, peut-être nos maux cesseront-ils bientôt; ne pleure pas: si nous souffrons en ce monde, nous en serons récompensés en l'autre.» Avant sa captivité, le jeune Henri était un enfant comme beaucoup sont: vif, plein d'ardeur et d'un certain courage; il aimait à voir les hommes d'armes, les chevaux et les armures: c'était le goût dominant de cette époque; mais à peine fut-il prisonnier, qu'il devint homme tout à coup. Et combien d'hommes n'auraient pas eu le courage de cet enfant!

Quelque atroce que fût leur position, ils finirent enfin par la trouver moins insupportable; leurs membres si jeunes se ployèrent pour ainsi dire à cette existence. Louis XI, qui ne s'inquiétait guère que de ses ennemis, s'informa de ce que devenaient les deux Nemours: on lui apprit que les pauvres petits étaient tout contrefaits, maigres, souffrants, mais qu'ils s'étaient façonnés à leur étrange existence; qu'ils prenaient la nourriture qui leur était servie, et qu'ils sommeillaient quelquefois. Le roi n'y trouvait pas son compte, il voulait un supplice continuel, et ces jeunes victimes lui volaient quelques instants de repos. Il ordonna, en conséquence, qu'on leur arrachât à chacun une dent tous les huit jours. Quelle ne fut pas la désolation de ces pauvres enfants à cette épouvantable nouvelle! Henri de Nemours, oubliant son propre danger, pria, supplia, avec des larmes et des sanglots, qu'on voulût bien épargner son pauvre petit frère, disant que lui se soumettait à ce supplice sans aucune résistance, mais que François en mourrait. Le bourreau chargé de l'exécution de cet ordre barbare ne put s'empêcher d'être attendri par ces larmes et ces prières; mais le roi Louis XI n'aurait pas souffert une infraction à ses ordres, le bourreau le savait. Le premier mouvement de sensibilité passé, il fit observer au jeune Henri de Nemours qu'il voudrait bien pouvoir accéder à ses prières, mais qu'il y allait pour lui de la vie; que son châtiment, s'il n'obéissait, ne les sauverait pas; qu'un autre accomplirait ce qu'il refuserait de faire. Il joignit quelques consolations, et maudissant les ordres terribles qu'il avait reçus, il se disposait à les exécuter, quand Henri, le suppliant de nouveau, lui dit: «Il suffit que vous montriez au roi deux dents; eh bien! arrachez-m'en deux: épargnez mon pauvre petit frère! Voyez comme il est faible et souffrant; autant vaudrait le tuer.»

L'exécuteur ne put résister à ces héroïques prières; il arracha deux dents à Henri de Nemours, qui souffrit cette exécution avec un courage incroyable, et cela pendant plusieurs semaines, car Louis XI ne retrancha rien de sa première rigueur, il exigea tous les huit jours les deux dents. Peut-être aurait-il trouvé un nouveau supplice pour ces deux faibles créatures après la destruction de leurs dents; mais Dieu ne lui en laissa pas le temps, il rappela à lui Henri de Nemours, lorsque cet héroïque enfant n'allait plus pouvoir payer la dette de son frère. Ses souffrances lui occasionnèrent une fièvre qui le ravit six mois au plus après son entrée dans la prison de la Bastille.

«Je vais mourir, disait-il, mon pauvre François, et dans le ciel je vais prier le bon Dieu pour toi: peut-être ma mort fléchira-t-elle le roi, peut-être Dieu punira-t-il notre persécuteur; souffre sans murmurer; tu reverras bientôt, sois-en sûr, notre bonne mère; tu lui diras que je n'ai regretté en mourant qu'une chose, de n'avoir pas eu sa bénédiction et ses baisers.» Il ajouta à son frère, qui fondait en larmes: «Ne pleure pas, François, ne pleure pas... de là-haut je veillerai sur toi!» Puis cet enfant sublime, cet ange remonta vers le ciel, victime d'une tyrannie atroce, martyr de l'amour fraternel.

François ne resta pas tout à fait seul dans cette horrible prison. Presque tous les prisonniers célèbres ont aimé quelque petit animal qui est venu s'attacher à eux: qu'y a-t-il d'étonnant à cela? quand on est seul, abandonné, isolé de tous, ne porte-t-on pas intérêt aux moindres choses qui seraient tout à fait insignifiantes dans le mouvement et la distraction ordinaire de la vie? Une petite souris blanche s'était familiarisée peu à peu avec les deux jeunes prisonniers; elle venait manger les miettes de pain qu'ils réservaient pour elle. Ce fut la seule consolation de l'infortuné

François de Nemours, sa seule distraction pendant huit années qu'il lui fallut encore vivre ainsi et souffrir. Enfin, le samedi 30 août 1483, la mort vint frapper le vindicatif et superstitieux Louis XI, en son château de Plessis-lès-Tours, au milieu de toutes les reliques dont il s'était entouré pour lui échapper: il en avait fait venir de Reims, de la Sainte-Chapelle de Paris et de Rome: la sainte ampoule, les verges de Moïse et d'Aaron, le bois de la vraie croix.

Son fils, Charles VIII, rendit à la liberté les victimes nombreuses de la politique cruelle et craintive de son père. François de Nemours revit sa mère, le château de Lectoure, les coteaux d'Armagnac. Mais comme il était différent de ce bel enfant blond que les archers de Louis XI étaient venus chercher il y avait huit ans! comme toutes ces couleurs roses et fraîches de l'enfance heureuse avaient disparu sous la triste pâleur de la souffrance! A peine pouvait-il marcher maintenant, boiteux et contrefait, lui qu'on voyait si agile et si prompt autrefois!

Philippe de Comines, qui a écrit l'histoire du règne de Louis XI, et qui vivait à la cour de ce prince, fait observer que son maître, par une juste vengeance du ciel, souffrit de presque toutes les souffrances qu'il fit endurer aux autres. Il voulait se faire craindre, et il craignait tout le monde, jusqu'à son propre fils, ses plus proches parents. Sur le moindre soupçon, sans aucune cause réelle, sur une simple apparence, il faisait jeter en prison les personnes les plus considérables; il fut obligé de s'emprisonner lui-même au château du Plessis-lès-Tours, d'où il n'osait sortir, où il n'osait laisser entrer que fort peu de monde. Il pressurait le peuple, l'accablait d'impôts, et ses serviteurs le pressuraient à leur tour, l'accablaient d'exigences, et encore le quittaient et s'enfuyaient sitôt qu'ils étaient riches. Jacques Cottier, son médecin, exigeait de lui trente mille francs par mois, en sus des terres, des bénéfices, des offices pour lui et les siens. Ce médecin lui parlait avec tant de rigueur et de rudesse, qu'on n'aurait pas osé traiter un valet comme il traitait le roi, et Louis XI n'aurait pas osé le renvoyer, car Cottier lui disait audacieusement qu'il ne vivrait plus huit jours s'il se défaisait de lui. Or, ce prince craignait surtout la mort; il avait fait venir de Calabre un ermite, espérant que les prières de ce saint personnage obtiendraient pour lui une vie prolongée au delà du terme ordinaire; il avait défendu qu'on prononçât jamais devant lui le mot de mort; et, pour dernière punition, son médecin, son ermite, tout le monde lui dit qu'il ne devait conserver aucune espérance de vivre plus longtemps, que sa mort était prochaine, très-prochaine. En vain répondit-il: «J'ai espérance que Dieu m'aidera, car, par adventure, je ne suis pas si malade comme vous pensez.» Il vit cependant la mort venir pas à pas, et comme il conserva toute sa connaissance, il se sentit mourir. Pas une larme ne fut versée sur sa tombe.

Nous ne finirons pas sans faire observer avec satisfaction que l'odieux inventeur de ces cages de fer où furent enfermés les deux enfants d'Armagnac, le fameux cardinal de La Balue, périt lui-même dans une de ses propres cages.

LE DUC DE BOURGOGNE,

LOUIS-FRANÇOIS-XAVIER DE FRANCE.

Rien ne peut se comparer aux manifestations de la joie publique à l'occasion de la naissance de Louis-François-Xavier, duc de Bourgogne, que celles qui avaient éclaté, un siècle auparavant, lorsque naquit à Versailles cet autre duc de Bourgogne, qui fut le père de Louis XV. La foule alors s'était portée jusque dans les appartements de madame la dauphine, sa mère; des feux de joie avaient été allumés dans les cours du château, et l'on y jeta les lambris et les parquets destinés à la grande galerie. Et quand Bontemps vint se plaindre de tels désordres à Louis XIV: «Qu'on les laisse se réjouir, répondit le roi, nous aurons d'autres parquets!»

Ces deux ducs de Bourgogne devaient avoir des destins semblables: naître, croître rapidement en vertus et en science, pour bientôt disparaître!

Le jour qu'on suppléa les cérémonies du baptême au jeune duc de Bourgogne, le dauphin, son père, se fit apporter le registre de la paroisse où était inscrit son nom, et le lui montrant suivi et précédé de celui des fils de quelques obscurs artisans, il lui dit: «Vous le voyez, mon en-«fant, aux yeux de Dieu, les conditions sont égales, et il «n'y a de distinctions que celles que donne la vertu. Vous «serez estimé plus grand que ces enfants, mais ils seront «plus grands que vous devant Dieu, s'ils sont plus ver-«tueux.»

Ces idées, qu'enseignent la religion et la raison, étaient alors généralement assez méconnues pour qu'il ne fût pas inutile de les enseigner solennellement à celui qui était le petit-fils de Louis XV, et qui devait monter sur le trône naguère occupé par Louis XIV. M. le duc de Bourgogne garda un continuel souvenir de cette grave leçon. On vit bien, par les efforts qu'il fit pour devenir un homme savant et vertueux, qu'il voulait mériter le rang suprême qu'il tenait du hasard et de la naissance. M. le duc de La Vauguyon fut son gouverneur. On commença à l'instruire, pour ainsi dire, au sortir du berceau. Il avait, au reste, un désir naturel d'apprendre; il voulait tout connaître; il faisait mille questions sur les objets qu'il voyait, et l'on avait ordre de le satisfaire. Il nous paraît à propos de dire dans tous ses détails la méthode suivie pour l'instruction de M. le duc de Bourgogne.

Dès l'âge de quatre ans, pour donner un aliment à l'extrême activité de son esprit, on lui faisait des lectures lentes et suivies; on répondait à toutes ses questions, puis on lui montrait des gravures représentant les faits racontés; on les expliquait minutieusement. On parvint ainsi à lui donner des notions succinctes sur les principales sciences, et notamment sur l'histoire. On s'aperçut bientôt qu'il avait un goût décidé pour les sciences exactes: on lui avait parlé de mathématiques, de géométrie; il voulut avoir une définition de celte science, ensuite il demanda qu'on lui en enseignât les premiers éléments. On crut devoir accéder à ce désir, encore bien qu'il n'eût pas atteint cinq ans. Il était admirablement bien organisé pour ces études, car il y fit des progrès extraordinaires. Ses maîtres lui donnaient toutes les définitions bien exactement, et lui laissaient le plaisir de résoudre seul les problèmes, ce à quoi il parvenait toujours. La joie du succès lui faisait oublier toutes les difficultés vaincues pour y parvenir; de cette manière on lui rendit agréables des études naturellement ardues et pénibles; aussi disait-il qu'il allait jouer quand venait l'heure de ses leçons de mathématiques. Aucune science ne lui offrait plus d'attraits; de la théorie il passa bientôt à la pratique.

«Ce fut, dit M. de Pompignan, qui a écrit son histoire, dans le printemps de l'année 1757 qu'il fit à Meudon ses premiers essais de géométrie pratique.» C'était plaisir de le voir, la règle, l'équerre, le compas à la main, opérer comme un arpenteur consommé. Madame la dauphine aimait surtout à voir son fils prendre cet exercice, où il montrait une intelligence et une grâce infinies; il faut bien se rappeler qu'il n'avait encore que six ans.

Si l'on avait concentré toutes ses facultés sur cette seule science, il n'est pas douteux qu'on en eût fait une petite merveille; mais M. le dauphin avait le sens trop droit pour ambitionner un tel résultat: il voulait, avec raison, que son fils, destiné à gouverner un jour, eût des connaissances saines, mais ordinaires, sur toutes choses, et non pas de merveilleuses en une seule science. Le plan d'éducation suivi pour ce jeune prince embrassait en effet les principales connaissances humaines, et il eut tant d'application, qu'à l'âge de neuf ans, où il mourut, il savait déjà la géographie, les mathématiques, l'histoire; il avait une connaissance suffisante des principaux ouvrages écrits sur l'art militaire, et il les comprenait avec une facilité et une promptitude véritablement étonnantes.

Cependant M. le dauphin voulait bien moins faire de son fils un savant qu'un bon citoyen. Aussi son éducation morale fut-elle plus soignée encore que son instruction scientifique. Ainsi on habitua de bonne heure le jeune prince à tenir une sorte de registre, sur lequel, jour par jour, il inscrivait lui-même le compte-rendu de ses occupations, de ses pensées, de ses actions, et même de ses fautes. Souvent on lisait au prince ce qu'il avait fait de bien ou de mal: ce moyen si ingénieux et si simple de lui rappeler ses fautes le porta à s'en corriger; et souvent, au moment de mal faire, il se retenait par la crainte seule d'avoir à s'accuser lui-même, et de faire connaître ainsi la mauvaise action qu'il aurait commise. Fatigué un jour de l'humeur brusque de son frère, le duc de Berri, il prit son journal, et pria son sous-gouverneur d'en lire quelques passages. Dans un article où le prince avait été assez maltraité, le lecteur baissa la voix et semblait vouloir passer outre: «Allez, allez jusqu'au bout, monsieur, je crois m'être corrigé de ce défaut-là.» Ce fut ainsi qu'il avait imaginé de faire sentir au duc de Berri ses torts, sans être obligé de s'en plaindre à personne.

L'histoire rappelle une foule de circonstances dans lesquelles se firent remarquer sa docilité, son respect et son amour pour le roi, le dauphin, et particulièrement la dauphine, sa mère; son horreur pour le mensonge et pour les flatteurs dont il ne pouvait manquer de se trouver fréquemment entouré. Quelqu'un lui donnant des éloges qui sentaient l'adulation: «Vous me flattez, dit-il, et je n'aime pas qu'on me flatte. Le soir, en se couchant, il dit à son gouverneur: «Ce monsieur me flatte, prenez garde à lui.» Il était désireux de l'estime publique. Un jour qu'on l'entretenait de la maladie de Louis XV à Metz, et qu'on lui disait que ce fut à cette occasion qu'il reçut le surnom de Louis le bien aimé : «Ah! s'écria-t-il, que le roi dut être sensible à tant d'amour! et que je l'achèterais au prix d'une pareille maladie!» Combien furent nombreux les actes de bienfaisance et les privations qu'il s'imposait pour augmenter ses aumônes! Nous citerons entre autres l'anecdote suivante: le jeune prince désirait depuis longtemps une petite artillerie; on lui en avait trouvé une charmante du prix de cent louis; l'argent était prêt, et il se disposait à en faire l'acquisition, quand on parla devant lui du malheur d'un brave officier qu'une réforme subite venait de placer dans une position très-misérable et de laisser sans ressources. «Allons, s'écria aussitôt le petit duc de Bourgogne, plus d'artillerie!» Et à l'instant même, il fit porter au brave capitaine la somme destinée à l'acquisition par lui tant désirée.

Une vivacité naturelle jetait parfois notre jeune héros dans des écarts qui allaient jusqu'à l'emportement: dès qu'il s'en apercevait, il se hâtait de réparer sa faute et n'hésitait pas à se reconnaître coupable.

Ses reparties étaient toujours vives et spirituelles. On raconte qu'à l'âge de cinq ans, apprenant l'histoire de France dans des conversations familières avec son précepteur, il parut tout glorieux d'entendre dire qu'il y avait une longue suite de soixante-six rois depuis Pharamond jusqu'à son aïeul Louis XV; il paraissait croire que c'était une seule et même filiation. M. le duc de La Vauguyon crut devoir lui dire que l'on n'avait pas de preuves que les rois de la troisième race descendissent de la première, ni même de la seconde. «Au moins, monsieur, s'écria-t-il, je descends de saint Louis et de Henri IV!»

Ce jeune prince était né pour être brave. Il avait témoigné le désir de voir faire l'exercice aux chevau-légers. On lui donna le simulacre d'un combat et d'une attaque, avec un feu tout aussi vif et aussi terrible que dans les actions les plus chaudes. Lorsque le feu et le bruit commencèrent, il appuya les mains sur son front pendant toute la première décharge, sans dire un mot; ensuite il les retira, et avec sa gaieté ordinaire, il dit au duc de La Vauguyon: «J'ai voulu m'essayer, et je n'ai point été étonné du tout.»

Le duc de Brissac, qu'il aimait et qu'il estimait beaucoup, lui dit un jour: «Monseigneur, à votre première campagne, je demande d'être votre aide de camp. — Non, répondit-il, monsieur le duc, vous serez alors maréchal de France, et vous me donnerez des leçons.»

Il était surtout bon, dans toute l'acception du mot: il aimait mieux un grand mal pour lui qu'un petit pour les autres. Sa bonté fut la cause de sa mort.

Le jeune duc de Bourgogne courait et jouait d'aussi bon cœur qu'il étudiait. Descendant un jour avec trop de vivacité l'escalier de son appartement, il fit une chute très-grave et éprouva des douleurs très-aiguës au genou droit; mais, craignant d'alarmer sa mère et de faire réprimander les personnes commises à sa garde, il dissimula sa souffrance et ne se plaignit pas. Le mal ignoré fit de rapides progrès, un abcès survint, et il fallut lui faire une douloureuse opération. Avant qu'on y procédât, le prince voulut examiner les instruments qui allaient servir. «Allons, dit-il ensuite avec toute la fermeté d'un homme fait, je dois souffrir, afin de me guérir et de consoler ma tendre mère.» Après l'opération, qu'il supporta avec un courage qui ne se démentit pas, son père et sa mère le couvrirent de baisers; il les serra sur son cœur, pleura avec eux, et dit au dauphin: «Papa, si je pleure, c'est de joie au moins!»

A partir de ce moment, notre jeune et intéressant enfant ne put recouvrer une parfaite santé. Les espérances que successivement on eut de son rétablissement furent déçues. Sa plus grande inquiétude était pour ses études; il ne cessait de demander ses livres et les leçons de ses maîtres. On ne peut oublier ce billet touchant qu'il écrivit au dauphin, son père, se servant d'un crayon, à défaut d'encre et de plumes, qu'on avait soin d'éloigner de lui:

«Cher papa, je commence à mieux me porter. Je vous
«demande une grâce, vous m'aimez trop pour me la refu-
«ser: permettez-moi de continuer mes études. J'ai grand'-
«peur d'oublier le peu que je sais, et il y a beaucoup de
«choses que je désire apprendre.»

Affligé des ordres qui avaient supprimé ses exercices classiques, il demanda à voir ses maîtres. «Ce n'est point, disait-il, pour prendre des leçons, mais j'aurai la satisfaction de les entendre parler des choses qu'ils m'ont apprises. »

Le mal fit de nouveaux progrès, une fièvre lente le consumait, bientôt toute espérance de le sauver fut perdue. Il se préparait de lui-même à sa fin, qu'il sentait devoir être prochaine. Quand vint le moment fatal, il dit à l'évêque de Limoges, qui l'assistait à ses derniers instants: «J'ai du courage, monsieur, j'ai fait le sacrifice de ma vie.» Ayant demandé son gouverneur, il lui dit: «Adieu, mon bon ami. Je vous remercie bien tendrement de vos soins. Consolez mon papa et ma chère maman.»

Ce fut ainsi qu'expira, dans sa neuvième année, cet auguste enfant qui avait donné de si grandes et si justes espérances.

Cette mort fit une grande sensation. Les philosophes jetèrent les hauts cris, et Diderot en accusa assez ouvertement le duc de La Vauguyon, disant que le duc de Bourgogne avait été la victime de son héroïque vertu, et que son gouverneur lui avait inspiré une piété trop vive.

Étrange accusation! Sans doute cette mort prématurée fut tristement déplorable; mais, quand on songe que cet ange devait monter sur le trône où régna Louis XVI, ne doit-on pas regarder comme une récompense de ses vertus que Dieu l'ait appelé si tôt à lui?

BÉBÉ

NICOLAS FERRY, DIT BÉBÉ.

On a cru longtemps qu'il avait existé un peuple de nains. Des historiens sérieux de l'antiquité nous parlent des Pygmées, qui, suivant leurs récits, n'avaient pas plus d'une coudée de haut. Aujourd'hui tout le monde est d'accord pour regarder ces assertions comme des fables; un nain n'est plus considéré que comme un homme imparfait, un phénomène, un jeu de la nature, une monstruosité, digne tout au plus d'appeler l'attention de l'anatomiste et du philosophe. Aussi ne nous serions-nous pas avisés de donner place dans notre galerie des Enfants célèbres au nain Nicolas Ferry, dit bébé, si cet être étrange n'y avait eu d'autres titres que la bizarrerie de sa constitution. Ce sont donc les circonstances extraordinaires de sa courte existence qui nous ont paru dignes de fixer notre attention et d'être racontées, encore bien qu'il ne surgisse de cette vie aucun enseignement moral.

Nicolas Ferry est né à Plaisnes, principauté de Salins, dans les Vosges, le 13 novembre 1741. Ses parents étaient d'une taille ordinaire. Cependant le jeune Ferry, à sa naissance, n'était long que de huit ou neuf pouces et ne pesait que douze onces. Quand on voulut le faire baptiser, on le porta à l'église sur une assiette remplie de filasse; un sabot rembourré lui servit de berceau. Il était infiniment trop faible, et sa bouche beaucoup trop étroite pour téter. Aussi désespéra-t-on d'abord de pouvoir le conserver. On eut recours au biberon; une chèvre lui fournit son lait; il n'eut pas d'autre nourrice que cet animal, qui, de son côté, sembla s'y attacher.

Il eut la petite-vérole à six mois, et le lait de la chèvre fut en même temps son unique nourriture et son unique remède. Dès l'âge de dix-huit mois, il commença à parler; à deux ans, il marchait presque sans secours; ce fut alors qu'on lui fit ses premiers souliers, qui avaient dix-huit lignes de long. Gai, vif, pétulant comme un écureuil, ce ne fut que grâce aux précautions les plus minutieuses, aux soins les plus assidus, qu'il échappa aux dangers si fréquents dans la première enfance; on lui arrangea un grand galetas pour qu'il pût prendre ses ébats en sûreté. La nourriture grossière des villageois des Vosges, telle que les légumes, le lard, les pommes de terre, fut la sienne jusqu'à l'âge de six ans, et pendant ce temps il eut plusieurs maladies dont il se tira heureusement. Cependant on ne s'apercevait point qu'il grandit; superstitieux comme on l'était à celle époque, ses parents crurent qu'on avait jeté sur lui un sort pour empêcher sa croissance. Quelques historiens nous le représentent, dans son enfance, livrant, en brave spadassin, bataille à des dindons, les mettant en fuite; une autre fois, ce sont une mère-oie, un gros mouton qu'ils établissent vigilants gardiens de sa petite personne, ne permettant pas qu'aucun animal étranger s'approchât de lui. Nous n'avons rien trouvé de ces détails, malgré toutes nos recherches sur Nicolas Ferry. Quoi qu'il en soit, la réputation du petit Ferry ne tarda pas à se répandre: de tous côtés on accourut pour le voir et l'examiner. Stanislas le bienfaisant, roi de Pologne, qui, après avoir perdu son royaume, n'était plus alors que duc de Lorraine, entendit parler du nouveau Lilliputien; il désira le voir. Son père l'apporta lui-même à Lunéville, couché dans un panier de jonc qu'il tenait suspendu à son bras. Ce prince, à la vue de cet être extraordinaire, fut émerveillé, et fit à son père la proposition de le garder à la cour. Le villageois eut d'abord beaucoup de peine à se décider; mais en réfléchissant aux avantages qui résulteraient et pour sa famille et pour l'enfant de sa condescendance, il se rendit au désir manifesté par Stanislas. Voici le portrait qu'un témoin oculaire a fait de ce petit prodige, au moment dont il s'agit:

«Toutes les parties de son corps, dit M. Kast, médecin
«de la reine, sont bien proportionnées; il a un joli visage,
«le nez bien fait et aquilin, les yeux d'un brun foncé, les
«cheveux blonds et argentés; il a sur le front une grande et

«une petite marque blanche de la petite-vérole; quelques «autres pareilles, mais plus petites, sont répandues sur son «corps.»

On lui fit des habits et des meubles pour son usage, on lui donna des domestiques pour le servir. Alors s'ouvrit une ère nouvelle pour Nicolas Ferry: des viandes délicates, des mets succulents, remplacèrent les grossiers aliments dont il avait été nourri jusqu'à ce jour. Caressé, fêté à l'envi, devenu le bijou des dames et des seigneurs de la cour de Lorraine, il dut mener une existence toute dorée; il ne tarda pas à oublier la chaumière qui l'avait vu naître: Sa mémoire était très-fugitive: quinze jours après son arrivée à la cour, sa mère vint le voir; c'est à peine s'il put la reconnaître; cependant, à son départ, l'instinct de la nature se réveilla en lui, il se jeta dans ses bras, l'accabla de caresses, et ne voulait plus la quitter.

Bien qu'il témoignât d'ordinaire peu de sensibilité, il s'attacha singulièrement à son royal protecteur. Ce fut alors qu'il prit le nom de Bébé, qui lui fut donné parle monarque, et voici à quelle occasion. Stanislas voulut autant que possible développer en lui les trésors de l'intelligence, et lui donna des maîtres pour l'instruire. Son langage jusqu'ici était fort peu intelligible; peu à peu il s'accoutuma à parler avec assez de netteté ; mais, en dépit de tous les efforts, il ne put jamais apprendre à lire. Pour lui, tous les caractères représentaient un même son; à l'exception des voyelles, qui furent les seules lettres qu'il parvint à retenir. Toutes les consonnes, il les prononçait indistinctement comme le B. Stanislas, voulant se moquer de lui, l'appela un jour Bébé, et le sobriquet lui resta.

A six ans, sa voix n'avait pas plus de volume que celle d'un enfant d'un an, les organes étant proportionnés au corps. Ses genoux, surtout le droit, avançaient un peu en dehors, ce qui pouvait diminuer encore sa hauteur d'environ un demi-pouce. Il ne restait pas un instant en repos, et il était d'une vivacité extraordinaire, ce qui fit présumer qu'il montrerait plus de dispositions pour les arts d'agrément que pour les combinaisons abstraites de l'esprit. Quelques soins, en effet, qu'on ait pu prendre pour lui inculquer les premiers éléments de la science, il n'a pas été possible de développer chez lui ni jugement ni raison; la très-petite mesure de connaissances qu'il put acquérir n'a jamais été jusqu'à recevoir aucune notion de religion, ni à former aucun raisonnement suivi; sa capacité ne s'est jamais élevée beaucoup au-dessus de celle d'un chien bien dressé. Il fit des progrès plus marqués dans tout ce qui concerne les exercices du corps: on lui fit un petit fusil, qu'il parvint à manier avec assez d'habileté ; il apprit quelques évolutions militaires; souvent la cour de Lunéville s'amusait à le voir manœuvrer, en habit de grenadier, sur une large table, sautant, voltigeant et s'escrimant. Il aimait avec passion la musique et battait quelquefois la mesure assez juste; il dansait même avec assez de précision; mais ce n'était qu'en regardant fort attentivement son maître, pour diriger tous ses pas et tous ses mouvements sur les signes qu'il en recevait.

L'intelligence de Bébé ne grandit point avec l'âge; seulement les passions se développèrent en lui: il était enclin à la jalousie et à la colère: dans ses emportements, ses discours étaient sans suite et n'annonçaient que des idées confuses; en un mot, il ne montrait que cette espèce de sentiment qui naît des circonstances, du spectacle, d'un ébranlement momentané. Il ne connaissait pas le danger; ses désirs étaient d'une violence extrême; jamais il ne se laissait détourner de son objet, quelque frivole qu'il parût, le reste lui était indifférent. Son sourire était très-gracieux, mais il ne riait pas souvent. Bien qu'il témoignât d'ordinaire peu de sensibilité, il était susceptible de reconnaissance. Il s'attacha singulièrement au prince, et marquait de l'affection pour les femmes qui avaient soin de lui.

Stanislas le fit un jour le héros d'une sorte de comédie qu'il imagina pour divertir sa cour, et qui nous parait avoir une grande analogie avec une scène semblable qui s'était antérieurement passée à la cour de Wurtemberg, et dont un observateur nous a transmis le récit. On en jugera. «Aux noces d'un duc de Bavière, un petit gentilhomme, armé de pied en cap, brisa tout à coup avec sa tête le dôme d'un pâté ; il sortit vivement son épée du fourreau, fit le salut d'armes, tira au mur contre la croûte de sa prison, s'escrima contre les plats, tailla en pièces un verre de Bohême et coupa la tête à un faisan. Après tout ce tapage, il traversa fièrement la table en entonnant un chant de victoire, et sauta légèrement à terre, son trophée à la main, aux grands applaudissements et au fou rire de la compagnie. » Voici maintenant le fait qui concerne Bébé. Stanislas invita à un grand dîner quantité de seigneurs et d'officiers de marque, ainsi que plusieurs dames et demoiselles de Lunéville. Au dessert, une musique délicieuse se fit entendre dans un salon voisin; on apporta un magnifique pâté qui avait la forme d'une citadelle, avec tours, bastions, tourelles et remparts garnis de pièces d'artillerie et autres instruments de combat en sucre. Tandis que les convives admiraient ce chef-d'œuvre d'architecture culinaire, ils virent sauter en l'air la calotte du pâté : Bébé, armé de pied en cap, comme le nain de Bavière, s'élance de la citadelle, tire un coup de pistolet et brandit un sabre au-dessus de sa tête, puis se met à courir avec rapidité, faisant le simulacre de vouloir fendre la tête aux officiers qui se trouvaient sur son passage, et qui, dès l'abord, ne parurent pas très-rassurés; on rit beaucoup de cette frayeur involontaire. Après cette campagne, Bébé s'en retourna gravement faire sentinelle auprès de son pâté, et là il fut, au milieu des éclats de rire, assiégé par les dames d'une grêle de macarons, de dragées et de bonbons, sous laquelle il était presque englouti. Chacun loua, admira, caressa le redoutable guerrier; l'histoire du pâté, mentionnée tout au long dans les journaux du temps, mit le comble à sa célébrité. Stanislas le fit peindre de toutes les manières, et se faisait un plaisir de donner son portrait. Des étrangers de distinction, plusieurs princes firent exprès un voyage à la cour du duc de Lorraine pour voir le merveilleux nain. C'est à cette époque qu'il faut placer les diverses tentatives qui furent faites pour l'enlever, et qui toutes échouèrent. Tantôt c'était un domestique gagné, qui, faisant semblant de badiner, le saisissait tout à coup et le cachait dans une poche de son manteau; tantôt c'était un postillon qui le faisait entrer dans une de ses bottes fortes et le chargeait sur ses épaules, simulant d'aller chez le cordonnier; tantôt enfin c'était un factionnaire qui s'emparait de lui et le fourrait tout à coup sous sa capote; mais bientôt Bébé poussait des cris perçants et déconcertait ainsi les ravisseurs, dont l'audace recevait alors un châtiment mérité.

Bébé devint dès lors l'objet d'une active surveillance: plusieurs pages furent chargés de l'accompagner en tous lieux, et de ne le laisser jamais seul. L'ennui le gagna, et une profonde mélancolie le mina insensiblement; cette sorte de captivité lui pesait. Stanislas mit en jeu pour le distraire mille moyens ingénieux. Il lui fit construire une jolie maison roulante; c'était un véritable château, avec vestibule, salle, salon, chambre à coucher; il y avait de plus un jardin planté d'arbres, des bassins, un parterre et des fleurs. Tout l'ameublement était proportionné à la taille du propriétaire. On y voyait une infinité de jeux de toute espèce, entre autres un joli billard, pour lequel on avait réservé une pièce tout exprès.

Ce gentil ermitage était peuplé de toutes sortes d'animaux nains: c'étaient une petite levrette, qui n'était pas plus grosse qu'un rat; une paire de tourterelles, cadeau de l'impératrice de Russie, blanches comme la neige, et qui n'excédaient point en grosseur un passereau. Plusieurs enfants de la ville furent appelés à venir partager ses jeux, et bientôt la tristesse de Bébé disparut.

Cependant Stanislas se rendit à la cour de Versailles, pour aller voir sa fille, la reine Marie Leczinska, épouse du roi Louis XV. Le nouveau mirmidon fut du voyage. Il ne devait pas quitter le prince; en effet, il ne s'éloigna pas un seul instant de lui: il dînait à ses côtés, il couchait dans la même chambre. Il fit l'admiration de tout ce que la cour comptait de duchesses, de marquises, de belles dames, qui, charmées de sa gentillesse, se le disputaient et se le passaient de main en main.

A son retour de Versailles, Bébé recommença son genre de vie, mais on s'aperçut que sa faible intelligence déclinait encore. Un jour, à la campagne, il entra dans un pré dont l'herbe était plus grande que lui; il se crut égaré dans un taillis et cria au secours. Il devint plus irascible. Nous avons dit qu'il était jaloux, nous en donnerons un exemple. La personne qu'il paraissait aimer le plus après son bienfaiteur était la princesse de Talmond, femme du plus grand esprit, et qui s'était donné beaucoup de peine pour chercher à l'instruire. Bébé conçut pour elle une amitié si vive, qu'il ne pouvait souffrir qu'elle caressât aucun autre être que lui. Une fois, voyant cette dame flatter une petite chienne, il devint furieux; il lui arracha des mains le malheureux animal et le jeta par la fenêtre, en disant: «Pourquoi l'aimez-vous plus que moi?»

Il ne faudrait cependant pas en conclure qu'il avait le cœur méchant; loin de là, on cite de lui une foule de traits qui font honneur à ses sentiments. Il aimait à faire le bien et poussait très-loin cette qualité. Il avait toujours sa bourse bien garnie: son plus grand plaisir était de distribuer son argent aux pauvres. Tous les dimanches, il se mettait au grand balcon du château, et, de là, il s'amusait à leur jeter des pièces de six sous, enveloppées dans des carrés de papier de diverses couleurs. Lorsque, parmi ces indigents, il remarquait un enfant, il substituait une pièce de six livres à la pièce de six sous, et faisant approcher le petit malheureux, il lui jetait le paquet en lui disant: «Attrape la pistache, c'est pour toi.»

Jusqu'à l'âge de quinze ans, Bébé avait eu les organes libres, et toute sa petite figure très-bien et très-agréablement proportionnée; il avait alors vingt-neuf pouces de haut. A cet âge, la puberté commença à se déclarer chez lui; mais ces efforts de la nature lui furent préjudiciables; jusque là les sucs nourriciers s'étaient également distribués dans toute la machine; l'âge viril, en se déclarant, troubla cette harmonie; il eut pour effet d'énerver un corps frêle et débile, d'appauvrir son sang et de dessécher ses nerfs. Ses forces s'épuisèrent; l'épine du dos se courba; la tête se pencha; ses jambes s'affaiblirent; une omoplate se déjeta; son nez grossit; Bébé devint valétudinaire; il grandit cependant encore de quatre pouces pendant les années suivantes.

Monsieur le comte de Tressan, qui avait suivi avec attention la marche de la nature dans le développement de Nicolas Ferry, avait prévu qu'il mourrait de vieillesse avant trente ans; effectivement, il tomba dès vingt-un dans une espèce de caducité, et ceux qui en prenaient soin remarquèrent en lui des traits d'une enfance qui ne ressemblait plus à celle de ses premières années, mais qui tenait de la décrépitude.

En l'année 1761 eut lieu une bizarre cérémonie. Une jeune naine, âgée de quinze ans, haute d'environ trente-trois pouces, née aussi dans les Vosges, à Adol, fut amenée à Lunéville. La cour de Stanislas eut la fantaisie de célébrer les fiançailles de Bébé et de Anne-Thérèse Souvray. On les habilla richement; il y eut un grand festin où les deux nains occupèrent les places d'honneur, ce repas fut suivi d'un bal brillant qui dura toute la nuit. Néanmoins le mariage n'eut pas lieu; la mort y mit obstacle, en enlevant Bébé avant qu'il pût être conclu. Thérèse Souvray, elle, est parvenue à un âge fort avancé ; plusieurs personnes ont pu la voir à Paris, en 1819, sur le théâtre de M. Comte, qui, en ayant fait la rencontre dans ses voyages, conjectura qu'elle piquerait vivement la curiosité, et la décida à abandonner ses montagnes pour venir, accompagnée de sa sœur, Barbe Souvray, plus âgée qu'elle de deux ans et plus grande de huit pouces, s'offrir en spectacle aux habitants de la capitale.

La dernière année de sa vie, Bébé semblait accablé. Il mangeait très-peu: une mauviette lui faisait deux repas. Il devint sombre, inquiet, insensible à tout et pleurait sans cesse. Il avait peine à marcher; l'air extérieur l'incommodait, à moins qu'il ne fit très-chaud: on le promenait alors au soleil, qui paraissait le ranimer; mais c'est à peine s'il pouvait faire cent pas de suite; sa figure se sillonna rapidement des rides de la vieillesse. Au mois de mai 1764, il eut une petite indisposition, à laquelle succéda un rhume accompagné de fièvre, qui le jeta dans une espèce de léthargie d'où il sortait quelquefois, mais sans pouvoir parler. Sa mère était venue lui prodiguer ses soins, mais c'est à peine s'il la reconnaissait.

Les quatre derniers jours de sa vie, il reprit une connaissance plus marquée. Des idées plus nettes, plus suivies qu'il n'en avait eu dans sa plus grande force, étonnèrent tous ceux qui étaient auprès de lui. Stanislas n'était pas alors à Nancy; Bébé demanda plusieurs fois avec instances son bon ami, il ne put le voir; répétant à chaque instant le nom de son auguste bienfaiteur, il mourut sur les genoux de sa mère, en disant: «Je ne pourrai donc pas baiser encore une fois la main de mon bon ami!»

Son agonie fut longue; il expira le 9 juin 1764, âgé de près de vingt-trois ans. Il avait alors trente-trois pouces de haut.

Le duc de Lorraine fut très-sensible à cette perte; il lui fit faire des funérailles magnifiques. Son cœur et ses entrailles furent séparés de son corps et embaumés avec soin; on les porta en cérémonie dans un cercueil de plomb dans l'église des Minimes de Lunéville, où un mausolée lui fut élevé. Sur ce mausolée on grava son portrait et une épitaphe latine. Son squelette fut déposé dans la bibliothèque royale de Nancy.

Le 14 novembre 1770, M. Méraud fit un rapport sur lui à l'académie des Sciences, et mit en même temps sous les yeux de l'illustre compagnie une petite statue en cire de Bébé, habillée et affublée d'une perruque. Cette figure est, nous le croyons, celle qu'on voit encore aujourd'hui au cabinet de l'école de Médecine à Paris.

Voici la traduction de l'épitaphe que composa M. le comte de Tressan sur le nain de Stanislas le Bienfaisant:

ICI GIT
NICOLAS FERRY, LORRAIN,
JEU DE LA NATURE
PAR L'EXIGUITÉ DE SA TAILLE.
IL FUT AIMÉ DU MODERNE ANTONIN.
VIEUX A LA FLEUR DE L'AGE,
POUR LUI CINQ LUSTRES FURENT
UN SIÈCLE.
IL MOURUT LE 9 JUIN
DE L'ANNÉE 1764.

TURENNE.

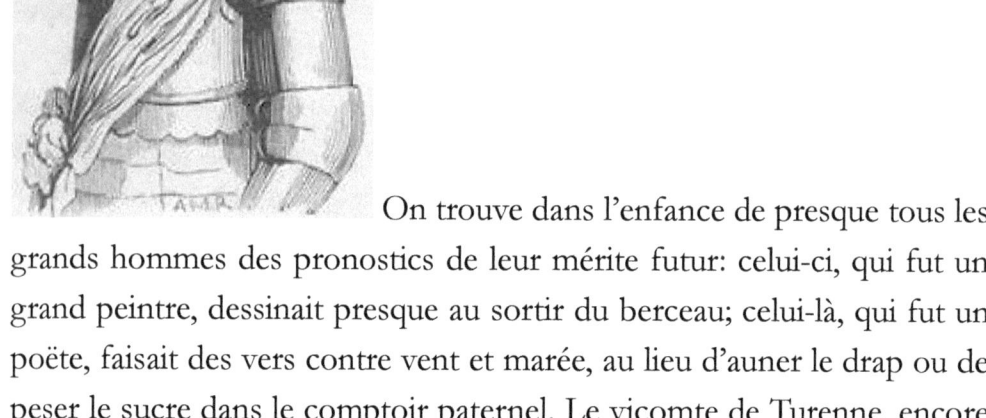

On trouve dans l'enfance de presque tous les grands hommes des pronostics de leur mérite futur: celui-ci, qui fut un grand peintre, dessinait presque au sortir du berceau; celui-là, qui fut un poëte, faisait des vers contre vent et marée, au lieu d'auner le drap ou de peser le sucre dans le comptoir paternel. Le vicomte de Turenne, encore enfant, montra bien, par plusieurs actions, ce qu'il serait par la suite.

Il répétait sans cesse qu'il voulait être soldat; mais il était d'un tempérament si faible, qu'on ne croyait pas qu'il pût embrasser ce parti, et on ne s'en cachait pas en sa présence. Pour faire cesser cette opinion et prouver qu'il saurait supporter vaillamment les fatigues de la guerre, il mettait en pratique cette maxime qui lui fut familière par la suite, que, dans les circonstances difficiles, il faut agir et non raisonner.

Il prit, sans en rien dire à personne, la résolution de passer la nuit sur les remparts de Sédan, dont M. le duc de Bouillon, son père, était gouverneur. Le soir venu, on chercha partout le jeune vicomte; le chevalier de Vassignac, qui était son précepteur, se désespérait; on imputait à sa négligence la disparition du fugitif. La nuit était déjà bien avancée, et la plus grande inquiétude régnait au château. M. de Vassignac se démenait en tous sens, parcourant la ville, les rues, places et carrefours, quand on vint lui apprendre qu'on avait vu M. de Turenne sur les remparts de la ville, couché sur l'affût d'un canon. Notez que le froid était des plus rigoureux, qu'il était tombé la veille une grande quantité de neige. En effet, on le trouva dormant d'un profond sommeil, et on eut beaucoup de difficultés à le mener coucher au château: sa résolution était, disait-il, de passer la nuit à la belle étoile, comme les soldats. M. de Turenne pouvait avoir neuf ans quand il fit cette équipée.

Le jeune Turenne n'était pas ignorant des belles-lettres, il les cultivait même avec goût et avec fruit; de tous les auteurs, il préférait ceux qui retracent la vie des grands hommes de l'antiquité, et il les lisait avec une admiration passionnée. Un officier en visite chez Mme la comtesse de Bouillon s'avisa de lui dire un jour que l'histoire de Quinte-Curce, dont il faisait tant de cas, n'était vraisemblablement qu'un roman, où le plus grand nombre des laits étaient controuvés; le jeune Turenne soutint le contraire; l'officier ne voulut pas départir de son opinion, la dispute s'échauffa; la duchesse de Bouillon, pour voir ou iraient les choses, se mettait du côté de l'officier, excitant par la l'ardeur de son fils. Turenne se vit forcé de battre en retraite; mais quand il vit l'officier seul, il le provoqua en duel; on convint d'un rendez-vous pour le lendemain; le vicomte sortit pour aller, disait-il, à la chasse, et s'y rendit armé jusqu'aux dents. L'officier l'y joignit bientôt: les épées tirées, les combattants allaient fondre l'un sur l'autre, quand la duchesse de Bouillon parut, disant à son fils qu'elle voulait lui servir de second, puis elle l'embrassa et lui fit faire la paix avec l'officier.

M. de Turenne était bien loin cependant d'être querelleur ni mauvaise tête: on ne lui connut que ce projet de duel dans toute sa vie. On n'a peut-être jamais vu tant de modération unie à tant de bravoure.

Il était un jour au spectacle dans une loge où entraient deux jeunes gens qui ne voyaient pas pourquoi M. de Turenne, beaucoup moins bien habillé qu'eux, ne leur céderait pas la place de devant qu'il occupait, et cherchèrent à la prendre. Turenne croyait avoir de bonnes raisons pour la garder; l'un de ces étourdis, pour se venger du refus qu'il leur en fit, jeta le chapeau et les gants du maréchal sur le théâtre. Un jeune homme s'empressa de les rapporter, avec l'air le plus respectueux. Les impertinents, voyant à qui ils avaient affaire, s'enfuyaient confus, quand Turenne les retint en disant: Restez, messieurs, restez; en nous arrangeant, il y aura assez de place pour nous trois.

Un homme commit un jour la sotte indiscrétion de lui demander comment il avait perdu la bataille de Rhétel. Turenne lui répondit avec une simplicité magnifique: Je l'ai perdue par ma faute. Lui, le plus grand capitaine de son temps!

M. de Turenne naquit dans la religion réformée. Le cardinal de Richelieu, qui prévoyait ce que serait un jour le vicomte, lui offrit, lorsqu'il était tout jeune encore, une de ses plus proches parentes en mariage;

mais le cardinal aurait voulu que le jeune vicomte fît abjuration, sans toutefois la lui imposer; Turenne, s'apercevant de cela, refusa nettement une si belle alliance. Plus tard, le cardinal Mazarin lui fit entendre que le roi rétablirait en sa faveur la charge de connétable, si lui-même n'y mettait obstacle par la religion qu'il professait. L'offre de la première charge de la couronne ne fut pas capable de lui faire quitter la religion calviniste, tant qu'il la crut la meilleure, comme nulle considération ne put le retenir quand il fut persuadé du contraire. Il abjura quand il fut parvenu au comble de la gloire, et qu'on n'aurait pu imputer son changement à aucun calcul indigne.

Henri de la Tour d'Auvergne, vicomte de Turenne, naquit en 1611; il était second fils du duc de Bouillon, prince souverain de Sedan. En allant choisir une place pour dresser une batterie, il fut tué d'un coup de canon en 1675. Il n'y a personne qui ne connaisse les détails de cette mort qui jeta la France dans la consternation.

LULLI

JEUNESSE DE LULLI.

Lulli (Jean-Baptiste) naquit à Florence en 1633. Il y resta jusqu'à l'âge de quatorze ans. On sait peu de chose de son enfance. Son père était un pauvre mais habile musicien; Jean-Baptiste reçut de lui les premiers enseignements d'un art qu'il devait élever à une si grande perfection. Sa vie se passait à Florence à jouer du violon, et, selon toute apparence, son instrument était son gagne-pain. Malgré son talent précoce, il est à présumer qu'il ne serait jamais sorti de l'obscurité, sans la rencontre qu'il eut le bonheur de faire de M. le duc de Guise, qui se trouvait alors en Italie. Ce duc de Guise est le fils du Balafré ; il était fort célèbre par la témérité malheureuse avec laquelle il entreprit de se rendre maître de Naples; c'était un seigneur fort bizarre en tout. Lulli vint faire de la musique à l'hôtellerie où était monseigneur de Guise passant à Florence; le jeu du jeune Florentin plut au duc, il le fit appeler, et le trouva non-seulement excellent musicien pour ce temps, mais encore excessivement spirituel et amusant, fort audacieux et fort gai. Le duc lui demanda s'il voulait le suivre: Lulli répondit sans hésiter qu'il le voulait bien. Mademoiselle, duchesse de Montpensier, avait prié M. de Guise de lui rapporter d'Italie quelque cadeau; et le duc, en lui donnant Lulli, voulait faire à Mademoiselle un présent à la fois original et divertissant. Quand les parents de Lulli surent à qui ils avaient affaire, ils eurent bientôt donné leur consentement, et le petit Jean-Baptiste, mêlé parmi les gens de monseigneur, fut amené à Paris. Il n'eut pas lieu d'abord de se louer beaucoup de M. de Guise. Présenté à Mademoiselle, il n'eut pas le bonheur de lui plaire, et lorsqu'il s'attendait à rester au salon parmi les pages, on le relégua à la cuisine avec les marmitons.

Toutefois le jeune Lulli eut bientôt pris son parti de cette mésaventure. Il se sentait peu de goût pour son nouvel état, et au lieu de veiller aux sauces, de tourner les broches, il fredonnait sans cesse, et faisait de la musique à chaque instant du jour. Cette rage musicale plut d'abord médiocrement à ses compagnons; ils lui prirent son violon et le cachèrent; mais Lulli inventa des instruments de nouvelle espèce: il disposait des casseroles de forme, de grandeur et d'épaisseur différentes, de manière à obtenir des sons divers en les frappant avec de cuillers à ragoût; il continua ainsi ses études musicales.

Cette harmonie, comme on le pense bien, dut être assez peu agréable à ceux qui n'avaient pas même pu supporter les accords suaves du violon. Toutefois, comme Lulli avait su s'attirer l'amitié de ses compagnons par son caractère vif et enjoué, par ses espiègleries amusantes, on capitula avec lui; il renonça à ses instruments de cuivre, et on lui rendit son violon pour ne s'en servir qu'à certaines heures. Bientôt, soit que le jeune musicien eût fait des progrès, soit que les cuisiniers eussent peu à peu pris goût à la musique, Lulli non-seulement eut la permission de jouer du violon, à son aise, mais encore il était souvent prié de le faire. Néanmoins sa réputation ne sortait pas des cuisines. Chaque soir, le jeune Lulli donnait concert aux valets dans l'office. Le comte de Nogent, se rendant un jour chez Mademoiselle, fut frappé des sons mélodieux que Lulli tirait de son violon. Il voulut savoir d'où ils venaient; il s'approcha, et peu à peu il parvint jusque dans l'office où notre jeune virtuose enchantait ses auditeurs. Lulli, loin d'être intimidé par la présence d'un personnage de cette importance, redoubla au contraire d'efforts et fit merveilles. Le comte de Nogent demanda comment il se trouvait ainsi dans les cuisines. Lulli lui fit avec une gentillesse parfaite le récit de ses aventures, se plaignit de M. de Guise, qui l'avait trompé, disait-il. M. de logent monte chez Mademoiselle, parle du jeune Lulli, dit que c'était un malheur de laisser dans l'obscurité un talent qui donnait de si grandes espérances. Mademoiselle manda aussitôt son petit marmiton. Il y avait cercle ce soir-là, et la nouvelle de la découverte merveilleuse de M. de Nogent occupa beaucoup la compagnie. Lulli fut introduit avec ses habits de cuisine, salua gracieusement, et, sans être plus intimidé au salon que dans l'office, il se mit à jouer des morceaux de sa composition pleins de grâce et de mélodie. Son succès fut complet: applaudi, encouragé, fêté, il fut, dès le soir même, compté au nombre des pages de la duchesse de Montpensier.

(Mlle DE MONTENPENSIER.)

Il ne serait pas rare de rencontrer aujourd'hui de jeunes artistes de quinze ans exécutant aussi bien et sans doute beaucoup mieux que ne le faisait alors Lulli; mais il y a loin de l'état de la musique sous Louis XIV à celui où elle est parvenue depuis. La bande des vingt-quatre violons du roi composait alors toute la musique de France, et encore ces musiciens n'exécutaient-ils que des morceaux d'une grande simplicité, dépourvus d'harmonie, et pour la plupart composés en Espagne.

Lulli éclipsa dès son début tous ces artistes; son exécution était vive, hardie et savante, et ses compositions avaient une grâce toute particulière. Louis XIV, jeune encore, aimait beaucoup la musique; on sait qu'il jouait même de la guitare avec habileté et qu'il chantait fort agréablement. Il voulut entendre Lulli, et, quand il l'eut entendu, il en fut si ravi, qu'il créa, exprès pour lui en donner la direction, une nouvelle bande de violons qu'on appela la bande des petits violons du roi, ou les violons de Lulli. Peut-être Louis XIV, en s'attachant Lulli, n'était-il pas fâché de l'enlever à Mademoiselle, à qui il ne pardonna jamais complétement d'avoir, lors du combat de la porte Saint-Antoine, fait tirer sur ses troupes le canon de la Bastille, où elle commandait.

Mademoiselle, qui avait d'abord rebuté Lulli, s'y était ensuite fort attachée; il l'amusait par ses saillies et son talent; elle aimait en lui jusqu'à ses espiègleries, et le jeune Lulli abusait quelquefois de la bonté de cette princesse. Elle se promenait un jour dans les jardins de Versailles; elle y aperçut un piédestal sur lequel il n'y avait pas encore de statue: «Il est fâcheux, dit-elle aux dames de sa suite, que cette place reste ainsi inoccupée. Une statue sur ce piédestal serait du meilleur effet.» Puis elle continua sa promenade. Lulli entend ce propos, il se déshabille, monte sur le piédestal et s'y tient immobile. Quand Mademoiselle revint quelque temps après, elle fut frappée d'étonnement à la vue de cette statue improvisée, et comme la compagnie était assez éloignée encore, on faisait mille suppositions sur ce prodige. Mais on connut bientôt la vérité. Il fut question de punir sévèrement la statue pour cette inconvenante plaisanterie; mais la princesse, trop indulgente, n'en voulut rien faire. Ce fait, qui paraît assez difficile à croire, se trouve dans les mémoires du temps. Quoi qu'il en soit, il caractérise assez bien Lulli, dont les saillies n'étaient pas toujours d'un excellent goût. Il en avait cependant d'assez heureuses. Un jeune homme lui apporta un prologue d'opéra pour avoir son avis; Lulli le trouva mauvais, et dit tout bonnement au jeune homme: «Je ne vois qu'une seule lettre à retrancher à votre prologue, et j'ai pris la liberté de faire le retranchement.» On lisait au bout: Fin du prologue; le pauvre jeune homme n'y lut plus que: Fi du prologue!

Ici finit la jeunesse de Lulli. On sait ce qu'il devint: il fut, à vrai dire, le père de la musique française. Louis XIV l'enrichit, l'anoblit; malgré l'opposition du corps des secrétaires du roi, il le fit entrer au sceau et le combla d'honneurs. La protection du roi lui donna un tel crédit, que M. de Louvois, le premier ministre, qui s'était le plus opposé à sa nomination de secrétaire, le rencontrant à Versailles quelque temps après, lui dit en passant: Bonjour, mon confrère.

Lulli fut original toute sa vie. Son opéra d'Armide fut très-mal reçu du public à la première représentation. On l'avait jugé mauvais. Lulli le trouvait bon envers et contre tous. Ne voulant pas se priver d'entendre son œuvre, il le fit représenter pour lui seul avec toute la pompe qu'on avait déployée devant le public. Il ne laissa pénétrer personne dans la salle. Louis XIV apprend celte singularité : «Je suis convaincu, dit-il, que si Lulli trouve son opéra bon, c'est qu'il l'est en effet. «Aussitôt il fait venir le musicien, le prie de donner à la cour une nouvelle représentation de son opéra. Lulli refuse d'abord, disant qu'il veut garder pour lui seul celle jouissance: qu'il a fait beaucoup de musique pour le public, qu'il veut garder celle-là pour ses plaisirs particuliers. Le roi insiste, Lulli cède, l'opéra est joué et tout le monde l'applaudit.

Lulli mourut à cinquante-quatre ans, d'une blessure qu'il s'était faite au petit doigt du pied en battant la mesure avec sa canne. Il conserva sa gaieté jusque dans son lit de mort.

Le chevalier de Lorraine le vint voir lorsqu'il était malade; il lui marquait la tendre amitié qu'il avait pour lui. Madame Lulli, qui était présente, lui dit: «Oui vraiment, Monsieur, vous êtes fort de ses amis; c'est vous qui le dernier l'avez enivré, et qui êtes cause de sa mort. — Tais-toi, ma chère femme, lui dit Lulli, tais-toi: M. le chevalier m'a enivré le dernier, et si j'en réchappe j'espère bien qu'il m'enivrera le premier.»

Son confesseur, le voyant en danger, lui dit qu'il ne pouvait lui donner l'absolution qu'à la condition qu'il brûlerait un nouvel opéra qu'il composait au moment où il reçut cette blessure, devenue mortelle par négligence. Lulli consentit aussitôt à ce sacrifice. Quelques jours après on le crut sauvé ; il le crut lui-même. Un des jeunes princes de Vendôme, qui le vint voir, lui dit alors: «Eh quoi! Baptiste, tu as jeté ton opéra au feu! Têtebleu, tu es bien fou d'avoir brûlé une si belle musique! — Paix, paix, monseigneur, lui répondit tout bas Lulli, j'en ai gardé une copie.» C'est ainsi que la cour de Louis XIV entendait la religion. Dans ce siècle de représentation, les somptueuses cérémonies de l'église étaient considérées à l'égal des autres spectacles. Tel seigneur qui n'avait aucune croyance religieuse n'aurait pas osé manquer à la messe ni aux autres pratiques extérieures de la religion catholique. Louis XIV le voulait ainsi, et l'on s'inquiétait bien moins de plaire à Dieu que de déplaire au roi.

Cependant Lulli, voyant arriver la mort, et ne pouvant plus conserver d'espoir, devint enfin plus sérieux, et s'occupa, comme on le doit faire, de son salut. Il mourut avec toutes les marques d'un véritable repentir et d'une grande résignation. Il fut enterré dans l'église des Petits-Pères, où sa famille lui fit élever un mausolée de marbre. Quand Raphaël mourut, on ne crut pouvoir faire de ce grand artiste une plus belle oraison funèbre que de placer en face de son catafalque, pendant la cérémonie funéraire, son admirable tableau de la Transfiguration; les musiciens de son temps ne purent mieux honorer Lulli qu'en chantant sur sa tombe les morceaux de musique sacrée qu'il avait composés, et qui avaient un caractère de grandeur inconnu jusqu'alors.

JOHN LANDEN.

Vers l'année 1735, vivait aux environs de Northampton un riche fermier nommé Georges Landen. Il avait tout ce qu'il faut pour être heureux: une femme, bonne ménagère, qui lui rendait la vie douce et unie, et deux enfants qui l'aimaient autant que lui les chérissait. Aussi disait-on: Heureux comme Georges Landen. En effet, que lui manquait il? — N'avait-il pas de l'aisance? — N'était-il pas aimé, estimé de ses voisins? — Chaque jour il remerciait le ciel de la paix dont il le faisait jouir; mais un de ses plus vifs plaisirs était de s'entretenir de ses deux fils avec sa femme, la bonne Brigitte.

— «Vois, lui disait-il, comme ils nous aiment! comme Charles, l'aîné, est grand et fort! comme il s'empresse à m'aider dans mes travaux de la journée! et John, comme il est doux, studieux!

— «Oui, reprenait Brigitte; mais moi je trouve que John travaille trop, beaucoup trop; toujours penché sur ses livres, il paraît sans cesse absorbé dans de graves pensées. — il est pâle, sérieux, et trop réfléchi pour son âge.

— «Il est vrai, reprenait le fermier, que j'aimerais mieux le voir robuste et hardi, gai et pétulant comme son frère; je voudrais qu'il prît un peu plus d'exercice, qu'il courût à travers les champs comme son frère. Mais enfin, vois-tu, il faut le laisser faire; il travaille à s'instruire. Je bénis Dieu, qui m'a donné deux enfants qui, quoique de caractères si différents, s'aiment et nous chérissent également. »

Brigitte (le cœur d'une mère est si prompt à s'alarmer) prenait plus difficilement son parti de la trop grande assiduité de son fils à l'étude; elle craignait, l'excellente femme, que son John ne tombât malade par excès de travail. Et puis, à vrai dire, si ce n'est pour devenir pasteur ou maître d'école, Brigitte ne comprenait pas bien la nécessité de l'instruction. Mais ces braves gens étaient bons, et il suffisait que l'étude fût du goût de leur fils pour lui donner tous les moyens d'étudier.

John Landen, dans le désir de s'instruire, passait nuits et jours le front baissé sur des livres de sciences. — Rien ne pouvait l'arracher à cette occupation chérie; il sentait en lui quelque chose qui lui disait que lui un jour pourrait aussi agrandir le cercle des connaissances humaines; mais il savait que pour y parvenir il fallait s'initier à ces sublimes découvertes par la lecture et par de profondes méditations.

Jamais on ne le voyait partager les jeux bruyants de son frère; souvent il se retirait dans un lieu isolé, emportant avec lui ses livres, et plusieurs heures s'écoulaient ainsi sans qu'il songeât à les quitter. Ce goût devint une passion qui lui fit négliger tout le reste; et même ses parents se prirent quelquefois à l'accuser tout bas d'indifférence; mais cette indifférence n'était pas dans son cœur.

Laissons cette famille fortunée jouir de son bonheur, et transportons-nous à deux ans plus tard.

Nous sommes encore dans la chaumière de Georges Landen; mais, grand Dieu! quel changement s'y est opéré ! — On n'y remarque plus cet air d'aisance et de prospérité ! — Plus de lit, qu'un misérable grabat; partout la misère! Et Georges Landen, ce bon vieillard, sur la figure duquel était peinte naguère la sérénité, comme ses joues sont creusées, son front pâle et sillonné de rides profondes! Et la bonne Brigitte, comme elle pleure! — Mon Dieu, quel tableau! Hélas! c'est donc bien vrai, le bonheur s'est enfui de cette chaumière. — Georges, ce riche fermier, Georges Landen est ruiné. — Et comment ce désastre a-t-il fondu sur lui?

D'abord, la grêle a détruit toutes ses moissons, l'ouragan a déraciné ses arbres, la mortalité a décimé ses bestiaux, toute la récolte a été perdue.

Puis un ami cela fait mal à dire, l'ami que Georges chérissait le plus, a, par sa mauvaise foi, achevé sa ruine. Cet ami, qui s'était fait cautionner par lui pour une somme considérable, avait quitté le pays avant l'échéance du paiement, et laissé peser toute la responsabilité sur Georges Landen, qui, accablé par ce coup affreux, perdit complétement son énergie. Le vieillard ne trouvait de consolation que dans les caresses de ses enfants et les soins empressés de sa femme, qui, tout aussi consternée que lui, savait toutefois, avec cet admirable instinct d'épouse, adoucir l'amertume de ses chagrins. Mais, hélas! Georges n'était pas au bout de ses douleurs: l'époque fatale où il doit acquitter l'obligation qu'il a souscrite arrive, et son impitoyable créancier lui a déclaré que, faute de paiement, il le fera traîner en prison! c'est là ce qui le désespère, c'est cette idée qui le tue... O mon Dieu! épargnez cette infamie à ses cheveux blancs!

Oh! comme Charles, si gai, si pétulant naguère, est devenu triste et sombre! comme il se désole et se tourmente! il donnerait de bon cœur sa vie pour écarter de son père le coup qui va le frapper.

Brigitte elle-même a perdu tout son courage; affaissée sous le poids de la douleur, elle ne trouve de consolation que dans la prière, cette première et dernière raison des infortunés; puis elle pleure, en cela plus heureuse que Georges, dont les yeux secs et brûlants ne peuvent verser une larme.

Pour John, lui, on dirait qu'il ressent moins vivement cette immense calamité. Seulement son front est devenu plus pâle encore, ses traits sont amaigris, son ardeur pour l'étude semble encore avoir redoublé ; et lorsque le soir, après être resté enfermé toute la journée dans sa chambre, occupé à écrire sans cesse et à tracer des figures étranges, il descend et va s'asseoir au coin du foyer, on le voit, à l'aspect du tableau déchirant de la douleur de son père, tressaillir; son regard s'allume et brille d'un éclat inaccoutumé. Mais, comme Charles, il ne se suspend point au cou du bon Georges Landen, il ne l'entoure pas de ses caresses, ne le couvre pas de baisers: le jeune homme paraît possédé d'une idée fixe qui ne lui permet pas de se livrer à ces épanchements; aussi son malheureux père l'accuse-t-il quelquefois d'indifférence.

Un soir, John descendit de meilleure heure; son teint était plus animé que d'ordinaire: il fut aussi plus expansif, et joignit sa voix à celle de Charles pour supplier son père de ne point se laisser abattre par le désespoir; puis, avant de remonter à sa chambre, il se jeta dans les bras du fermier, en murmurant quelques paroles d'espérance.

Le lendemain, quand Charles se réveilla, il ne vit point son frère; surpris, il se lève et demande s'il est déjà sorti. — Personne ne l'a vu. — Seulement, au point du jour, Brigitte a trouvé, à sa grande surprise, les verrous tirés et la porte à peine fermée.

La journée se passe et John ne reparaît pas. Le soir est arrivé, et son absence se prolonge encore! — En vain on le chercha partout; la nuit s'acheva en recherches infructueuses. Aux premiers rayons du soleil, la malheureuse famille était rassemblée et pleurait dans le silence de la douleur, quand on frappa un léger coup et une voix appela. «Mon fils!» s'écria

Brigitte à cette voix si connue. Son cœur ne l'avait pas trompée; c'était John. Elle le pressait dans ses bras en le couvrant de baisers, tandis que Georges le regardait fixement, comme pour s'assurer que ce n'était point une illusion, que c'était bien John, son fils, son enfant bien-aimé.

John supplia ses parents de ne point exiger qu'il leur expliquât les motifs de son absence. «C'est un secret, leur dit-il, que vous saurez bientôt; prions Dieu seulement qu'il me soit en aide, et j'espère que nous serons sauvés.»

C'était le lendemain qu'arrivait l'échéance de l'obligation souscrite par Georges Landen, et aucun changement ne s'était opéré dans la situation du fermier. L'infortuné voit devant lui la prison, et son courage ne peut résister à cette affreuse image. Tout à coup on entend un bruit de pas de chevaux retentir dans la vallée. — Ils tressaillirent, et une horrible anxiété se peignit sur tous leurs traits. Ils prêtent l'oreille, et s'imaginent parfois que c'est le vent qui agite les rameaux des arbres; mais le bruit redouble, il approche… plus de doute, on vient saisir Georges!… Le vieillard tombe anéanti. Charles s'élance aussitôt vers la porte et la barricade, en s'écriant que pour arriver à son père il faudra lui passer sur le corps. Alors quelqu'un demanda du dehors si c'est là que demeure Georges Landen.

— «Oui, répond Charles, oui; mais on n'entre pas. Nous connaissons vos projets: non, vous n'emmènerez pas mon père.

— «Je ne viens pas pour cela, répondit doucement la même personne. Veuillez seulement me dire si son fils, John Landen, est ici.»

A ces mots, John, qui, depuis quelques instants est en proie à une agitation extraordinaire, se lève brusquement et se précipite vers la porte, l'ouvre aussitôt, et, l'œil étincelant, il fixe celui qui entre, puis tout à coup il se trouble et chancelle, en s'écriant: Le comte Fitz-William.

C'était en effet le comte Fitz-William, un des personnages les plus importants de l'Angleterre, un savant, un lord, qui venait de faire une longe route, et qui visitait, dans un grand appareil, avec une suite nombreuse, ce pauvre enfant. Le comte ignorait la véritable situation de cette famille si intéressante et si malheureuse. Il fut stupéfait à la vue de cette misérable habitation; mais, revenu de sa première surprise, il s'avança vers John, et, lui serrant affectueusement la main, il lui dit:

— «Oui, c'est moi, mon jeune ami, qui ai voulu vous annoncer moi-même la décision de la Société royale, à qui j'ai remis le mémoire que vous m'aviez confié. Rassurez-vous.

— «Monsieur Landen, continua-t-il en s'adressant au père, recevez mes félicitations; car votre fils, tout jeune qu'il est, est un des plus grands mathématiciens de l'Angleterre; et la Société royale, ayant reconnu dans le mémoire qui lui a été soumis des découvertes qui peuvent être utiles à notre marine, a décerné à son auteur un prix de deux cents livres sterling qu'elle m'a chargé de lui offrir. Les voici.»

En même temps le comte tire une bourse pleine d'or et la remet entre les mains du vieillard, qui, immobile d'étonnement, ivre de bonheur, tient embrassé son fils éperdu. Le comte Fitz-William, attendri, et apprenant de quelle affreuse position John avait retiré son père, se chargea de l'avenir du jeune homme. Il répara par ses bienfaits les pertes qu'avait éprouvées le fermier, et le bonheur qui s'était éloigné de la chaumière de Georges y rentra pour ne la plus quitter, grâce aux travaux et à la piété filiale de John Landen.

John Landen avait quinze à seize ans au plus; depuis qu'on lui avait enseigné les premiers éléments des mathématiques, il s'en était presque exclusivement occupé, et seul, sans le secours d'aucun maître, il était parvenu à ces découvertes précieuses que la Société royale récompensait aujourd'hui si magnifiquement.

Plus tard, le comte Fitz-William le chargea de la direction de ses affaires. Il ne quitta cet emploi que deux ans avant sa mort, qui arriva en 1790, après avoir vécu dans l'intimité de toutes les illustrations britanniques de cette

époque, entre autres du fameux Herschell, qui fut son collègue à la Société royale de Londres. John Landen mourut vénéré de tous; il passe pour un des plus célèbres mathématiciens qu'ait produits l'Angleterre.

JEUNESSE DE PASCAL.

Pascal mourut véritablement dans sa trente-neuvième année, et cependant, si l'on considère sa vie seulement sous le rapport de la science, on peut dire qu'il ne vécut que vingt-trois ans. A cet âge, l'extrême sévérité de ses principes lui persuada que la gloire dont ses merveilleux travaux l'entouraient était incompatible avec les rigoureuses exigences de l'humilité chrétienne. Il renonça à toutes les sciences profanes, à tous les intérêts terrestres, pour s'adonner à l'étude des livres saints, aux plus austères pratiques de la religion. Il fut donc non-seulement l'un des plus beaux génies qui aient brillé sur la France, mais encore le seul dont la puissance se manifesta dans un âge aussi tendre. Quelle vie que celle de ce jeune homme de vingt-trois ans! géomètre, il est à côte d'Archimède et de Descartes; physicien, il balance la gloire de Newton; écrivain, Voltaire le place au-dessus de Molière et de Bossuet. Enfant, il surpasse ou il égale les plus beaux génies vieillis dans la pratique des sciences et des lettres.

On verra que son enfance offre un spectacle unique et tout exceptionnel; l'activité de son esprit était telle, qu'on peut dire de lui qu'il n'apprenait pas les sciences, mais qu'il les inventait. Tout le monde sait par quelle rencontre extraordinaire on découvrit, lorsqu'il n'avait pas encore douze ans, son génie pour la géométrie.

Le père de Pascal était un homme fort instruit; il réunissait souvent chez lui d'habiles mathématiciens; mais il ne permettait point à son fils d'assister à leurs entretiens, et il avait pris la précaution de retirer de sa bibliothèque tous les ouvrages qui pouvaient lui donner quelque idée des mathématiques. Il ne voulait pas qu'il pût se détourner de l'étude des langues. Cependant le mot de mathématiques a frappé l'oreille du jeune Pascal, il prie son père de les lui apprendre; celui-ci s'en défend, promettant de le faire comme récompense, lorsqu'il saura le latin et le grec. La curiosité de l'enfant n'en est que plus excitée; chaque jour il demande, il prie avec tant d'instances, qu'on lui dise au moins ce que c'est que cette science et de quoi on y traite, que son père lui dit enfin que c'était le moyen de faire des figures justes et de trouver les proportions qu'elles avaient entre elles. Mais, après cette définition, il lui défendit d'en parler davantage et même d'y penser. Cela suffit à Pascal. Il se mit à rêver sur cette simple donnée, et à ses heures de récréation, seul dans une salle où il était accoutumé de se divertir, il prend du charbon, se met à faire des figures sur le carreau; il se crée des définitions, des axiomes, enfin des démonstrations parfaites; et comme l'on va du connu à l'inconnu dans l'étude de cette science, il arriva ainsi jusqu'à la trente-deuxième proposition d'Euclide. L'enfant en était là, son père parut, et le trouva si fort appliqué, que notre jeune savant ne l'aperçut ni ne l'entendit d'abord. On ne peut dire lequel fut le plus surpris, ou le fils de voir son père, à cause de la défense expresse qu'il lui avait faite, ou du père de trouver son fils au milieu de telles occupations. Mais la surprise du père fut bien plus grande lorsque, ayant demandé à son fils ce qu'il faisait, celui-ci lui dit ce qu'il cherchait, et en vint à ses définitions, à ses axiomes. Épouvanté de la grandeur et de la puissance d'un tel génie, M. Pascal sortit sans ajouter un mot, et se rendit chez M. Le Pailleur, son intime ami et savant fort distingué, auquel il raconta ce qui venait de se passer. M. Le Pailleur, non moins surpris que le père l'avait été, car on pouvait dire en quelque façon que Pascal venait d'inventer les mathématiques, dit à son ami qu'il ne trouvait pas juste de captiver plus longtemps l'esprit de son fils et de lui cacher encore les mathématiques; il l'engagea donc à lui laisser l'usage des livres qui en traitaient. Dès que Pascal eut à sa disposition les Éléments d'Euclide et les autres ouvrages que son père avait tenus jusque là éloignés de ses regards, il les lut à ses heures de récréation et les entendit tout seul sans avoir jamais eu besoin d'aucune explication. Bientôt il assista aux conférences qui se faisaient toutes les semaines, et où les savants de Paris s'assemblaient pour se communiquer leurs ouvrages et examiner ceux des autres. Il y tenait fort bien son rang, tant pour l'examen que pour la production, et était un de ceux qui y portaient le plus souvent des choses nouvelles; on y prenait son avis sur tout, avec autant de soin que de pas un des autres. Il avait des lumières si vives, que maintes fois il découvrit des fautes dont personne ne s'était aperçu. A l'âge de seize ans, il fit un traité des coniques qui passa pour un si grand effort d'esprit, qu'on disait que depuis Archimède on n'avait rien vu de cette force; sa modestie se refusa tout à fait à l'impression de cet ouvrage.

 Étant plus jeune, quelqu'un ayant frappé à table un plat de faïence avec un couteau, il prit garde que ce plat rendit un grand son, mais qu'aussitôt qu'on eut mis la main dessus, le son s'arrêta. Il voulut en savoir la cause, et cette expérience le porta à en faire beaucoup d'autres sur les sons. Et voilà qu'une circonstance ordinaire, a laquelle tout autre enfant n'aurait pris aucune attention, fournit à ce jeune physicien de onze ans la matière d'un traité sur les sons qui ferait honneur à un vieux professeur.

Pascal naquit à Clermont le 19 juin 1623; son pere, Étienne Pascal, était président en la cour des aides. A peine le jeune Pascal commença-t-il à parler, qu'il donna des marques d'un esprit extraordinaire, tant par les petites reparties qu'il faisait fort à propos que par ses questions, pleines de sens, qui surprenaient tout le monde.

Son père, qui avait reconnu en lui des dispositions extraordinaires, se résolut à l'instruire lui-même; et pour n'être pas détourné de l'éducation de son fils par les devoirs de sa charge, il donna sa démission et vint habiter Paris. Le jeune Pascal avait alors huit ans.

Ce ne fut qu'à l'âge de douze ans que son père commença à l'initier à la connaissance des lettres latines, afin qu'il y eût plus de facilités; mais il ne l'avait point laissé inoccupé pendant cet intervalle, car il l'entretenait de toutes les choses dont il le voyait capable. Pascal prenait un grand plaisir à ces entretiens; mais il voulait toujours savoir les raisons de toutes choses, et quand on ne les lui disait pas ou qu'on lui disait celles qu'on allègue d'ordinaire, qui ne sont proprement que des défaites, il ne s'en contentait pas; car il eut toujours une netteté d'esprit admirable pour discerner le faux. Quand on ne lui donnait pas de bonnes raisons, il en cherchait lui-même, et lorsqu'il s'attachait à une chose, il ne la quittait point qu'il n'en eût trouvé quelqu'une qui le pût satisfaire.

Nous avons vu déjà jusqu'où l'avait mené cette ardeur de savoir et son étonnante intelligence. A seize ans il avait déjà fait faire à la science des pas immenses; il avait déjà fait des traités pleins de savoir sur les sons et les coniques, et il avait presque inventé les mathématiques. Il avait, outre cela, une connaissance approfondie de la logique, de la philosophie et des langues. Son éducation était terminée, et M. Pascal, ne pouvant plus désormais rien apprendre à son fils, rentra dans la vie publique et fut nommé à l'intendance de Rouen. Là il confie à son fils les opérations de calcul que nécessitent ses nouvelles fonctions. Mais ce travail mécanique devait, on le conçoit, devenir bientôt fastidieux et pénible pour le génie actif de Pascal. C'est alors qu'il invente cette étonnante machine arithmétique, cet automate calculateur qui fait seul les opérations les plus compliquées. Mais les efforts incroyables d'intelligence, les travaux continuels qu'il s'impose pour arrivera ce résultat miraculeux, ruinent sa santé ; il tombe martyr de la science, et le voilà à dix-neuf ans malade, épuisé par les fatigues, les veillées, et voué aux plus cruelles douleurs pour le reste d'une aussi belle vie.

On exalte avec raison le courage du guerrier qui, sur le champ de bataille, se jette à travers tous les dangers, brave la mort pour sa patrie; mais combien est plus admirable encore le courage du savant qui combat solitairement et qui va sourdement à la conquête de la science! Il n'a pas, pour soutenir sa vaillance, le bruit du canon et le cliquetis des armes qui l'animent au combat, la présence de ses compagnons et de ses chefs qui l'applaudissent et le récompensent; il triomphe et tombe obscurément. L'espérance seule, espérance, hélas! souvent déçue, le soutient et l'encourage. Ainsi Pascal ne parvint à terminer à sa satisfaction sa machine arithmétique qu'après avoir fait faire plus de cinquante modèles en bois, en cuivre, en ivoire. Qu'on songe combien de déboires, combien de déceptions cruelles il a dû éprouver, combien il lui fallut de courageuse résignation, de patience intrépide, pour arriver au succès qui lui coûta la vie!

Il ne faut pas croire cependant que ses souffrances vont arrêter son zèle, qu'elles vont éteindre cette soif de science qui le dévore. Pascal devait être extraordinaire en tout; la maladie, qui abat les autres hommes, semble donner de nouvelles forces à son génie. Galilée, Toricelli, les deux plus grands physiciens de ce temps-là, travaillent en Italie à déterminer la pesanteur de l'air; mais tous deux meurent à la peine sans avoir trouvé la solution du problème. Pascal, qui n'avait pas encore vingt ans, reprend l'expérience où les Italiens l'ont laissée, et bientôt il trouve la solution de cette importante question. Le baromètre devient un instrument nécessaire dans toutes les parties de la physique et de la chimie, et il indique son emploi pour mesurer la hauteur des lieux les plus élevés au-dessus de la surface du globe. Pascal fit ses expériences d'abord dans le Puy-de-Dôme, sur une montagne fort élevée, et ensuite à Paris, sur la tour Saint-Jacques-la-Boucherie.

Delille a consacré dans de fort beaux vers cette importante découverte. A la vue de cette montagne où Pascal fit ses expériences, il s'écrie:

Je me disais: Ici, Pascal, dans son audace,
Des colonnes de l'air osa peser la masse.
Mais, hélas! de cet air ignoré si longtemps
L'illustre infortuné jouira peu d'instants;
La mort l'enlève au monde au printemps de son âge.
Cependant l'Éternel veut qu'en son noble ouvrage
Il adore sa main; ô regrets superflus!
Il vient, jette un coup d'œil, voit, admire et n'est plus.
Mais toi, mont renommé, mont rempli de sa gloire,
Atteste ses travaux et garde sa mémoire.

Toi la gloire et l'amour de mon pays natal,
O mont majestueux! sois le mont de Pascal;
Qu'on y grave son nom, et ce tube fidèle
Par qui le poids de l'air au monde se revèle,
Et que chaque printemps, mêlés à ces pasteurs,
Les enfants d'Uranie y répandent des pleurs.

Pascal fit encore, avant d'arriver à l'âge de vingt-trois ans, où commença la seconde période de sa vie, grand nombre d'inventions utiles. Plus tard, il publia ses admirables Lettres provinciales, que Bossuet regarde comme le livre le mieux écrit de la langue française; enfin ces Pensées si profondes, qui ne sont que les jalons d'un immense ouvrage qu'il projetait sur la religion. Mais ces œuvres de son âge mûr ne sont plus de notre domaine.

RAISIN ET BABET.

Jean-Baptiste Raisin, le père de cette famille que nous allons voir tout à l'heure, tenait les orgues à la cathédrale de Troyes en Champagne. Il était bon musicien, actif, intelligent; mais la province offre si peu de ressources aux artistes, que, malgré son talent et ses travaux, le pauvre homme avait grand'-peine à élever sa nombreuse famille. Tout pauvre qu'il était, il rêvait cependant, il espérait la fortune, et il s'ingéniait mille moyens de fixer auprès de lui cette inconstante. N'ayant pas dans la ville de Troyes un assez grand nombre d'élèves qui voulussent le payer convenablement des leçons de musique qu'il aurait pu leur donner, il se mit, faute de mieux, disait-il, à enseigner son art à quatre de ses enfants, auxquels il avait reconnu des dispositions heureuses. Les pauvres enfants savaient à peine remuer leurs petits doigts, que déjà il leur montrait à parcourir les touches du clavecin, si bel et si bien, qu'en assez peu de temps le père Raisin eut une petite compagnie de quatre musiciens d'une force qui eût été remarquable chez des hommes, mais qui était étonnante et merveilleuse chez des enfants. Et quel âge avaient-ils, s'il vous plaît? L'aîné huit ans au plus, le cadet sept, et le plus jeune, qui s'appelait Jean-Baptiste comme son père, n'avait que quatre ans, quatre ans à peine. Je n'ai encore rien dit de Babet, leur sœur, plus âgée de deux ans seulement que le petit Jean-Baptiste. Nous parlerons peu des deux aînés: le talent était venu à ces enfants en raison inverse de l'âge: les plus jeunes étaient les meilleurs musiciens, et, en même temps, les plus aimables et les plus gracieux. Ils s'aimaient tendrement, comme on se doit aimer entre frère et sœur, avec un dévouement absolu, sacrifiant l'un à l'autre leurs goûts, leurs fantaisies, celui-là n'ayant pas d'autre volonté, d'autre plaisir, que la volonté et le plaisir de celle-ci.

Le père Raisin comprit bientôt que l'instrument de sa fortune, s'il devait faire fortune, serait le petit Jean-Baptiste: je dis le petit, non-seulement parce qu'il n'avait que quatre ans, mais parce qu'il était tout mignon, tout fluet, et excessivement petit pour son âge. L'organiste troyen imagina une épinette d'une structure toute nouvelle. Elle différait surtout des autres en ce que sa capacité intérieure était un peu plus grande. Muni de son épinette et suivi de sa petite famille, l'artiste dit adieu à son orgue, à sa vieille cathédrale de Troyes, et il s'en vint à Paris, cette vaste arène où se rend tout provincial pauvre, mais courageux, dans la vue d'y conquérir la gloire et la fortune. Alors il y avait à Paris, chaque année, deux foires célèbres, la foire Saint-Laurent et la foire Saint-Germain. On ne sait pas bien leur origine; ce qui est certain, c'est que l'une se tenait en été et l'autre en hiver; c'est qu'elles furent instituées pour la vente de toutes sortes de marchandises et que le commerce y jouissait de certaines franchises particulières. Mais dans la suite, vers l'an 1600, des bateleurs s'y vinrent installer, pour montrer aux Parisiens des curiosités, des monstruosités de toutes sortes, enfin pour y donner des spectacles. Le père Raisin vint donc à Paris à cette époque de la foire Saint-Germain, loua une loge, y installa un petit théâtre sur lequel il parut, lui et sa famille. Il annonçait que les personnes qui lui feraient l'honneur de se rendre à son spectacle y entendraient un clavecin merveilleux qui jouait seul les airs qu'il conviendrait à la société de commander. Il prétendait n'avoir besoin que de prononcer à l'instrument certaines paroles.

Dans la première journée, une affluence considérable se rendit à ce spectacle tout nouveau. Voici comment les choses s'y passaient. Trois clavecins étaient disposés sur le théâtre: l'un était tenu par Raisin le père, l'autre par Babet et son frère aîné, et le troisième par personne. D'abord le père et les enfants jouaient un concerto, puis ils levaient les bras en l'air, et le troisième clavecin, auprès duquel on ne voyait âme qui vive, se mettait à répéter le concerto précédemment joué, mais avec des variations délicieuses: puis on priait une ou plusieurs personnes de la société de commander à son gré au clavecin: celui-ci jouait, selon les ordres qu'il recevait, rapidement ou lentement, des airs gais ou tristes, des chants de victoire ou des lamentations; enfin, il s'arrêtait à la parole. Tous ceux qui venaient à ce spectacle s'en retournaient émerveillés, ne comprenant rien à un semblable instrument, qui possédait l'intelligence d'un être animé et le talent d'un musicien habile. Chaque jour, le petit théâtre du père Raisin était encombré par la foule; ce fut d'abord le peuple, puis la cour; enfin le jeune roi Louis XIV voulut voir aussi cette merveille, et la famille Raisin fut mandée au château royal de Saint-Germain, où se tenait alors la cour.

Raisin avait, depuis un mois qu'il était débarqué à Paris, gagné beaucoup d'argent, beaucoup de gloire; il allait mettre le comble à sa réputation. Le grand jour était arrivé ; il se rendit donc aux ordres du roi. Il y avait comédie ce soir-là au château; la cour tout entière, cette resplendissante cour de Louis XIV, était présente.

Le père Raisin, sa famille, son épinette merveilleuse, jouèrent, selon la coutume, leurs rôles respectifs à la satisfaction générale; l'épinette surtout jetait tout le monde dans l'admiration; chacun disait son mot pour expliquer cet inexplicable mécanisme. Quelqu'un parla de sorcellerie; il n'en fallut pas davantage pour effrayer la reine-mère, Anne d'Autriche. C'était encore un peu le temps où l'on croyait aux sorciers. La reine fait approcher le père Raisin, lui demande son secret; celui-ci hésite, refuse, disant que c'était son gagne-pain. Ses refus excitent de plus en plus la crainte curieuse de la reine; elle tremble, pâlit. Le jeune roi Louis XIV s'approche alors et met fin à ce débat en ordonnant l'ouverture de l'épinette. Raisin supplie, demande grâce; il dit n'avoir pas la clef. Louis XIV était peu habitué à trouver de l'opposition à ses volontés; il ordonne qu'on enfonce à l'instant la machine. Le pauvre Raisin, poussé dans ses derniers retranchements, tremblant, effrayé, se hâte de l'ouvrir.

Quel fut alors l'étonnement de la cour en voyant sortir de cet instrument le pauvre petit Jean-Baptiste Raisin, tout éperdu, à moitié mort de peur et presque étouffé ! On s'empresse auprès de cette intéressante créature; la reine elle-même le prend sur ses genoux; on lui fait respirer des sels, on le rassure, on le caresse à l'envi. Parfaitement revenu à lui, le jeune artiste se met à un clavecin ordinaire et visible à tous, il recommence à jouer les airs charmants qu'il avait déjà exécutés du fond de sa prison harmonieuse; son succès fut complet, tous les courtisans lui firent leur cadeau, et il s'en retourna chargé d'or, comblé de caresses et de félicitations.

On conçoit aisément que si le père Raisin avait vu prospérer son établissement avant son admission à la cour, son succès dut être plus grand lorsqu'il put annoncer son triomphe obtenu devant le roi, à cette époque surtout où la France entière voyait, pour ainsi dire, par les yeux de Louis XIV. De retour à sa loge de la foire Saint-Germain, chaque jour il voyait sa salle comble, sa caisse pleine. La foire finie, la famille Raisin était bien assez riche pour prendre du repos. Paris est une ville où le succès enrichit du jour au lendemain; mais il est rare de voir des heureux renoncer à la fortune quand elle leur a souri une fois. On a beaucoup obtenu, on veut obtenir davantage: ainsi fit le père Raisin pour son malheur et pour celui de son intéressante famille. Voyant avec quelle facilité ses enfants apprenaient tout ce qu'on leur enseignait, il conçut la folle idée de créer une troupe de petits comédiens; les principaux rôles étaient remplis par ses jeunes enfants. Il fit donc composer une pièce, ou plutôt une farce, dans laquelle le petit Raisin jouait le principal rôle avec une grâce, un entrain, qui lui attiraient chaque jour de nouveaux applaudissements.

La pièce avait pour titre l'Andouillette de Troyes. Or, voici à peu près sur quelle fable elle était bâtie: Jean-Baptiste Raisin était mince, fluet et petit; on le recouvrait tout entier d'un taffetas gris, on le ficelait comme une andouillette véritable, et on le servait au milieu d'une table bien garnie d'autres plats. D'abord les acteurs mangeaient des autres mets, ensuite ils attaquaient l'andouillette. en coupaient plusieurs tranches; puis un d'entre eux, plus gourmand que les autres, proposait de couper l'andouillette en deux et d'en manger la moitié à lui seul; le pari accepté, on procédait avec un grand coutelas à l'autopsie de cette immense pièce; mais alors l'andouillette poussait un cri perçant, sautait en l'air, se roulait sur la table, renversait les plats, les bouteilles; enfin elle déchirait son envelope, comme fait le papillon au printemps. Mais au lieu d'un bel insecte déployant au soleil ses ailes dorées, on voyait apparaître un vilain petit cochon de lait, qui mangeait comme un goulu le dessert préparé pour les convives, qui les mordait ensuite aux jambes. Les acteurs de se sauver, de courir, de crier; mais un, plus courageux que les autres, se retourne, reproche à ses camarades leur poltronnerie, et propose de mettre à la broche l'animal révolté. Aussitôt dit, aussitôt fait: le vaillant convive prend une broche, se met à la poursuite du petit cochon; il va pour le percer d'outre en outre; mais une nouvelle métamorphose s'opère alors: l'animal disparaît pour faire place à un petit diable noir, laid, hérissé, furieux, qui saisit la broche pointue, destinée à transpercer son prédécesseur; et en poursuit les agresseurs, qui se sauvent en poussant des cris et finissent par implorer leur pardon.

Un jour, l'acteur chargé de guerroyer avec le petit cochon de lait prend par mégarde une broche dont la pointe était très-fine, et se défendant contre le petit animal, il le pique; celui-ci s'irrite et fond sur lui; une lutte s'engage, mais une lutte inégale. La peur trouble sans doute la raison de l'agresseur; il frappe de sa broche à tort ou à travers, et le pauvre petit Raisin tombe percé de plusieurs coups et mortellement blessé par son adversaire. Les secours les plus prompts ne purent le sauver; il mourut quelques jours après cette fatale aventure.

Le jeune Raisin n'avait pas plus de six ans. Il répéta à plusieurs reprises pendant son agonie: «Mon Dieu, mon Dieu, que va devenir Babet?» C'est que Raisin et Babet, le frère et la sœur, étaient unis de la plus étroite amitié ; c'est qu'ils s'aimaient bien sincèrement et bien tendrement; ils ne se quittaient jamais, partageaient leurs joies, leurs plaisirs, leurs peines, leurs succès; ce que sentait Babet, Raisin le ressentait aussi. Quel ne fut pas le désespoir de Babet à la vue de son frère mourant! Combien elle aurait voulu, la pauvre enfant, pouvoir suivre au tombeau ce frère adoré, et combien elle eût été heureuse en effet, d'y descendre avec lui! mais Dieu ne le voulut pas. Babet survécut à Raisin; mais ce ne fut plus cette jeune enfant charmante, pleine de gaieté, d'esprit et de talent. Sa raison, ébranlée par cette secousse terrible, fut si troublée, qu'elle ne se rétablit jamais plus. Babet devint folle; elle courait çà et là, demandant à tout venant si on ne pouvait lui indiquer où était Raisin. Souvent elle le voyait, lui parlait, l'embrassait; mais, s'apercevant bientôt de son erreur, elle jetait des cris lamentables, versait des pleurs et poussait de longs gémissements. Le père de ces deux pauvres enfants reconnut, mais trop tard, combien avait été coupable son insatiable avidité, qui lui avait fait préférer au bonheur tranquille et honnête une industrie peu digne, mais lucrative.

JEUNESSE DE VALENTIN JAMERAY DUVAL.

On a souvent écrit l'intrépide et laborieuse jeunesse de Valentin Jameray Duval. C'est en effet une des plus belles, des plus encourageantes qu'on puisse mettre sous les yeux des enfants. On ne peut se dispenser d'en tracer ici le tableau, qui n'aura besoin que d'être vrai pour être touchant et instructif.

Valentin Jameray Duval naquit à Arthenay, petit village de Champagne. Son père était un pauvre ouvrier de village; vous savez, de ces bonnes gens qui gagnent à de longues recherches, ou bien c'était un chien qui se jetait sur la troupe et en estropiait plusieurs avant qu'on pût venir à leur secours. A part ces distractions, le jeune Duval était irréprochable, doux, bon, serviable, alerte; il se faisait aimer des autres domestiques et de son maître; mais il ne pouvait se vaincre sur ce point, quelque désir qu'il en eût. Il y a ainsi des natures si invinciblement attirées vers un art ou une science, qu'il leur est impossible, quoi qu'on fasse, de les diriger vers un autre but.

Valentin Jameray Duval était chez le fermier Maclou depuis plus de six mois, quand, entraîné par cette fatale manie d'expérience qui le possédait, il voulut absolument se rendre compte du phénomène qu'il avait observé, à savoir que ses dindons entraient dans d'extrêmes fureurs à la vue des objets de couleur rouge. Pour pouvoir examiner à son aise, notre jeune dindonnier se procura un morceau de drap écarlate, en entoura le col d'un de ses oiseaux. L'animal s'étonne tout d'arbord de son nouvel affublement; il veut s'en débarrasser, essaie de bec et d'ongles, s'irrite, se blesse, s'agite en tous sens, entre en fureur. Enfin, comme pour échapper à cet ennemi si fortement attaché après lui, il prend son vol, mais un vol impétueux, furibond; longtemps il s'agite dans les airs. Mais, hélas! épuisé de fatigues et d'émotions violentes, le dindon tombe. Valentin, qui le suivait d'un œil inquiet, court le prendre, et le trouve mort.

On se figure aisément le désespoir du pauvre enfant. Comment pourrait-il désormais reparaître devant son maître? Il était perdu. Mais comme il avait un caractère ferme et résolu, il prit son parti en brave et alla porter son mort à la ferme. A cette vue, Maclou entre dans une grande colère, accable de reproches le jeune dindonnier et le chasse.

«J'ai tort, répondit naïvement le pauvre enfant, j'ai grand tort, monsieur Maclou. Mais que vais-je devenir, si vous me chassez? que deviendra surtout ma pauvre mère, si vous ne lui donnez plus le peu de pain que je gagne pour elle?

— Penses-tu qu'on laissera mourir ta mère de faim, mauvais sujet, parce que tu ne seras plus là pour faire crever mes dindons? Allons, va-t-en, et au plus vite! va chercher fortune ailleurs! lui répondit le fermier irrité.»

Rassuré sur le sort de sa mère, le jeune Valentin Duval eut bientôt pris une résolution décisive. «Au fait, se dit-il, il y a d'autres villages qu'Arthenay, d'autres fermiers que Maclou, et d'autres dindons que les siens. Si je retourne à la cabane de ma mère, elle ne pourra me nourrir sans diminuer la part de mes frères, qui déjà n'ont pas assez à manger: allons au village voisin chercher de la besogne. »

Et le voilà cheminant.

On était au commencement de l'hiver de 1709. Cet hiver fut un des plus rigoureux dont on se souvienne; la misère était extrême dans les campagnes. Valentin Duval fut bien trompé dans ses espérances. Il rencontra d'autres villages, d'autres fermiers, d'autres dindons, mais nulle part on ne voulut accepter ses offres de service, et il avait beaucoup de peine à trouver quelque bribe de pain pour se soutenir, et quelque coin pour passer les nuits cruellement froides. Le froid et la faim eurent bientôt réduit aux dernières extrémités ce pauvre enfant abandonné. La maladie arriva bientôt; alors commença pour lui une série de malheurs auxquels il est presque incroyable qu'il ait pu survivre. Le récit qu'il fait lui-même de ses maux est plus intéressant mille fois que tout ce que nous en pourrions dire. Voici comme il les raconte:

«Comme j'allais de Provins à Brie, je fus attaqué d'un si violent mal de tête, qu'il me semblait à chaque instant qu'elle allait s'ouvrir. Arrivé à la porte d'une ferme, je suppliai la personne qui vint à moi de me mettre au plus tôt dans quelque endroit propre à me réchauffer, et où je pusse me coucher pour supporter plus facilement la douleur intolérable qui m'accablait. Cette personne me conduisit sur-le-champ dans l'étable des brebis, où l'haleine de ces paisibles animaux ne tarda pas à dissiper l'engourdissement dont j'étais saisi; mais à l'égard de la douleur qui me tourmentait, sa violence alla jusqu'au délire. Le lendemain au matin, le fermier étant venu pour savoir ce que je faisais, fut effrayé de me voir les yeux étincelants, enflammés, le visage bouffi, le corps rouge comme de l'écarlate et tout couvert de pustules; il n'hésita pas à me déclarer que c'était la petite vérole, et qu'infailliblement elle allait causer ma perte, parce que, n'ayant pas lui-même de quoi subsister, il lui serait impossible de me soulager pendant une maladie de longue durée; qu'outre que l'intempérie de la saison la rendait mortelle, il me voyait hors d'état d'être conduit à portée des secours qui m'étaient nécessaires. S'apercevant que je n'avais pas la force de répondre à ses complaintes, il fut touché de compassion, et, m'ayant quitté, il revint un moment après, muni d'un paquet de vieux linge, dont il m'enveloppa comme une momie, après m'avoir dépouillé de mes habits. Comme le fumier des bergeries se divise par couches, le fermier se mit à en lever quelques-unes; il remplit la place qu'elles occupaient de menue paille d'avoine, me fit coucher au milieu, parsema ma personne de cette même paille en guise de duvet, et roula sur moi, en forme de couverture, les divers lits de fumier qu'il avait levés; et après m'avoir entouré de cette sorte, il fit le signe de la croix sur moi, et me recommanda à Dieu, bien persuadé que je n'échapperais pas à la mort. Je restai donc comme un autre Job, non pas dessus, mais enseveli dans le fumier jusqu'au cou. La chaleur de ce fumier et l'haleine du troupeau furent ce qui me sauva. Elles me procurèrent des sueurs qui servirent de véhicule au poison dont j'étais imprégné ; de sorte que l'éruption s'étant faite en très-peu de temps, il se fixa à l'extérieur sans me causer d'autre accident qu'un assez bon nombre de ces érosions que les beautés du siècle redoutent, avec justice, comme le fatal écueil de leurs attraits.

«Pendant que j'étais comme inhumé dans l'infection et la pourriture, l'hiver continuait à désoler les campagnes par les plus horribles dévastations. Derrière la bergerie, où je triomphais de ses rigueurs, il y avait plusieurs touffes de noyers et de chênes fort élevés; je passai peu de nuits sans être éveillé par des bruits subits et impétueux, pareils à ceux du tonnerre ou de l'artillerie; et quand au matin je m'informais de la cause d'un tel fracas, on m'apprenait que l'âpreté de la gelée avait été si forte, que des pierres d'une grosseur énorme en avaient été brisées en pièces, et que plusieurs chênes, noyers ou autres arbres, s'étaient éclatés et fendus jusqu'aux racines.

«J'ai dit ci-dessus que le charitable fermier m'avait assuré que son indigence ne lui permettait pas de m'assister selon son désir; et, en effet, la taille et les impôts l'avaient tellement ruiné, qu'on s'était emparé de ses meubles, et que l'on avait vendu jusqu'au bétail destiné à la culture des terres; la bergerie n'aurait pas manqué de faire le même naufrage, si elle n'eût appartenu au propriétaire de la ferme. Ainsi mon hôte avait eu raison de me prévenir sur le traitement que je recevrais de sa part. Il est vrai que dans les commencements de ma maladie je ne lui fus pas fort à charge, puisque pendant plusieurs jours il me fut impossible de prendre la moindre nourriture; il y a même apparence que j'aurais péri d'inanition, si, au lieu de bouillon nourrissant dont j'étais privé, le bon fermier ne se fût avisé de me donner une sorte de bouillie à l'eau, assaisonnée seulement d'autant de sel qu'il en fallait pour la rendre moins insipide; il m'en envoyait deux fois le jour dans un vase en forme de grosse carafe, muni d'un bouchon, afin que je pusse l'enfoncer dans le fumier pour la préserver de la gelée. Ce fut là l'unique aliment dont je vécus pendant plus de quinze jours, et, à l'égard de la boisson, il fallait me contenter d'eau toute pure, qu'on m'apportait fort souvent à demi glacée. Quand mon appétit parut exiger des aliments plus solides, les seuls que l'on fut en état de me fournir consistèrent en un peu de soupe maigre et quelques morceaux de pain bis, que la gelée avait tellement durci, qu'on avait été obligé de le couper à coups de hache; de façon que, malgré la faim qui me pressait, j'étais réduit à le sucer, ou à attendre qu'il fût dégelé par la méthode dont je me servais à l'égard de la bouillie.

«Malgré un régime de vie aussi austère, le pauvre fermier m'avoua qu'il ne pouvait plus en soutenir la dépense. et qu'il allait chercher à s'en débarrasser sur d'autres plus en état que lui de la supporter. Il parla au curé de la paroisse, située à trois quarts de lieue de la ferme où j'étais, lequel consentit qu'on me transportât dans une maison contiguë à la sienne. On me tira donc de mon tombeau le mieux que l'on put, et, après m'avoir emballé dans quelques vieilles nippes et environné de deux ou trois bottes de foin pour me remparer contre la gelée, on me lia sur un âne, et une personne s'étant chargée de marcher à côté de moi pour m'empêcher de tomber, ou me conduisit de la sorte jusqu'au village. On trouva en arrivant que j'étais plus qu'à demi mort du froid que j'avais essuyé, et l'on crut que, si j'en réchappais, je resterais au moins perclus de quelque membre. Cela me serait sans doute arrivé si l'on m'eût d'abord approché du feu; mais on eut la sage précaution de me frotter le visage, les bras et les jambes, avec de la neige, jusqu'à ce qu'ils eussent repris le sentiment. Pour ranimer le reste, on me remit dans un gîte pareil à celui dont on m'avait tiré, et huit jours après, le froid s'étant ralenti, on me donna une chambre et un lit, où, par la générosité et tous les bons soins du charitable curé, je ne tardai pas à recouvrer mes forces et ma santé. Mais, par malheur, on m'avertit bientôt que je devais chercher condition, et c'est à quoi je tâchai de me résoudre.»

Voilà notre pauvre enfant de nouveau seul, abandonné, errant; et comme il ne faisait jamais rien sans savoir pourquoi il agissait plutôt d'une façon que d'une autre, il s'informa auprès du curé s'il n'y avait pas sur la terre un pays moins malheureux que la Brie. Celui-ci lui apprit qu'il y avait en effet des pays appelés le Midi, où il faisait chaud toute l'année, où la misère était beaucoup moins grande que dans le Nord. Il examina donc par où se levait le soleil, et il se dirigea de ce côté. Il arriva, après une marche pénible, jusqu'à un village nommé Clisartine, sur les frontières de la Lorraine; il y trouva un berger qui voulut bien le prendre à son service, et il recommença cette vie solitaire qu'il avait déjà menée à Arthenay. Son imagination s'exalta de nouveau; il recommença ses muettes et sublimes méditations sur tous les phénomènes naturels qui le frappaient chaque jour. Sa soif de science s'augmentait sans cesse, et il ne pouvait la satisfaire. Un jour, conduisant paître son troupeau, il alla jusqu'à l'ermitage de la Rochette, où vivait un pieux solitaire nommé Palémon. Le jeune Valentin aperçut l'anachorète lisant son bréviaire, et le supplia, avec des prières toutes pleines de larmes, de lui apprendre à lire. Le vieillard s'empressa de satisfaire ce désir si violent et si louable. Le pauvre enfant venait chaque soir à la cellule, après les fatigues du jour, quelque temps qu'il fît. Souvent aussi le bon vieillard allait rejoindre son élève chéri, et lui donnait ses naïves leçons, tandis que les brebis paissaient sous l'œil du chien vigilant. Mais bientôt ce vieillard et cet enfant s'unirent d'une amitié si vive et si vraie, qu'ils ne se voulaient plus quitter. Valentin laissa son troupeau et vint partager les travaux du vieux

Palémon. Mais le vieillard eut bientôt appris à son élève toute sa science. Il se décida à l'adresser à quatre solitaires de l'ermitage de Sainte-Anne, qui le reçurent avec bonté, lui donnant leurs vaches à garder, et continuèrent son éducation.

«Je commençai, dit-il, une nouvelle carrière; j'appris à écrire. Un de nos vieillards me traça les éléments de cet art ingénieux d'une main décrépite et tremblante: un modèle si défectueux ne pouvait produire que de mauvaises copies. Pour ne pas incommoder le bon vieillard et me passer de ses leçons, voici ce que j'imaginai: je détachai de ma vitre un carreau de verre, et, le posant sur mon exemple, j'écrivais sur la surface les mêmes lettres que je voyais au travers; et ce fut par la répétition de cet exercice qu'en peu de temps j'acquis une assez grande facilité de mal écrire. Un abrégé d'arithmétique, que je trouvai dans un bouquin de la bibliothèque bleue, m'en apprit les quatre règles: cette admirable science, qui, par l'audace de ses calculs, porte le flambeau de la discussion jusque dans les ténébreuses régions de l'infini numéral, fut pour moi une source d'amusements et de plaisirs. Je choisis dans mes bois quelque réduit propre à y étudier, et il m'arrivait assez souvent d'y méditer pendant une partie des belles nuits de l'été. Un soir, que je m'amusais à considérer ces amas de lumière répandus dans l'immensité du ciel, je vins à me souvenir que les almanachs annonçaient qu'à certains jours de l'année le soleil entrait dans des signes que l'on distinguait par des noms d'animaux, tels que le bélier, le taureau, etc.; je me mis en tête de savoir ce que c'était que ces signes; et, présumant qu'il y avait peut-être dans le ciel des assemblages d'étoiles qui représentaient des figures d'animaux, j'en fis l'objet de mes spéculations. Je choisis pour cet effet un chêne des plus élevés de la forêt, au sommet duquel je formai un tissu composé de plusieurs branches de viorne et d'osier entrelacées, qui de loin ressemblait assez à un nid de cigogne.

«Chaque soir je me rendais à cet observatoire, où, assis sur une vieille ruche ou corbeille, je me tournais vers les diverses plages du firmament pour y découvrir la figure d'un taureau ou d'un bélier. Comme les miracles de l'optique m'étaient encore inconnus, je n'avais que mes yeux pour télescope. Après les avoir long-temps fatigués en vain, j'allais quitter prise, lorsque le hasard me fournit des notions plus justes et ranima mes tentatives. Ayant été enyoyé à Lunéville un jour de foire, j'aperçus quantité d'images exposées en vente et suspendues le long d'un mur; il s'y trouva un planisphère où les étoiles étaient marquées avec leurs noms et leurs différentes grandeurs. Ce planisphère, une carte du globe terrestre et celles de ses quatre parties, épuisèrent toutes mes finances, qui se montaient alors à cinq ou six francs. Les avares et les ambitieux seraient presque excusables si la passion qui les domine leur causait un plaisir aussi réel et aussi vif que le fut celui que me procura la possession de ces six feuilles de papier. Peu de jours me suffirent pour apprendre sur la carte les dispositions respectives de la plupart des constellations; mais, pour faire une juste application de cette connaissance, il me fallait un point fixe dans le ciel propre à servir de base à mes observations. J'avais ouï dire que l'étoile polaire était la seule dans notre hémisphère qui fût immobile, et que sa situation déterminait celle du pôle arctique; mais le moyen de trouver cette étoile et de déterminer oculairement son immobilité ! Après plusieurs perquisitions, on me parla d'une aiguille d'acier qui avait la vertu de se tourner vers les pôles du monde; prodige que j'eus peine à croire, même en le voyant. Heureusement pour moi, le plus âgé de nos moines avait un cadran à boussole qu'il eut la complaisance de me prêter. Par le secours de la merveilleuse aiguille, les quatre parties opposées de l'horizon, que l'on appelle les quatre points cardinaux, me furent bientôt connues, de même que le rumb des vents, qui était gravé sur une plaque de cette boussole. Mais comme j'ignorais l'élévation de l'étoile polaire, et qu'il s'agissait de la connaître, voici le moyen que j'employai pour y parvenir. J'en choisis une qui me parut de la troisième grandeur; puis, avec une tarière, je perçai une branche d'arbre de moyenne grosseur vis-à-vis de cet astre; cela fait, en sectateur de Ptolémée, je raisonnai ainsi: Cette étoile est fixe ou mobile: si elle est fixe, mon point d'observation étant fixe aussi, je la verrai continuellement par le trou que j'ai percé, et en ce cas j'aurai ce que je désire; si elle est mobile, je cesserai bientôt de l'apercevoir, et alors je réitérerai mon opération. Et c'est ce que je fis, en effet, sans autre succès que de briser ma tarière. Cet accident me fit recourir à un autre expédient.

«Je pris un beau jet de sureau, que je fendis selon sa longueur, et, en ayant ôté la moelle, je rejoignis les deux parties avec une ficelle, et je suspendis cette sarbacane à la plus haute branche du chêne qui me servait d'observatoire. Par ce moyen, et avec la facilité que j'avais à diriger et à fixer ce tube vers les différentes étoiles que je voulais observer, j'arrivai enfin à la connaissance de celle que je cherchais. Il me fut aisé après cela de trouver la situation des principales constellations en tirant des lignes imaginaires d'une étoile à l'autre, suivant la projection de mon planisphère; et alors je sus ce que je devais penser de cette quantité d'animaux dont les poètes ont peuplé le firmament, peut-être faute de la même quantité d'hommes qui méritassent cet honneur.

«Après m'être mis un peu au fait de la carte du ciel, je crus qu'il convenait que je prisse aussi la connaissance de celle de la terre, d'autant plus que la Vie des Hommes illustres de Plutarque et l'histoire de Quinte-Cure, que le hasard m'offrit, me rappelèrent les hauts faits d'armes des paladins que j'avais lus dans les merveilleuses histoires de la bibliothèque bleue. Voulant donc connaître les villes, les royaumes et les empires où ces illustres fous s'étaient signalés, je résolus de les suivre à la piste; mais je risquai bientôt de devenir aussi fou qu'eux. Je n'avais pour toute introduction à la géographie que les cinq cartes achetées avec le planisphère dont j'ai parlé ; je manquai de succomber aux efforts que je fis pour comprendre quel pouvait être l'usage des cercles tracés sur la mappemonde, tels que les méridiens, les tropiques, le zodiaque, etc. Il faut que l'ignorance soit bien naturelle à l'homme, puisqu'il a tant de peine à s'en affranchir. Je fis mille conjectures pour deviner ce que signifiaient ces trois cents petites aires blanches et noires qui partageaient l'équateur. A la fin, je les pris pour des lieues; et, sans hésiter, je conclus que le globe terrestre avait trois cent soixante lieues de circonférence. Ayant fait part de cette belle découverte à un de nos solitaires qui avait été à Saint-Nicolas-de-Barri, en Calabre, il m'assura que pour y aller il avait parcouru plus de trois cent soixante lieues, sans s'apercevoir qu'il eût fait le tour de la terre. Je vis par là combien je m'étais trompé : j'en fus outré de dépit; et peut-être serais-je tombé dans le découragement, sans la rencontre que voici:

«Comme chaque dimanche j'avais coutume d'aller ouïr la messe à l'église des Carmes de Lunéville, m'étant avisé d'entrer dans le jardin du couvent, j'aperçus maître Remy, qui en avait la direction, assis au bout d'une allée avec un livre à la main: c'était la méthode pour étudier la géographie, par le sieur Delaunay. Je suppliai maître Remy de me la prêter, ce qu'il fit de fort bonne grâce. Je me proposais de la copier; mais l'impatience de savoir ce qu'elle contenait me la fit parcourir en m'en retournant, dans le désert, et avant que d'y arriver j'appris la réduction des degrés de l'équateur aux mesures itinéraires des différentes nations. Ce fut alors que je connus la véritable petitesse de notre globe, par la comparaison que j'en faisais avec les vastes abîmes de l'espace, dont mon imagination était effrayée.

«Passionné pour la géographie jusqu'à ne rêver d'autre chose pendant mon sommeil, et manquant de tout pour m'y perfectionner, je résolus de trouver des ressources contre mon indigence. Pour y parvenir, je déclarai la guerre aux animaux de la forêt dans le seul dessein de profiter de leurs dépouilles pour acheter des cartes et des livres. Je contraignis les renards, les fouines et les putois à me céder leurs fourrures, dont j'allais recevoir le prix chez un pelletier de Lunéville. Plusieurs lièvres furent assez étourdis pour donner dans mes piéges; les oiseaux contribuèrent aussi à mon instruction par la perte de leur liberté : de sorte qu'en peu de mois mon industrie me valut environ trente ou quarante écus. Je me rendis ou plutôt je courus-à Nancy avec cette somme pour y acheter des livres. Une traduction de l'Histoire naturelle de Pline, Tite-Live, l'Histoire des Incas, celle des cruautés exercées en Amérique par les Espagnols, de Barthélemy de Las-Cases; les Lettres de Bussy-Rabutin, les Caractères de Théophraste, le Testament politique de Louvois, les Fables de l'ingénieux La Fontaine, quelques autres ouvrages, et plusieurs cartes géographiques, épuisèrent mes finances et mon crédit; je dis mon crédit, car, n'ayant pas assez pour payer tout ce que je viens de spécifier, le bonhomme Truain, mon libraire, sans m'avoir jamais vu ni connu, m'admit malgré moi au nombre de ses débiteurs pour la somme de vingt ou de trente francs. Lui ayant demandé sur quoi sa confiance en moi était fondée: «Sur votre physionomie, me dit-il, et sur votre ardeur pour l'étude: Je lis dans vos traits que vous ne me tromperez point.» Quoique sa bonne opinion ne portât que sur des fondements très-équivoques, je ne laissai pas de lui en savoir gré et de l'assurer que je ferais mon possible pour justifier l'horoscope dont il m'honorait.

«Courbé sous le poids du ballot scientifique que je venais de former, je fis cinq lieues à pied pour regagner ma solitude; ce qui supposait de la fatigue et plus d'une station avant que d'y arriver. Dès lors ma cellule devint un monde en abrégé, ses murs furent tapissés de royaumes et de provinces en peinture; et, comme elle était fort petite, j'attachai le planisphère au-dessus de mon grabat; de sorte que je ne pouvais m'éveiller sans jeter la vue sur des nuages d'étoiles qui n'avaient de lumière que pour l'esprit.»

Vous entendrez souvent de par le monde des jeunes gens qui se plaignent de l'injustice des hommes, dire qu'ils ont du talent, et que ce talent est méconnu, mis dans l'oubli; on vous citera deux ou trois poètes, quelques autres hommes d'un véritable mérite qui sont morts misérablement sur un lit d'hôpital ou sur le grabat d'une mansarde. Mais ces exemples sont bien rares; il en apparaît un de siècle en siècle. La règle générale, constante, c'est que le travail, la bonne conduite, mènent souvent à la fortune, toujours à la considération et à la gloire. Dieu veille sur les enfants laborieux et honnêtes.

Un hasard bien heureux vint en aide au jeune Duval: en gardant ses vaches, il trouva un beau cachet d'or: c'était une fortune pour le pauvre vacher; avec le produit de ce cachet, il allait pouvoir acheter tous les livres qui lui manquaient encore et qu'il désirait tant. Mais sa joie fut de courte durée: il réfléchit que ce cachet ne lui appartenait pas, et qu'il n'en pouvait disposer. L'honnête enfant pria monsieur le curé de vouloir bien, le dimanche suivant, annoncer au prône que le propriétaire du cachet pouvait le venir réclamer, et qu'on le lui remettrait.

M. Forster, un Anglais riche et savant, se présenta, et le jeune pâtre le lui remit; de grosses larmes s'échappèrent malgré lui de ses yeux; il avait tant espéré qu'avec ce cachet il compléterait sa petite bibliothèque, qu'il ne put voir sans une grande douleur cette chère espérance s'évanouir. M. Forster, le voyant si triste, lui demanda ce qu'il voulait faire du produit de ce cachet s'il l'avait vendu.

«Ah! monsieur, répondit-il, j'aurais acheté des livres dont j'ai bien besoin. Mais il n'y faut plus songer,» ajouta-t-il en se retirant dans sa petite cellule.

M. Forster l'y suivit, et ce ne fut pas sans un grand étonnement qu'il vit l'ameublement de la chambre du petit pâtre. Des livres étaient soigneusement rangés sur une planche; des cartes géographiques tapissaient les murs; une sphère était appendue au plafond. Il continua d'interroger le jeune Duval, et il fut si satisfait de ses réponses, qu'il le conduisit à son château et lui fit choisir dans sa bibliothèque les ouvrages qu'il désirait le plus.

Grâce à la générosité de ce bon M. Forster, voilà Valentin Duval à la tête d'une bibliothèque qui lui permet d'acquérir des connaissances justes et étendues. Chaque jour, il faisait des progrès; son intelligence se développait. Les bons religieux chez lesquels il était ne le grondaient pas trop quand les vaches s'égaraient ou commettaient quelque dégât; aussi Valentin Duval n'allait-il jamais aux champs sans emporter un ballot de livres et de cartes géographiques. Il s'était choisi à l'entrée d'un bois un petit coin solitaire, bien ombragé, d'où il pouvait cependant jeter quelques regards de surveillance sur ses vaches, et il en avait fait son cabinet d'étude. Comme il y était un jour, absorbé dans ses réflexions, un homme jeune encore et d'une grande distinction l'aperçut, s'approcha, et après l'avoir longtemps considéré, il lui dit: «Que fais-tu là, mon ami? — J'étudie la géographie, répondit l'enfant. — Mais est-ce que tu y entends quelque chose? reprit l'étranger. — S'occupe-t-on de choses auxquelles on n'entend rien? dit Duval sans se déranger. — Que cherches-tu? — Je cherche la route de Québec? — Et que veux-tu aller faire à Québec? — J'ai lu qu'il y avait dans cette ville une université fameuse, et j'y veux aller étudier. — Mais il y a des universités beaucoup moins éloignées, mon ami, dit l'inconnu, et, si tu veux, je t'en indiquerai une qui n'est guère loin d'ici.»

Cette offre fit tressaillir le jeune vacher, qui se décida à lever les yeux de sa carte et à regarder son interlocuteur. Quel ne fut pas son étonnement en voyant devant lui un grand seigneur qu'une suite nombreuse accompagnait! Duval resta tout interdit; mais comme il n'était pas timide, il continua la conversation pendant une grande demi-heure avec ce personnage, qui finit par lui dire: «Mon ami, je suis le duc souverain de Lorraine. Je vois avec intérêt votre application à l'étude, les progrès que vous avez faits déjà, et je vous offre ma protection tout entière.»

Valentin Duval quitta bientôt les bons religieux, et entra au collége de Pont-à-Mousson, grâce aux bontés du duc Léopold. Ses études, on le pense bien, furent rapidement terminées; il fut nommé, jeune encore, bibliothécaire du prince de Lorraine et professeur à l'Académie de Lunéville. Puis il alla à Vienne, où l'avait appelé l'empereur François qui le combla d'honneurs et de richesses.

Je n'aurais pas parlé de la partie la plus touchante de cette laborieuse existence si je ne disais combien cet excellent enfant devint un homme honnête et bienfaisant. Jamais il ne perdit de vue sa pauvre mère et ses jeunes frères; tout malheureux qu'il était étant enfant, tout passionné pour les livres, souvent il leur fit parvenirdes secours. Devenu riche, son premier soin fut d'aller revoir son village d'Arthenay, la vieille chaumière où il reçut cette vie dont le commencement fut si pénible. Il assura l'existence de sa famille, et fit construire une maison solide, commode, pour servir d'école et de refuge aux pauvres enfants de la commune.

On dit, pour prouver combien ses inclinations étaient naturellement bienfaisantes, que, passant un jour dans un petit hameau, il demanda un verre d'eau pour se rafraîchir; on le fit attendre longtemps, et quand il sut qu'il avait fallu aller chercher cette eau à plus d'une demi-lieue, parce qu'il n'y avait ni puits ni source dans le hameau, il paya son verre d'eau quatre cents francs, afin que l'on creusât un puits au milieu de ces pauvres habitations. Valentin Jameray Duval vécut jusqu'à l'âge de quatre-vingts ans, et mourut à Vienne en 1772.

ÉDOUARD VI.

Édouard VI monta sur le trône d'Angleterre à l'âge de neuf ans, et il en avait seize à peine quand la mort vint le frapper. Cet enfant eut le sort de beaucoup de grands hommes, il fut loué et blâmé, attaqué et défendu avec exagération; des historiens voudraient le faire passer pour un petit Néron, et d'autres le vénèrent comme un saint et le canonisent sous le nom de saint Édouard. Selon les uns, c'était un prodige de science et de génie; selon d'autres, ce n'était qu'un perroquet intelligent qui répétait avec aplomb les leçons qu'il avait reçues. Ce prince eut le malheur de régner dans un temps où l'Angleterre était divisée par les opinions religieuses. La vérité ne peut se découvrir au milieu des exagérations des deux partis. Ce qui est certain, c'est que ce jeune monarque fut extraordinaire et comme enfant et comme roi. Il succéda au fameux Henri VIII, son père. Ce roi cruel, ambitieux et fantasque, aimait les lettres et les arts, et il fit donner à ses enfants une éducation digne de leur rang. Le jeune Édouard, envers qui la nature avait été prodigue, à qui on avait inculqué, presque au sortir du berceau, l'amour de l'étude et de la science, fit des progrès extraordinaires.

Dès l'âge de six ans il fut mis entre les mains du docteur Cox et du sieur Cheek: le premier lui donnait des leçons de philosophie et de théologie; le second lui enseigna les mathématiques et les langues. Avant l'âge de huit ans, il écrivait au roi son père des lettres en latin; il correspondait dans la même langue avec l'archevêque de Cantorbéry, son parrain et son oncle maternel.

Son père se prétendait l'infaillible représentant de Dieu sur la terre. Il ne manqua pas de flatteurs pour persuader au fils qu'en héritant du trône il avait aussi hérité des prérogatives paternelles. Cet encens sacrilège ne troubla point la raison du jeune Édouard. Roi, et pour ainsi dire plus que roi, il ne fut que plus ardent à l'étude, plus exact à l'accomplissement de ses devoirs, comme homme et comme chef d'un grand peuple.

Enfants! les rois ne sont plus aujourd'hui ce qu'ils étaient au temps d'Édouard VI: leur pouvoir a été bien rapetissé ; on a cassé pour le moins la moitié de leur sceptre. Et cependant, quand vous entendez raconter toutes ces grandes fêtes dont ils sont l'objet, quand on vous dit leur existence toute entourée de luxe, de gloire, de richesses, d'éclat; quand vous les voyez encensés par tous les dignitaires de l'état, toutes ces grandeurs vous éblouissent, n'est-il pas vrai? vous leur portez envie, et vous vous prenez à dire ce proverbe vieux et menteur: Heureux comme un roi. Mais s'il vous fallait acheter au prix de leurs travaux, des devoirs pénibles qui leur sont imposés, ce rang suprême, vous lui préféreriez bientôt votre sort obscur, mais libre, indépendant.

L'étude avait été presque toute la vie d'Édouard avant qu'il ne montât sur le trône; devenu roi, son temps fut encore plus impérieusement consacré aux choses sérieuses. Il passait la matinée avec ses maîtres, puis il allait au conseil de ses ministres, s'occupait des affaires politiques et religieuses de son royaume; il recevait les ambassadeurs des puissances étrangères, donnait audience à ses sujets: toute la journée était prise par ces graves occupations; pas un instant ne lui restait pour les jeux si chers à l'enfance, pour ces longues promenades dans les belles campagnes, sous les frais ombrages, avec la bonne liberté des champs; et souvent quelles douleurs poignantes le venaient accabler! Son oncle conspira contre lui, et il dut signer sa condamnation à mort. Les querelles religieuses agitaient alors l'Angleterre, et trop souvent ses ministres le forçaient à punir ceux qui ne partageaient pas leurs opinions. Il devait lui coûter d'autant plus de sévir, qu'il avait le cœur excellent. Son plus grand plaisir, ses plus grands amusements étaient d'aller par les rues de Londres, accompagné de quelque lord de son intimité, et de distribuer lui-même des aumônes aux pauvres. Il favorisait les plus jeunes, ceux de son âge; il causait avec eux, s'informait de leurs parents et de la vie qu'ils menaient. Rentré au palais, il se remettait à l'étude ou aux affaires de l'état.

On conserve dans le collége de la Trinité, à Cambridge, divers ouvrages qu'Édouard VI composa dès l'âge de treize ans. M. de Lazzey, dans sa grande histoire d'Angleterre, dit que ce journal est entièrement de la main de ce jeune roi, et qu'il ne mérite pas moins d'admiration que les Commentaires de César. «S'il n'est ni si éloquent ni rempli de si grands événements, il renferme au moins tout ce qui s'est passé de considérable sous le règne de ce prince; les historiens anglais ont tiré toutes leurs instructions de ces mémoires.»

Tous les soins de ce prince marquent l'amour qu'il portait à ses sujets. Il prenait soin de l'éducation de leurs enfants, sortant à peine de l'enfance lui-même; et tout mineur qu'il était, il méritait déjà le glorieux nom de père du peuple: il acheva de s'en rendre digne en pourvoyant au soulagement des misérables et à la subsistance des pauvres. C'est dans l'exercice de ces actes de piété et de charité qu'il passait toute sa vie; mais cette existence, qui aurait pu faire le bonheur de l'Angleterre, ne fut pas de longue durée. Il languissait, dès le mois de janvier (1553), d'une fluxion qui lui tomba sur la poitrine; quelques-uns disent qu'il avait été empoisonné par un bouquet qu'on lui donna le premier jour de l'an. L'opinion la plus générale de ce temps-là accusait le duc de Northumberland d'être l'auteur d'un parricide si détestable.

Sa maladie ne l'empêcha jamais de s'appliquer aux affaires de l'état, encore bien moins à ses devoirs de piété.

Nous ne finirons pas cet abrégé biographique sans parler d'une des actions les plus remarquables de cette vie si pleine de bonnes œuvres et si courte cependant.

Ridley, évêque de Londres, prêchant à Whithal devant le roi, avait pris pour son texte la charité envers les pauvres, obligation indispensable de tous les hommes, mais plus grande encore en la personne des princes. Il dit «que
«Dieu ne les avait élevés sur le trône que pour répandre de
«là leurs bienfaits; que plus il les avait comblés de biens,
«plus ils en devaient aux malheureux, puisque ces biens ne
«pouvant remonter à lui, il avait institué les pauvres en sa
«place pour recevoir leurs libéralités; que la bienfaisance,
«celte vertu toute divine, était aussi toute royale: qu'elle
«reluisait éminemment en Dieu comme dans sa source, et
«qu'elle devait briller dans les rois comme les images
«vivantes de la divinité.»

Édouard avait l'habitude d'écrire sur ses tablettes les plus beaux endroits des sermons, qu'il écoutait toujours avec beaucoup d'attention; il fut pénétré de celui-ci. Ayant appelé l'évêque, il le conduisit dans les galeries du palais, le fit asseoir près de lui et l'obligea de se couvrir: «Votre sermon, lui dit-il, m'a touché ; j'ai pris pour moi tout ce que vous avez dit du devoir des princes; ils ne sont que les économes des trésors que Dieu met en leurs mains pour les dispenser aux pauvres. Plus ce que je tiens de la libéralité de Dieu est considérable, plus grand aussi est le compte qu'il m'en faut rendre. Aidez-moi, Mylord, à m'en acquitter, et après m'avoir disposé à la charité par vos exhortations générales, donnez-moi vos directions en particulier, pour les dispenser à propos.»

Ridley, vivement touché de tant de piété et de munificence, demanda au prince quelque temps pour s'entourer des conseils du lord maire et des aldermen, et lui soumettre ensuite le résultat de leurs recherches et de leurs vues.

L'affaire fut soigneusement examinée dans une conférence qui eut lieu entre ces magistrats et vingt commissaires des quartiers de Londres. On y trouva convenable de ranger les pauvres en trois classes: la première comprenait les fous, les imbéciles et les impotents; la seconde, les malades et les invalides; la troisième, les fainéants que l'oisiveté plonge dans la misère, et que celle-ci conduit ensuite à de méchantes actions. Mention fut faite du nombre de ceux qu'on devait ranger dans chaque classe, et l'on conclut qu'on devait prendre soin de la nourriture et de l'entretien des premiers, du soulagement et de la guérison des seconds, mais que les derniers étaient moins dignes d'assistance qu'ils n'avaient besoin de, correction et de châtiment.

Le roi adopta ces dispositions. Il donna l'église des Cordeliers, près de Newgate, avec ses revenus, aux orphelins et nécessiteux de la première classe; érigea en hôpital général l'église de Saint-Barthélemy, près de Smithfield, pour les malades et les invalides; fit présent à la ville de son palais de Bridewel, ancienne demeure des rois d'Angleterre, pour y tenir, dans le travail, les coureurs et les fainéants; il assigna des fonds sur ses revenus pour l'entretien de l'hôpital et de la maison de Bridewel; il confirma l'établissement de l'hôpital Saint-Thomas, qu'il avait donné à la ville dès l'année précédente, en augmenta les revenus, et réédifia la maison principale.

Cela fait, il rendit grâce à Dieu de lui avoir donné assez de jours pour achever cet ouvrage de charité avant de mourir; car il sentait que sa mort devait être prochaine, la maladie faisant chaque jour de plus grands progrès. Une femme inconnue jusqu'alors se présenta au palais, et promit de guérir le roi, si on le confiait à ses soins. On eut la faiblesse, et peut-être la cruauté, de se rendre aux avis de cette empirique. Après quelques jours de son traitement, il ne fut plus possible de conserver l'espoir de sauver le roi; les médecins avaient déclaré qu'ils ne connaissaient rien à la maladie qui l'entraînait au tombeau: et on supposa que l'arrivée de cette femme qui hâta sa mort n'était qu'une nouvelle machination de Northumberland.

Édouard mourut le 6 juillet à Greenwich. Ses funérailles se firent sans pompe, mais la douleur du peuple leur servit d'or nement. Il ne vécut que seize ans et n'en régna que six et demi. Il serait difficile de dire quels vices il eut et quelles vertus lui manquèrent; la piété les couronna toutes. Sa mort fut digne de sa vie. Il vécut en roi, tout enfant qu'il était; et tout roi qu'il était, il mourut avec l'innocence d'un enfant.

Cardan honora sa mémoire par l'épitaphe qui suit:

Que tout l'univers fonde en larmes:
Par la mort d'Édouard il perd son ornement:
Le trône, la vertu, la jeunesse et les charmes,
Tout semble avec ce roi descendre au monument.

Urne, où ses cendres sont encloses,
Souffrez-nous de graver ces vers sur son tombeau:
Édouard eut le sort qu'ont les plus belles choses:
Ainsi passent les lis, ainsi passent les roses:
Leur règne n'a qu'un jour aussi court qu'il est beau.

Le corps d'Édouard VI fut porté à Westminster et mis auprès de celui d'Henri VII, son aïeul. L'Angleterre vénère encore aujourd'hui la mémoire de ce jeune et infortuné prince.

On voit sa statue dans l'abbaye de Westminster.

VOLNEY BECKNER.

Volney Beckner était fils d'un pauvre matelot irlandais: on devine aisément quelle fut l'éducation de cet enfant, destiné à passer, comme son père, sa vie entière sur un navire. A peine put-il marcher, qu'on le mit dans l'eau et qu'on lui apprit à nager. Son père aimait à le prendre dans ses bras et à se précipiter avec lui au sein des flots; puis il le hissait sur les vergues du navire, et le forçait à s'y tenir debout et ferme pendant la tourmente; une autre fois il lui enseignait à grimper après les cordages, à parvenir au haut des mâts, à se précipiter ensuite à la mer. A peine âgé de six ans, le jeune Volney Beckner nageait comme un poisson et grimpait comme un singe: deux facultés précieuses pour un petit mousse qu'il était.

Comme fils de matelot, il fut incorporé jeune encore dans la marine anglaise. Il n'avait encore que douze ans, ce brave petit pilotin, quand il s'immortalisa par la belle action que nous allons raconter.

Il était à bord du navire la Danaé ; qui venait du Port-au-Prince en France. Il y avait sur ce vaisseau, comme passager, un riche Américain, avec sa fille unique, jeune et blonde enfant de dix ans. Cette jeune fille, comme tous les enfants élevés sur les côtes de la mer, aimait à voir le spectacle grandiose des phénomènes maritimes. Ce jour-là, la mer avait été calme, polie comme un lac glacé, la brise était douce et fraîche; c'était un spectacle ravissant que cette immensité si majestueuse; la pauvre enfant s'y plaisait. On était sur la fin du jour; le soleil disparaissait à l'horizon, projetant au loin des teintes roses. Tout à coup, la mer se plaît à ces changements subits et imprévus, ce calme muet et solennel est interrompu par un bruit lointain. Une épaisse fumée se lève à l'horizon, grise, sombre; elle approche rapide et menaçante; les matelots, accoutumés à deviner la tempête, crient à la petite Américaine de quitter le pont; mais, sourde à leur voix, elle restait immobile, contemplant avec extase cette tempête qui s'approchait. Cependant la mer se couvrait de moutons; des rafales brèves soulevaient les flots, qui, sous la forme de collines mobiles, venaient follement éclater en mille pièces étincelantes contre le navire, et inondaient le pont. La petite fille, loin d'être effrayée, se jette volontiers au-devant de cette pluie. Les matelots, occupés à la manœuvre, l'avaient oubliée; soudain un fort mouvement de tangage fait pencher le vaisseau avec violence. L'enfant, peu habituée à ces mouvements brusques, perd l'équilibre, pousse un cri et disparaît sous les ondes furieuses.

Heureusement ce cri a été entendu, un matelot a vu la robe brune de cette enfant à travers l'écume des vagues blanchissantes; à l'instant il s'élance après la jeune imprudente; il plonge dans cette immensité. Pendant quelques minutes l'équipage attentif n'aperçoit ni le matelot ni la jeune fille. L'Américain, le pauvre père, est là sur le pont, immobile et comme pétrifié, sondant d'un œil avide la profondeur des flots. Bientôt un point noir s'aperçoit; c'est le matolot, soutenant entre ses dents la petite fille; il nage avec courage, il lutte avec succès contre les flots. Quel est ce nageur intrépide? personne ne le sait; il s'est précipité dans la mer avec la rapidité de l'éclair; pas un seul ne l'a reconnu. Cependant le jeune Volney Beckner, voyant la marche de cet audacieux nageur, a bientôt compris que ce ne pouvait être que son père. Il le suit de l'œil avec inquiétude, prêt à s'élancer dans les eaux et à lui porter secours s'il le voyait faiblir; mais le vieux matelot est dans son élément et se joue de la tempête. Cependant bientôt il décline de la ligne droite qui devait le conduire au navire et décrit une courbe. Un instant après, on voit apparaître non loin de lui la gueule monstrueuse d'un requin. Volney a compris le danger, et tandis que tout s'agite sur le pont, que les plus braves n'osent affronter la tempête et l'animal vorace pour secourir leur camarade, que le père de la petite fille se désole et pousse des cris de désespoir, le jeune pilotin a saisi un sabre, l'a mis dans ses dents, et s'est jeté silencieusement à la mer. Bientôt on le voit se diriger hardiment vers le monstre; mais celui-ci approche de sa proie; encore quelques instants, et il engloutit le matelot et la jeune Américaine. Tout à coup on voit ce monstre plonger avec fureur; des teintes rouges se mêlent à l'eau blanche des flots: c'est le jeune Volney qui s'est glissé sous le requin et lui a enfoncé son sabre dans le ventre. L'animal lâche alors sa première proie et s'élance après son agresseur. Beckner le père arrive bientôt au navire et rend à un père éploré sa fille, qu'il croyait à jamais perdue. Mais quel n'est pas son désespoir en voyant son propre fils courir les dangers auxquels il vient lui-même d'échapper. Cependant le jeune pilotin, voyant son père sauvé, nage directement dans la direction du navire. Le requin, blessé et perdant son sang, le suit avec mollesse, et cependant de très-près; enfin, après une cruelle et longue inquiétude, un cri de joie est unanimement poussé par l'équipage témoin de cette longue et inégale lutte. Le jeune Beckner est aussi sauvé ; il a saisi le cordage qu'on lui a jeté, il s'y cramponne, et on le tire avec vigueur. Mais le requin n'a pas perdu de vue sa proie; on le croyait loin; il n'avait fait que plonger pour prendre un plus vigoureux essor; il s'élance avec fureur après son ennemi, qui déjà était à quelques pieds au-dessus des eaux; il l'atteint, le saisit par le milieu du corps, et sépare en deux cet intrépide et malheureux enfant.

AMBROISE DE BOUFFLERS.

Bien des enfants se sont illustrés par leur courage au milieu des camps. Froissard dit, dans sa chronique, qu'on a vu de son temps des enfants de l'âge de huit à neuf ans se battre comme de vieux soldats, affronter la mitraille, et aller avec le plus grand sang-froid chercher les boulets lancés par les ennemis, pour les rapporter aux canonniers de leur parti qui en manquaient. Combien de traits de ce genre ne trouve-t-on pas dans l'histoire de nos guerres révolutionnaires? Qui ne connaît l'action courageuse de ce gamin de Paris, âgé de onze à douze ans? en combattant avec acharnement pendant les journées de juillet 1830, il laissa tomber sa casquette, et, s'en étant aperçu, l'alla chercher à travers le feu et la mitraille des soldats de Charles X?

Le chevalier Ambroise de Boufflers doit être placé au premier rang parmi ces jeunes héros, non-seulement parce qu'il a montré un courage égal à celui des plus valeureux guerriers, mais parce qu'il a fait preuve, étant encore dans l'enfance, de connaissances militaires qui auraient honoré un vieux capitaine.

Ambroise de Boufflers naquit en 1734. Il était fils du comte de Boufflers, et petit-fils de Louis-François, duc de Boufflers, gouverneur de Flandre, l'un des meilleurs généraux de Louis XIV.

C'est à l'école de cet illustre professeur que le jeune de Boufflers apprit l'art des combats, les devoirs du soldat et du citoyen. Vous auriez vu ce vieux général jouant aux soldats avec cet enfant, après lui avoir enseigné les premiers éléments des sciences; vous l'auriez entendu raconter à son petit-fils les longues campagnes de Flandre, et profiter de toutes les occasions offertes par le récit pour lui donner de ces solennelles leçons qui se gravent et se burinent dans la mémoire des enfants; si bien que le jeune élève, à peine âgé de huit ans, brûlait déjà du saint amour de la patrie et aurait voulu braver la mort sur les champs de bataille. L'éducation fait les hommes. Il est rare que les parents qui ont déposé dans le cœur de leurs enfants des semences de morale et de vertu, de sciences et de probité, ne voient pas ces germes heureux fructifier et produire de nobles hommes, des citoyens utiles et honorables.

Louis XV, du fond de son cabinet de Versailles, faisait alors la guerre en Allemagne (1744). Mais tandis que le monarque chasseur cherchait dans les bois de Saint-Germain des victimes craintives, ses soldats rencontraient de terribles ennemis sur les bords du Mein. Il s'agissait alors d'une de ces guerres dites de succession, guerres où les rois, dans leur intérêt privé, entrechoquaient leurs peuples, et faisaient mourir des milliers de leurs plus braves sujets, pour soutenir les rêves de leur ambition ou leurs fantaisies. Marie-Thérèse d'Autriche et Charles-Albert de Bavière se disputaient la couronne impériale. Le roi d'Angleterre, Georges II, qui soutenait Marie-Thérèse, était venu avec son plus jeune fils, le duc de Cumberland, se mettre à la tête de ses troupes.

Le duc de Noailles commandait l'armée française, il appelait auprès de lui tous les gentilshommes, toute la noblesse de France. Le père du jeune de Boufflers reçut aussi l'ordre de venir rejoindre l'armée; et sans retard le noble comte se prépara aux combats.

Aussitôt que le jeune de Boufflers connut le prochain départ de son père, il lui vint une de ces inspirations subites, impérieuses, qui ne vous laissent aucun repos: il avait conçu le projet d'aller en guerre avec lui.

Et ne croyez pas qu'il va chercher mille détours craintifs, mille petites ruses pieuses pour arriver à son but: comme un soldat qu'il était déjà, plein de franchise et d'audace, il va trouver son grand-père, qui ne pouvait plus combattre, et lui dit: «Grand-papa, vous voudriez bien, n'est-il pas vrai, aller à la guerre avec mon père? Je suis sûr que votre sang bouillonne dans vos veines quand vous voyez ces armes qu'on remet à neuf, ces coursiers qu'on arme en guerre.» Une larme roule aussitôt dans l'œil du vieux général. «Ne vous désolez pas, grand-papa, continua l'enfant: il y aura deux Boufflers dans les armées du roi; car je veux aller y tenir votre place auprès de mon père, et prouver que j'ai su profiter des leçons que vous m'avez données.» Puis le jeune héros se jette dans les bras du vieillard; il l'entraîne auprès de son père, qui ne peut résister à ses prières ni à celles du vieux duc, tout transporté de joie en voyant à son petit-fils cette chevaleresque ardeur qui lui rappelait les plus beaux moments de sa jeunesse.

Quelques jours s'étaient à peine écoulés, qu'on vit un matin une grande activité régner dans l'hôtel de Boufflers. M. le comte devait ce jour-là même partir pour l'armée, les chaises de poste étaient dans la cour; les chevaux impatients hennissaient; les domestiques s'agitaient autour d'eux. Le moment solennel de la séparation était arrivé. Cependant madame la comtesse de Boufflers ne connaissait encore qu'une partie de la vérité : on avait cru devoir lui cacher jusqu'au moment fatal le départ de son fils, qu'elle aimait avec idolâtrie, comme une mère seule sait aimer. Quand elle sut qu'il fallait se séparer à la fois de son fils et de son époux, elle fut inconsolable. Cependant elle aussi était fille d'un héros; elle sut faire violence à ses sentiments maternels, et donna entre mille baisers sa bénédiction à son héroïque enfant.

A cette époque, le fils d'un comte, un chevalier, comme était le jeune de Boufflers, naissait capitaine, et quand il arrivait à l'armée, eût-il été ignorant et sans courage, il commandait de vieux soldats broyés au métier des armes, instruits et courageux. Le jeune de Boufflers ne voulut pas user des prérogatives de sa naissance. Pour être bon capitaine, lui avait dit son aïeul, enfant, il faut avoir été bon soldat. Enrôlé dans le régiment que M. le comte de Boufflers commandait, l'enfant commença par le commencement: soldat, il coucha sur la dure, il mangea à la gamelle du soldat, il passa la nuit au bivouac, dans les postes avancés, en sentinelle, l'arme au bras.

Bientôt il mérita les premiers grades, les galons de laine, et puis les épaulettes d'argent du guidon.

A peine installé dans son nouveau régiment, notre jeune officier voulut en remplir les périlleuses fonctions. Voici comme il raconte lui-même à sa mère, dans une lettre, ce qui lui arriva pour son début.

«Chère maman, ne soyez pas inquiète ni tourmentée en voyant que mon écriture est si tremblée; je n'ai pas encore l'habitude d'écrire de la main gauche, et j'ai eu la droite un peu blessée hier par le sabre d'un houlan, qui voulait me prendre mon joli drapeau. C'eût été beau, n'est-ce pas, de me le laisser enlever par l'ennemi quand je ne l'avais encore que depuis trois heures? car c'est hier que papa m'a confié le guidon que j'ai bravement défendu, je vous le jure. A peine étais-je installé dans mon emploi d'officier, qu'il m'a fallu escorter une compagnie de cent vingt cavaliers qui allaient au fourrage; nous allions là comme à une promenade. Mais voilà qu'à notre retour nous sommes enveloppés par une bande de ces vilains Allemands, qui tombent sur nous en poussant des cris. D'abord cela m'a un peu étourdi: mais bientôt la présence d'esprit m'est revenue, et j'ai fait le coup de pistolet comme un autre, je crois. Nous n'avons perdu personne; et le plus malade de l'affaire, c'est mon pauvre chapeau, qui a été percé de trois balles; heureusement on pouvait le remplacer. Je n'ai pas besoin de vous dire, chère maman, si papa m'a bien embrassé quand il m'a vu revenir au camp. Il vous dira lui-même si je me suis bien conduit dans ma première affaire. Quant à moi, je me sens la main gauche bien fatiguée, je n'ai plus que la force de vous dire que tous les matins et tous les soirs je prie le bon Dieu de me faire la grâce de vous revoir quand la campagne sera terminée.»

Dieu n'exauça pas les prières de ce pieux et héroïque enfant. Il ne devait pas revoir sa mère chérie.

Cependant la guerre devenait de jour en jour plus pénible; les deux armées en présence s'observaient et s'inquiétaient sans cesse. C'étaient des escarmouches continuelles, dangereuses, des veilles qui accablaient le soldat et l'épuisaient. On résolut d'en finir et de livrer une bataille décisive, qui mettrait un terme à ces sanglantes discussions.

Les armées étaient alors dans l'ancien électorat de Mayence, sur les bords du Mein, près d'un village nommé Ettingen. Tout était en faveur des Français. L'armée ennemie souffrait des plus grandes privations et était découragée. Le duc de Noailles, commandant l'armée française, avait pris les plus sages et les plus savantes dispositions.

Le matin de cette désastreuse journée, le jeune de Boufflers vint trouver son père dans sa tente, et lui dit: «Voici la première bataille où je vais combattre pour le service du roi. Je ferai bien mon devoir, mon père; mais avant de m'exposer aux dangers, je viens chercher votre bénédiction et vous embrasser...»

Le comte de Boufflers pressa son fils sur son cœur; les larmes lui coulaient des yeux: «Cher enfant, lui dit-il, j'espère que nous nous reverrons et que nous serons victorieux; mais à coup sûr l'action sera chaude, et si nous ne nous revoyons plus, reçois mes adieux... Encore un baiser pour ta mère!»

A ce moment, les trompettes donnaient le signal du départ. Les deux Boufflers allèrent se placer à la tête de leurs soldats, et une heure n'était pas écoulée, que déjà la bataille était engagée sur tous les points.

On était si sûr du courage de cet enfant et de sa ferme résolution, qu'on lui confia un poste fort important. A la tête de ses cavaliers, le jeune capitaine y fit bonne contenance pendant toute la bataille, qui fut terrible. Le carnage dura plusieurs heures. Au moment où les Français, après avoir culbuté plusieurs corps de l'armée ennemie, se regardaient comme victorieux, le roi Georges fit faire à ses troupes un mouvement inattendu qui surprit le duc de Noailles et décida de la bataille en faveur des Allemands. La déroute de l'armée française devint bientôt générale: en vain Boufflers vit-il cette débandade, en vain le canon renversait-il tout ce qui était autour de lui; aucun ordre ne lui arrivait pour quitter son poste; il y resta jusqu'à ce qu'ayant lui-même la jambe gauche fracassée, il tomba sous son cheval.

Alors un vieux soldat, qui restait presque seul debout, voyant tomber son jeune capitaine, s'approche de lui, le prend sur ses épaules, et bat en retraite vers les ambulances. Plusieurs fois il est arrêté dans sa course par les ennemis; mais il s'écrie qu'il porte le chevalier de Boufflers, et les soldats s'arrêtent pour laisser passer ce courage malheureux.

Le pauvre enfant, remis dans les bras de son père, apprit bientôt que sa blessure était des plus graves, et qu'il fallait au plus vite faire l'amputation de sa jambe. La plus morne douleur régnait sur la figure de ceux qui l'entouraient. Voyant cette consternation, il demanda si l'on pouvait mourir de cette opération; au silence lugubre qui suivit cette question, il comprit tout le danger; il demanda une demi-heure pour se préparer à la mort. Sa première occupation fut d'écrire à sa mère.

«Chère maman, je viens de recevoir une blessure à la jambe; je ne vous cacherai pas qu'il faut absolument qu'on me la coupe. Je souffre plus que je ne pourrais vous dire; mais c'est moins de mon mal que de la douleur que vous allez ressentir de ce malheur. Je pense bien survivre à l'opération; mais, si Dieu en ordonne autrement, que j'aie au moins la consolation de vous embrasser dans cette lettre. Qu'elle soit pour vous, chère maman, une nouvelle preuve de mon tendre souvenir et de ma reconnaissance pour vos bienfaits.»

Quand il eut achevé, Ambroise de Boufflers confia avec résignation sa jambe blessée à l'instrument du chirurgien. M. de Boufflers était là qui tenait les mains de son fils et qui lui disait en pleurant: «Du courage! mon ami, du courage! — J'en ai plus que vous,» lui répondit-il en souriant. Mais tout à coup le sourire s'effaça de ses lèvres, le courageux enfant pâlit. «Ah! je meurs,» dit-il d'une voix étouffée. Une seconde après, le chevalier de Boufflers n'existait plus. Il avait dix ans à peine.

UN PRIX MONTHYON.

Il n'y a pas longtemps encore que vivait à Paris un homme dont le nom est aujourd'hui vénéré dans toute l'Europe; il était alors obscur, car il cachait avec soin les immenses bienfaits qu'il répandait en tous lieux. Il était riche, bon, charitable; cela se voit rarement. Il estimait peu le talent s'il ne se proposait un but moral et utile; et il n'encourageait les écrivains qu'autant que leurs ouvrages pouvaient porter les hommes à la vertu. Il fit ainsi toute sa vie. Il pensa que, lui mort, ceux qu'il avait secourus, encouragés, ne le seraient peut-être plus par personne, s'il n'y pourvoyait. Il craignait que les vertus obscures, qu'il allait, lui, découvrir dans les mansardes de Paris, dans les chaumières des villages lointains, ne restassent dans leur triste obscurité et ne reçussent aucun secours, aucune récompense en ce monde. Peut-être ces craintes étaient-elles fondées. Il voulut donc continuer ses bienfaits même après sa mort; et par son testament il laissa à l'Académie Française une rente de 40,000 francs pour récompenser chaque année l'ouvrage le plus utile aux mœurs, la plus belle, la plus vertueuse action, toute amélioration apportée dans l'art de guérir et dans les métiers insalubres. Cet homme, vous l'avez deviné, le nom de M. de Monthyon est dans toutes les bouches. Que de vertus obscures, que de nobles dévouements, qui n'auraient été récompensés que dans le ciel, l'ont été par lui sur la terre! J'ouvre au hasard ce Livre d'or où sont enregistrés depuis près de vingt ans les noms de ceux qui ont obtenu ces récompenses offertes à la vertu et au courage, et je rencontre un trait touchant d'un enfant qui a bien mérité sa place dans notre Panthéon.

Le jeune Serres habite Gimont, dans le département du Gers. Il a douze ans à peine. Un jour, le 2 mai de l'année 1839, il entend un grand bruit. Deux enfants, de quatre ans chacun, jouaient ensemble sur la place publique, exposés à tous les périls, comme il arrive partout où la maternelle institution des salles d'asile ne veille pas sur l'enfance. Ils montent sur le puits de la ville, y jouent, s'y précipitent. Tout le monde accourt. Mais que fera-t-on? On délibère, on se lamente. «Nous avions perdu tout sang-froid,» disent naïvement les habitants dans leur procès-verbal. Heureusement Serres a conservé le sien. Il demande une échelle. Elle est trop courte. On la tiendra. Il descend. Elle était trop courte en effet. Mais l'un des deux enfants est debout, tend les mains, aide à sa propre délivrance. En se penchant, Serres peut le saisir; il le remonte péniblement, mais ne faiblit pas, ne se décourage pas, et le rend à ses parents.

Et l'autre! il n'a point reparu. Il est sous l'eau. Il est perdu. Serres redescend, sans que de tous ces hommes aucun se soit avisé au moins d'avoir une échelle moins périlleuse pour l'intrépide enfant. Cependant il va, il se baisse, il n'arrive point jusqu'à l'eau. Que fera-t-il? Il se suspend, il se tient du pied au dernier échelon, puis il plonge, il cherche avec effort. On tremble pour tous les deux. Un moment on ne voit plus rien, on le croit perdu. Il a senti l'enfant, il l'a saisi sans connaissance, mort peut-être. N'importe, il le rendra à la lumière. Comment s'y prend-il? On ne le sait plus. Dans les actions généreuses on a, quand il le faut, une force surhumaine. Enfin il reparaît avec son fardeau. Tous deux sont sauvés, car l'enfant put à la longue être rappelé à la vie.

L'Académie Française décerna au jeune Joseph Serres un prix de 1,500 francs.

Cet intrépide enfant vit encore; puisse-t-il ne pas démentir les belles promesses de son enfance, et donner un jour à la France un citoyen utile!

FRANÇOIS DE BEAUCHATEAU.

On ne nous pardonnerait pas sans doute de passer sous silence la vie du jeune François de Beauchâteau. Ce fut en effet un enfant célèbre en son temps, et peut-être le plus célèbre des jeunes poëtes français. Nous ne saurions non plus disconvenir qu'il a mérité la prodigieuse réputation qu'il obtint; et cependant ce n'est pas sans une certaine contrainte que nous écrivons sa vie.

On ne peut en effet se défendre d'un sentiment pénible lorsqu'on voit cet enfant, qui aurait été un poëte remarquable, ne devenir qu'une espèce de petite machine à flatteries.

M. de Beauchâteau était comédien; il eut deux fils, et malgré les occupations et les dissipations ordinaires de son état, il s'occupa de leur instruction avec un soin minutieux et tout particulier. Les auteurs qui ont parlé de ces enfants avouent qu'ils n'avaient aucunes dispositions naturelles bien extraordinaires, et qu'ils durent tout ce qu'ils devinrent à l'étude seule. Le jeune François fut le plus précoce des deux frères. A peine âgé de cinq ans, il savait parfaitement lire et écrire; on lui avait en outre appris plusieurs morceaux de poésie qu'il récitait avec une grâce et une intelligence parfaites. Dès ce moment, les parents de cet enfant, enthousiastes de ses succès, le donnèrent en spectacle à leurs amis. Bientôt leur maison fut un théâtre trop étroit pour cette petite renommée croissante; on le produisit au dehors. Les hommages qu'on donnait au jeune Beauchâteau n'eurent pas, comme cela se voit ordinairement, pour effet de lui inspirer une telle suffisance qu'il se crût assez savant et qu'il négligeât de se perfectionner dans les sciences dont il n'avait encore que les premiers éléments. A huit ans, cet enfant possédait déjà plusieurs langues; il connaissait le grec et le latin, et il commençait à parler italien et espagnol; à onze ans, si l'on en doit croire ses panégyristes, non-seulement il était très-instruit de l'histoire et de la géographie, mais encore de la philosophie.

Quoi qu'il en soit, ce n'est pas par ces études qu'il devint célèbre, mais par la poésie. On peut voir par ses vers qu'il ne manquait ni d'esprit ni de facilité. Il commença, dit-on, à rimer dès l'âge de sept ans; mais ce ne fut que vers sa dixième année qu'il fut amené à la cour et qu'il y fit sa prodigieuse réputation. La reine Anne d'Autriche, ayant entendu dire des merveilles du jeune Beauchâteau, le voulut voir un jour. L'enfant, amené à la cour, n'y fut aucunement intimidé. Depuis longtemps habitué au monde, accoutumé à tourner fort agréablement de petits compliments aux personnes puissantes chez lesquelles on le menait, non-seulement il ne se déconcerta pas, mais encore sut, par d'adroites flatteries, s'attirer les bonnes grâces de la reine, qui le prit sur ses genoux, l'embrassa et lui fit des présents magnifiques. Il n'en fallut pas davantage pour mettre à la mode le petit Beauchâteau, Les courtisans suivirent l'exemple de la reine; et comme l'enfant faisait dans ses vers l'éloge de tous les gens auxquels il était présenté, tout le monde l'aima et le protégea.

En l'année 1645, il fut du voyage de Compiègne. C'est là qu'on le présenta à cette fameuse reine de Suède, Christine, qui était venue en France chercher le repos après son abdication. Il eut aussi le bonheur de plaire à cette femme célèbre, à cette reine extraordinaire; elle obtint pour lui de nouvelles faveurs. Il lui adressa à cette occasion une épître que nous citerons comme une de ses meilleures, et aussi pour donner une idée de son talent.

> Une reine, la plus savante
> Que le Nord ait jamais produit,
> A voulu protéger le fruit
> De ma muse faible et naissante,
> Disant au plus puissant des rois
> Qu'il faut que sa main libérale
> M'exempte des sévères lois
> Que le Parnasse nous étale:
> Ainsi cette grande princesse,
> En sollicitant pour mon bien,
> Veut imiter la divine sagesse,
> Faisant quelque chose de rien.

Ce fut dans ce voyage qu'on enferma Beauchâteau dans un cabinet, pour être bien convaincu qu'il n'était aidé par personne dans ses productions poétiques. Il soutint cette épreuve avec un grand succès: non-seulement il y composa en fort peu de temps les vers qui lui furent demandés, mais encore plusieurs pièces de circonstance, dont voici, à mon avis, la plus remarquable:

Certain homme me dit un jour
Qu'on ne voit pas de laide amour
Ni de prison qui nous soit chère:
Et moi je soutiens le contraire:
Car un prince étant mon geôlier,
Je consens d'être prisonnier,
Et ne veux point qu'on me délivre,

Pourvu qu'en ma prison par lui j'aie pour vivre.

Le cardinal Mazarin était alors le maître, le véritable roi. Le jeune Beauchâteau fit des vers non-seulement à sa louange, mais à la louange de chacun des membres de sa famille. Je citerai encore ceux qu'il fit pour madame de Mancini, sœur du cardinal, mère des fameuses demoiselles de Mancini.

Si Jule établit son empire
Par sa douceur et par ses soins,

Vous, mère des beautés, pour qui chacun soupire,
Pouvez bien vous vanter de n'en faire pas moins;
Car sitôt que l'on voit vos filles sans pareilles,

L'on cède à des charmes si doux.
Ainsi, votre heureux frère et vous
Ne produisez que des merveilles.

Le ministre récompensa le poëte naissant, et lui apprit de bonne heure que la flatterie est le meilleur chemin pour arriver à la fortune. Il le fit inscrire sur le livre des pensions et le combla de faveurs.

Le jeune Beauchâteau publia à cette époque, il avait onze ans, un recueil de ses poésies sous ce titre: Lyre du jeune Apollon, ou Muse naissante du petit Beauchâteau. C'est, je crois, le seul livre de poésie qui ait été publié par un aussi jeune poëte. On peut juger du talent de l'auteur par les vers que nous avons cités déjà ; on y remarque une grande facilité et beaucoup d'esprit. Cependant la lecture de ce volume est on ne peut plus fatigante. Ce ne sont que flatteries, ce ne sont que louanges d'un bout à l'autre; l'auteur donne de l'encensoir à tous les princes, à tous les ministres, à tous les courtisans, aux généraux, aux princesses, aux duchesses. Ce recueil eut un succès immense; cela ne devait pas manquer. On y chercherait en vain une idée profonde, morale, utile.

Tous les poëtes de cette époque louèrent à l'envi cette Muse naissante. Elle flattait tout le monde; tout le monde la flatta. On lit au bas de son portrait, placé en tête de ses œuvres, dessiné par le fameux Hens, et que nous reproduisons fidèlement:

> Il n'a pas sujet de se plaindre
> Si l'on ne réussit à faire son portrait;
> On n'en peut jamais voir qu'un croquis imparfait:
> Comme il est tout esprit, on ne saurait le peindre.

Outre les épîtres, madrigaux, sonnets, le recueil contient encore quelques imitations des poëtes latins. Elles sont en général spirituellement rendues, et font vivement regretter qu'on n'ait pas donné à cet enfant une meilleure et plus utile direction. Je citerai le quatrain suivant:

> Tu ne feras pas de larcins:
> Ce précepte s'adresse aux leveurs de subsides.
> Mais ne commets point d'homicides:
> Célui-ci, ce me semble, est pour les médecins.

La fin de ce jeune poëte est tout à fait étrange: vers l'âge de treize ans, il passa en Angleterre, on ne sait trop dans quel but. Il y fut reçu avec distinction par le farouche Cromwell, et il obtint de l'autre côté du détroit un succès non moins grand qu'en France. Tout à coup cette renommée si étincelante s'éteignit sans qu'on ait pu savoir précisément par quelle catastrophe, par quel malheur subit. La version la plus accréditée le fait partir pour la Perse, dans le désir d'étudier les langues orientales. Le vaisseau qui le portait aurait été accueilli d'une horrible tempête; un grand nombre de passagers périrent, et Beauchâteau fut du nombre des naufragés.

Cette perte est sans doute bien regrettable: cet enfant, qui était savant et spirituel, aurait compris plus tard que le poëte est appelé sur la terre à une autre mission que celle d'ensenser les puissants et les riches. Flatteries et flatteurs sont bientôt oubliés.

ENFANCE DE DU GUESCLIN.

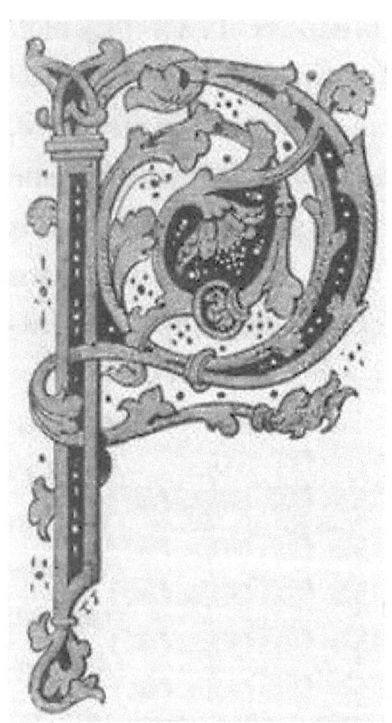

Peut-on se rappeler sans admiration la belle mort du bon connétable du Guesclin? Il allait ajouter à ses nombreux exploits la prise de Châteauneuf de Rendon. Le gouverneur avait promis de se rendre, et le lendemain l'armée française devait entrer dans la ville. La mort vint brutalement enlever le vainqueur a son triomphe; et cependant, tout mort qu'il était, la vénération que les ennemis mêmes avaient pour lui était si grande, que le gouverneur vint déposer aux pieds du connétable sans vie les clefs de la forteresse. Ennemis et amis confondirent leurs larmes sur cette tombe glorieuse. Le guerrier méritait bien ces regrets unanimes; car ses dernières paroles avaient encore été une preuve de la noblesse de ses sentiments. «En quelque pays que vous fassiez la guerre, avait-il dit à ses capitaines éplorés, n'oubliez pas que les gens d'église, les femmes, les enfants, et le pauvre peuple, ne sont pas vos ennemis.» Généreuse leçon dont il donna l'exemple durant toute sa vie.

Est-ce que chacun n'a pas dans sa mémoire un sanctuaire où il conserve le souvenir de ces événements simples et grands qui résument la vie d'un homme de bien et de génie? Est-ce qu'on ne désire pas aussi bien vivement connaître quels ont été les commencements d'une vie si noblement terminée?

Bertrand du Guesclin naquit en Bretagne, au château de la Motte-Broon, près Rennes, en 1311. Comme Turenne, il montra dès son enfance le goût le plus décidé pour les combats. L'éducation à cette époque était bien différente de celle qu'on donne aux enfants de nos jours. Les nobles mettaient au bas des actes publics une croix ou l'empreinte de leurs armes, au lieu de signature, déclarant ne savoir écrire, attendu leur qualité de noble. La force était la loi suprême qui gouvernait le monde; le meilleur guerrier était le plus adroit et le plus intrépide; la qualité la plus estimée dans un noble était la vaillance: aussi les nobles n'apprenaient-ils à leurs enfants qu'à bien se servir de la hache, de la lance et de l'épée, qu'à dompter un cheval et à le manier avec grâce et adresse. Telle fut l'éducation du jeune du Guesclin. Ces exercices augmentèrent encore l'ardeur naturelle de son caractère. Sa mère disait de lui: «Il n'y a pas de plus mauvais garçon au monde; il est toujours battant ou battu.» De fait, il ne manquait jamais une occasion de donner ou de recevoir des taloches; mais il n'était pas mauvais garçon. Il pansait les blessures qu'il avait faites, il consolait les vaincus qu'il avait terrassés; son caractère bouillant l'emportait, mais il était bon. Tout noble, tout seigneur qu'il était, il ne dédaignait pas une batterie avec les enfants du peuple. Il n'avait pas plus de treize ans, lorsqu'il rassembla une petite armée d'enfants de son village et des villages voisins; il organisa, dit-on, cette armée avec une rare intelligence. Il l'instruisit selon une espèce de science militaire qu'il n'avait apprise de personne et qu'il créait lui seul. Le jeune général soufflait dans tous les cœurs cette ardeur guerrière qui le possédait. Souvent il divisait sa petite armée en deux bandes, livrait des batailles qui commençaient par des jeux et finissaient presque toujours par de sérieux combats. Les uns s'en retournaient éclopés, les autres éborgnés; presque tous ne rapportaient au logis que des lambeaux de leurs vêtements. Ces jeux n'eurent pas l'avantage, on le pense bien, de plaire infiniment aux parents des jeunes guerriers; l'armée de du Guesclin fut donc bientôt licenciée.

Notre général ne put supporter la honte d'une telle disgrâce sur le théâtre même de ses exploits. Il quitta brusquement la maison paternelle et s'exila volontairement à Rennes, chez un de ses oncles. A peine arrivé, il apprend qu'il y a dans la ville un endroit où les enfants du peuple s'exercent à la lutte; dès lors il n'a plus d'autre pensée que celle de voir ces jeunes lutteurs et de prendre part à leurs jeux; et cependant il comprend qu'il serait imprudent à lui de faire connaître à son oncle le désir qu'il a de se mêler à ces combats bien au-dessous de sa condition. Aussi n'est-ce qu'à force de ruses qu'il amène son parent à le conduire sur le théâtre de ces luttes. Un jeune garçon avait eu tous les honneurs de la journée; il se promenait au milieu du cercle des spectateurs, jouissant de son triomphe, et cherchant en vain un adversaire qui voulût se mesurer avec lui. En un instant le jeune du Guesclin est dans l'arène, attaque vigoureusement le vainqueur orgueilleux, et le force bientôt à demander merci, aux applaudissements de tous.

On cite un combat plus digne de lui, où il se distingua lorsqu'il n'avait pas plus de quinze ans. En ce temps-là, les chevaliers bretons publièrent un tournoi où ils appelèrent les chevaliers les plus braves de

France et d'Angleterre. Le jeune Bertrand va trouver son père, le supplie de le laisser aller combattre dans ce tournoi; mais son extrême jeunesse, la fougue indomptable de son caractère, causaient à son père de justes inquiétudes, il lui refusa sa demande. Cependant le jeune du Guesclin ne pouvait se résoudre à manquer une aussi belle occasion de déployer son courage et son adresse. Les difficultés ne l'arrêtent pas. Aucun des amis de son père ne veut lui prêter un cheval et des armes pour aller au tournoi, il emprunte un lourd coursier à un meunier qui n'ose le lui refuser; il se procure on ne sait comment des armes grossières; et au jour fixé il se trouve au rendez-vous. Comme il ne portait pas les armes de sa maison, personne ne reconnut ce pauvre chevalier si piteusement équipé ; on ne croyait pas qu'il pût avoir la pensée de se mesurer avec les plus vaillants et les plus illustres des chevaliers bretons et anglais. Quelle ne fut pas la surprise des spectateurs quand vers le milieu du tournoi on le vit se présenter pour briser une lance avec un combattant qui venait de mettre successivement trois chevaliers hors de combat! L'étonnement fut au comble quand on vit ce chevalier inconnu attaquer le vainqueur tout orgueilleux avec une rare intrépidité, le presser, le désarçonner enfin. Deux autres chevaliers se présentèrent et eurent le même sort; mais un troisième parut dans le champ clos. Aussitôt le jeune vainqueur baissa sa lance et refusa le combat. Il avait reconnu son père en voyant sur son écu les armes de la maison de du Guesclin. Les spectateurs ne pouvaient comprendre cette conduite étrange; mais ils en eurent bientôt l'explication en voyant le fils lever la visière de son casque et se jeter dans les bras de son père, non moins étonné qu'attendri. Dès ce moment, la valeur du jeune du Guesclin ne se démentit jamais. Il n'est pas de mon sujet de raconter ses innombrables victoires. Toute sa vie fut noble et grande. Il vendit ses domaines pour nourir ses soldats, et il protégea toujours le pauvre peuple contre les nobles et les riches. Il n'avait jamais tant de bonheur que quand il s'entendait appeler le bon connétable.

JEUNES FILLES CÉLÈBRES.

ENFANCE DE SAINTE GENEVIÈVE,

PATRONNE DE PARIS.

Ne devions-nous pas placer au premier rang dans le Panthéon de nos Enfants célèbres sainte Geneviève, patronne de Paris, j'allais dire de la France? N'est-ce pas en effet à cette sainte héroïne que sont principalement dus le mariage de Clovis avec la pieuse Clotilde, et la conversion de ce roi païen, qui jeta les fondements de la monarchie française? Et quelle jeunesse avons-nous trouvée plus digne d'admiration, plus remplie de toutes les vertus de la femme: les vertus obscures, douces, bienfaisantes du foyer domestique; les vertus fortes, éclatantes de la vie civile?

Les légendaires ont orné la vie de cette sainte d'un grand nombre de merveilles qu'on ne doit pas sans doute admettre aveuglément. Mais ce qui est incontestable de cette sublime existence suffit pour faire de sainte Geneviève une des plus belles figures historiques, et un modèle parfait des vierges chrétiennes, qui mérite la vénération de tous les peuples.

Geneviève naquit au village de Nanterre, près Paris, l'an 422; son père se nommait Sévère, et sa mère Géronce. Dès ses premières années, Geneviève montra une grande sagesse. Tout enfant, elle faisait abnégation complète de sa volonté devant celle de ses parents: elle possédait déjà la première vertu du jeune âge, l'obéissance. Encore bien qu'elle eût sept ans à peine, elle se rendait utile à sa mère, soit en l'aidant dans les travaux du ménage, soit en soignant les brebis aux champs. A l'âge où la plupart des enfants ne songent encore qu'aux amusements, déjà elle avait l'amour du travail, de l'ordre et de la vertu.

Vers l'an 430, saint Germain d'Auxerre et saint Loup de Trêves, voyageant ensemble pour aller combattre dans la Grande-Bretagne l'hérésie de Pélage, arrivèrent un soir à Nanterre. La venue de ces deux saints personnages émut tout le pays. Les habitants accoururent en foule auprès d'eux pour recevoir leur précieuse bénédiction et pour entendre leurs saintes paroles. Geneviève, accompagnée de ses parents, se présenta parmi la foule; mais à son air calme et recueilli, à son attitude pieuse et modeste, saint Germain la distingua aussitôt; il s'informa de sa vie passée, et sur ce qu'on lui en dit, il l'examina de plus près, et comme éclairé par une illumination soudaine, il lui dit, en tenant les deux mains étendues sur sa tête:

«Enfant, je le bénis. Tes vertus, ta piété et ta sagesse
«précoces attireront sur toi les bénédictions du Seigneur.»

Puis il lui demanda si elle voulait se consacrer à Dieu. Geneviève répondit sans balancer que c'était là son vœu le plus cher, mais qu'en toutes choses elle s'en rapportait aux volontés de ses parents. Saint Germain, qui vit dans cette réponse une nouvelle preuve de la sagesse de cette jeune fille, se tourna vers Sévère et Géronce, et leur dit: «Votre fille

est digne du saint ministère auquel je la con
«vie; consentez-vous à ce qu'elle se consacre au Sei-
«gneur?» Après quelque hésitation, Sévère répondit:
«Avant de m'appartenir, cette enfant appartient à Dieu. Si
«vous la jugez digne d'être consacrée à son culte, qu'elle
«obéisse à la voix qui l'appelle!»

Alors Geneviève s'approcha et s'agenouilla aux pieds de saint Germain, qui lui donna sa bénédiction; puis, s'adressant au peuple, le saint pontife s'écria: «Heureux «les pères qui ont de tels enfants, heureux les enfants qui «ont de tels pères!» Puis il se dirigea vers l'église du bourg, suivi des habitants, qui bénissaient le Seigneur; on chanta des psaumes et des prières, et pendant ces pieux exercices saint Germain étendit, à plusieurs reprises, ses mains jointes sur le front de Geneviève agenouillée. Il la retint près de lui durant le repas qui suivit l'office divin, et ne la quitta qu'après avoir fait promettre à son père de la lui ramener le lendemain avant son départ.

Le lendemain, saint Germain fit présent à Geneviève d'une petite médaille de cuivre qu'il aperçut à terre au moment où il se baissait pour lui donner sa bénédiction, et sur laquelle était gravé le crucifiement de Jésus-Christ, en lui disant: «Portez sans cesse cette médaille en souvenir des
«promesses que vous avez faites à Dieu et en mémoire de
«moi; désormais rejetez tous les autres ornements que la
«vanité invente; que votre cou, ni vos doigts, ni vos
«oreilles, ne soient jamais chargés de métaux précieux, d'or,
«d'argent ou de pierreries; épouse du Seigneur, vous ne
«devez désirer que les parures célestes. Si vous continuez à
«marcher dans la voie de sainteté où vous êtes entrée, je
«vous prédis que Dieu fera par vous de grandes choses.»

Puis Geneviève s'en retourna à ses brebis, et, pendant plusieurs années, rien ne fut changé en apparence à sa vie habituelle. Jamais elle n'avait montré de goût pour les jeux de l'enfance: la prière, la méditation l'avaient, pour ainsi dire, vieillie de bonne heure. Elle redoubla de ferveur et de piété, ne manquant aucune occasion de s'instruire des vérités de la religion et de ses devoirs. Elle grandissait entourée de l'estime et de la vénération de tous: le jeûne, la prière, la retraite, la dérobaient aux dangers du monde et de la dissipation. Bientôt elle instruit les autres; les vérités qu'elle a appris à méditer, elle les répand autour d'elle: convaincue, elle convainc sans peine; maîtresse d'elle-même, elle maîtrise les autres. A peine avait-elle quatorze ans, qu'elle était déjà l'objet de la vénération de tous dans le bourg de Nanterre.

Sa plus grande joie, ses plus grands plaisirs étaient d'aller au temple entendre chanter les louanges du Seigneur et voir les cérémonies religieuses. Un jour qu'elle sollicitait vivement sa mère de lui accorder la permission d'aller à l'église, Géronce la lui refusa; et comme Geneviève insistait, elle alla jusqu'à la frapper. A l'instant Dieu punit cette mère injuste: un voile épais se répandit sur ses yeux et la rendit aveugle; cette cécité dura près de deux ans. Pendant ce temps, Geneviève ne cessa de consoler sa pauvre mère, de l'entourer des soins les plus touchants, et de prier Dieu pour qu'il mît un terme à cette éclatante manifestation de sa colère.

A cette époque, Dieu permettait souvent que des miracles eussent lieu à la prière de ses plus fervents serviteurs, pour donner à un peuple encore ignorant une preuve éclatante de la vérité de la religion. Geneviève pensa qu'elle pourrait peut-être aussi obtenir cette faveur insigne; elle pria longtemps, puis un jour elle dit: «Mère, ayez con-
«fiance en la bonté et en la puissance de Dieu, et venez.» Elles s'en allèrent ensemble vers un puits qui était dans la campagne, près duquel Geneviève avait l'habitude de se tenir en gardant ses troupeaux; pleine de foi, la jeune fille puisa de l'eau, se mit à genoux, adressa au ciel une fervente prière en répandant des larmes; ces larmes tombaient dans l'eau. Après cette ardente invocation, elle dit à sa mère de se laver les yeux avec cette eau sur laquelle elle avait fait le signe de la croix; Géronce le fit, et peu à peu elle recouvra la vue.

Dieu voulut montrer, sans doute, par ce miracle, combien il écoute favorablement les prières des enfants pour leurs parents. Cette tradition a traversé près de douze siècles; elle est encore vivante à Nanterre, où les pauvres aveugles viennent intercéder sainte Geneviève, et laver leurs yeux avec l'eau du puits.

Geneviève avait quinze ans lorsqu'elle perdit ses parents. Pendant leur maladie, elle ne les quitta pas un instant; sans cesse à leur chevet, elle leur prodigua les soins les plus assidus, afin d'obtenir leur bénédiction, car la bénédiction paternelle et maternelle est une source de félicité pour l'enfant qui en est digne. Après leur avoir rendu ses pieux devoirs, elle se présenta a un évêque du pays pour recevoir de ses mains le voile sacré. Puis elle vint à Paris, chez une femme pieuse qui était sa marraine, et qui jouissait d'une certaine considération. Dès ce moment elle fit vœu de virginité, et s'imposa un genre de vie très-austère, mortifiant son corps par des jeûnes extraordinaires. Alors Geneviève, orpheline, et dégagée de tous liens de famille, commença cette longue carrière toute consacrée à la propagation de la religion chrétienne et au bonheur de ses semblables. Sur ces entrefaites une maladie cruelle qui menaça ses jours fit admirer sa patience angélique; quand ses douleurs étaient intolérables, elle levait les yeux au ciel, et sa voix murmurait tout bas le nom du Dieu qui souvent frappe ici-bas pour récompenser dans le ciel. A peine fut-elle rétablie qu'elle recommença avec plus d'ardeur son œuvre d'apostolat.

A cette époque, la foi était peu répandue encore dans la capitale de la France, elle la prêcha avec une ardeur constante, non-seulement par ses paroles, mais bien plus encore par ses exemples. Aussi eut-elle le sort de tous ceux qui viennent apporter au monde des idées nouvelles. Une ligue se forme contre elle; la calomnie l'attaque d'abord sourdement, puis éclate bientôt. On l'appelle hypocrite et visionnaire; les accusations les plus infâmes, les bruits les plus ridicules circulent et s'accréditent; mais Geneviève est trop sûre d'elle-même pour craindre les autres. Elle marchait sans terreur au milieu de toutes les haines, ne changeant rien à sa conduite, quand il lui arriva un illustre défenseur.

Saint Germain s'en allait de nouveau dans la Grande-Bretagne, où l'hérésie vivait encore; il s'arrêta à Paris et s'informa de Geneviève. On lui dit les accusations dirigées contre elle, il les examina, et les trouvant toutes dénuées de fondement, il se rendit à sa demeure, proclama hautement sa vertu, et la calomnie se tut à la voix du vénérable pontife. Ne venait-elle pas en effet d'être confondue? Ou avait représenté le logis de la fille de Sévère comme le temple de la mollesse: et quand il s'y était rendu, qu'avait-il trouvé ? une pierre trempée de larmes qui lui servait de couche, sur laquelle la pieuse victime priait chaque jour le Dieu de miséricorde de pardonner à ses persécuteurs. On connut et on exalta bientôt son inépuisable charité, son zèle infatigable. Recueillant partout des aumônes pour les distribuer aux indigents, on la voyait sans cesse sur les routes, allant d'une ville à l'autre pour invoquer la générosité des personnes opulentes, ajoutant la plus grande partie de ce qu'elle possédait aux sommes qui lui étaient confiées. Enfin, voulant ménager une retraite aux jeunes personnes de son sexe qui voudraient marcher sur ses traces, afin qu'elles pussent résister aux séductions du monde et être à l'abri des pièges des méchants, elle fonda près de Saint-Jean-en-Grève un monastère qui fut connu sous le nom des Haudriettes.

Telle fut la jeunesse de Geneviève, jeunesse pleine de travaux et de combats, pendant laquelle elle s'était armée de courage, de patience, de résignation, pour les épreuves de l'âge mûr.

Geneviève craignait Dieu; et, comme le vieux Joad, elle aurait pu dire:

Soumis avec respect à sa volonté sainte,
Je crains Dieu, cher Abner, et n'ai point d'autre crainte.

Cette vierge si simple et si timide puisait dans sa foi un courage inouï. Attila, roi des Huns, après avoir ravagé une partie de la Gaule, s'avançait vers Paris; ce barbare déguisait si peu ses projets de destruction, qu'il ne voulait plus, disait-il, que rien restât debout sur le sol où aurait passé le pied de son coursier; il voulait rendre les villes et les campagnes semblables aux plus affreux déserts. A son approche, les Parisiens, frappés d'épouvante, allaient quitter leur ville et s'enfuir, lorsque Geneviève apparaît: elle leur reproche leur lâcheté, leur dit combien de prodiges Dieu a faits en faveur des peuples qui croient en lui et l'adorent. Bientôt elle persuade les femmes, qui se renferment avec elle et prient dans le baptistère public; puis elles exhortent leurs maris toujours épouvantés. Geneviève fait encore un dernier effort; elle promet, si les hommes refusent de sauver la patrie, de défendre contre un païen le temple du vrai Dieu, et de marcher au-devant du roi des Huns à la tête des femmes qui prient avec elle. Ces paroles, bien loin de ramener les Parisiens à de plus nobles projets, ne font que les irriter; ils s'emportent au point de vouloir mettre à mort cette jeune femme, qu'ils appellent fausse pro. phétesse, sorcière, et qu'ils accusent de vouloir les faire périr en les empêchant de fuir. Déjà leur rage était si grande, que la populace poussait d'horribles cris auprès du temple où Geneviève s'était retirée, quand arriva l'archidiacre d'Auxerre. Il s'informa de la cause de ces fureurs, et en entendant prononcer le nom de la vierge de Nanterre, le saint homme s'écria: — «Arrêtez! celle que
«vous voulez mettre à mort est seule capable de vous sau-
«ver. Voici que je lui apporte les eulogies de la part de saint
«Germain, évêque d'Auxerre. Le vénérable prélat, qui va
«bientôt quitter cette terre, a voulu lui donner cette dernière
«preuve de son estime et de sa sainte amitié.» En même temps l'archi-

diacre s'approcha de Geneviève, et lui remit un morceau de pain bénit, selon la coutume de ce temps.

Aussitôt le peuple, voyant en quelle singulière estime un personnage aussi éminent que saint Germain tenait la jeune vierge, l'écouta avec plus de calme; Geneviève profita de cette heureuse circonstance; elle renouvela ses exhortations, et finit par faire passer dans le cœur des Parisiens l'ardeur qui l'animait. Ceux qui étaient découragés s'affermissent, ceux qui fuyaient reviennent; la défense s'organise vigoureusement; Attila juge prudent de se retirer. Geneviève prédit la fin prochaine de ce fléau de Dieu. En effet, dans les plaines de Châlons se livra la plus sanglante bataille dont l'histoire ait conservé le souvenir. Attila succomba sous les efforts de l'armée combinée des Romains, des Francs et des Goths, commandée par Aétius et Mérovée, et l'Europe fut sauvée, par la défaite du roi des Huns, de la plus effroyable domination.

Mais Paris devait encore courir de nouveaux, de plus sérieux dangers. Mérovée, roi des Francs, profitant de la teneur qu'inspirait sa brillante victoire sur Attila pour étendre sa puissance dans les Gaules, vint assiéger cette cité : Childéric son fils l'accompagnait.

Déjà la famine commençait à exercer ses affreux ravages. Le découragement allait encore une fois livrer cette ville aux ennemis, quand Geneviève arrive. Paris est affamé, mais il y a des vivres dans les pays voisins. La vierge de Nanterre échauffe les courages, elle dit comme il est beau de se dévouer pour ses frères. Elle parvient à former une pieuse ambassade, à la tête de laquelle elle se met, et qu'elle conduit, à travers mille dangers, dans tous les lieux qui bordent la Seine, depuis Paris jusqu'à Troyes; elle revient suivie de nombreux bateaux chargés de vivres.

Néanmoins la ville fut prise; mais le vainqueur fut tellement touché de la vertu et du courage de Geneviève, qu'à ses instantes prières il ordonna que les vaincus seraient traités avec humanité, ce qui était infiniment rare dans ces temps de barbarie. La vie de sainte Geneviève ne fut plus qu'une longue suite d'actions bienfaisantes et courageuses.

Elle jouit d'un grand crédit auprès de Mérovée et de son fils Childéric, qui, païens, mais touchés de ses vertus, la regardaient peut-être comme une espèce de fée ou d'Elfe, sorte de prophétesse germanique. La chronique cite encore un fait par lequel Dieu signala sa miséricorde et la puissance de l'ardente charité de Geneviève. Childéric avait porté un arrêt terrible; il voulait faire couper la tête à plusieurs prisonniers; mais de peur que la sainte fille, qui habitait alors Saint-Denis, ne vînt lui demander la révocation de son arrêt, et se défiant de son propre cœur, il ordonna de fermer soigneusement les portes. Mais, dit toujours la légende, ce fut une précaution inutile: à peine Geneviève parut, que les portes s'ouvrirent d'elles-mêmes, et lui livrèrent passage, à la grande admiration du peuple. Elle parvint jusqu'au roi, et lui arracha la grâce des captifs. Clovis, à la conversion duquel elle contribua beaucoup, la tenait en une singulière vénération. Alors, son crédit n'eut plus de bornes, et il alla si loin, qu'on voit le monarque l'honorer du nom d'amie. La sainte femme ne se servait de ce haut degré de faveur que pour obtenir de ce prince des bienfaits pour les pauvres, la délivrance des prisonniers, l'érection de temples consacrés au culte catholique. Enfin, après une vie de quatre-vingt-neuf ans, pleine de mérites et de saintes œuvres, après avoir tenu dans l'âge mûr tout ce que promettait sa sublime jeunesse, elle mourut le 3 janvier 512, cinq semaines après Clovis, et fut inhumée par les soins de Clotilde, qui la pleura à l'égal de son époux, auprès de ce prince, dans la basilique des apôtres Saint-Pierre et Saint-Paul, sur le mont Lucotelius, alors situé hors de Paris, et qui prit depuis le nom de montagne Sainte-Geneviève. De cette église, il ne reste plus qu'une tour qui fait partie du collége Henri IV.

Bientôt on éleva des temples, des autels à sainte Geneviève. Les rois, les reines, les seigneurs et les bourgeois, les grands et les petits, vinrent s'agenouiller près de son tombeau, et y apporter des témoignages de leur piété et de leur reconnaissance. Louis XV voulut élever à la patronne de Paris un temple qui surpassât en magnificence tous les édifices de ce genre; on commença donc en 1754 à jeter les fondements de cette basilique de Sainte Geneviève, aujourd'hui le Panthéon. Mais cet édifice devait avoir des destins bien changeants. Ses portes allaient s'ouvrir aux reliques de cette sainte, quand une populace égarée les dispersa aux jours de la révolution. Alors l'assemblée constituante voulut faire de ce temple vide un tombeau à ceux qui auraient bien mérité de la patrie. A ce titre n'aurait-on pas dû y placer tout d'abord l'héroïque patronne de Paris? Louis XVIII rendit en 1822 cet édifice à sa destination première, qui fut encore une fois changée en 1830. Aujourd'hui les reliques de sainte Geneviève sont contenues dans une châsse, représentant un temple gothique, dans l'église de Saint-Étienne-du-Mont, et son tombeau est placé dans une des chapelles latérales de cette église.

TOMBEAU DE SAINTE GENEVIÈVE.

Mˡˡᵉ JULIE D'ANGENNES,

MARQUISE DE RAMBOUILLET.

Julie d'Angennes, marquise de Rambouilet, était l'une des jeunes personnes les plus distinguées de la cour de Louis XIV. Elle était d'une grande beauté, mais d'une constitution fort délicate, d'un esprit très-cultivé et plein de charme: elle fut du petit nombre des courtisans qui n'eurent pas besoin de feindre la piété quand il convint au grand roi d'amender sa vie et de rendre dévote une cour licencieuse. A l'époque dont nous parlons, elle ne devait pas avoir plus de dix-sept ans.

C'était au plus fort de cette horrible peste qui alors ravagea Paris. Le fléau, engendré dans les cloaques de la Cité, avait déjà fait d'affreux ravages parmi le peuple, et il entrait dans les palais pour y chercher de plus illustres victimes. L'hôtel Rambouillet n'en fut pas exempt. Mademoiselle d'Angennes avait deux frères; le cadet, dans un âge encore tendre, fut frappé de la peste. Madame de Rambouillet, qui était une excellente mère, ce qui vaut mieux qu'une mère illustre, ne voulut pas abandonner son enfant à des soins mercenaires et craintifs; elle résolut donc de le soigner elle-même; mais aussitôt que mademoiselle Julie, sa fille, eut connaissance de cette résolution, elle se jeta aux pieds de sa mère pour la supplier de ne pas s'exposer à de si grands dangers, et pour là conjurer de lui confier exclusivement le soin de son frère malade. En vain madame de Rambouillet lui fit observer que sa propre santé, sa jeunesse, exigeaient toutes sortes de ménagements, que ce serait déjà pour elle un bien affreux malheur si elle venait à perdre son fils; qu'elle ne pouvait s'exposer à une double perte en lui accordant sa demande: rien ne put vaincre la ferme résolution de cette jeune demoiselle; elle trouva dans son cœur mille raisonnements pour convaincre sa mère qu'au lieu de mourir avec son frère, elle sauverait son frère et ne mourrait pas; puis elle courut se renfermer dans la chambre du pauvre malade, au milieu d'un air empesté.

Jour et nuit elle prodiguait tous les soins imaginables à cet objet de sa tendre affection; elle le consolait, le couvrait de caresses, remplissait auprès de lui les offices les plus rebutants avec une douceur angélique. Mais à peine trois jours furent-ils écoulé, que les deux domestiques qui servaient le jeune de Rambouillet conjointement avec sa sœur tombèrent eux-mêmes frappés de la contagion: un autre qui prit leur place les suivit bientôt. Les malades fussent restés abandonnés sans mademoiselle de Rambouillet, qui servit son frère et ses domestiques avec un zèle égal, infatigable. Cette jeune fille, élevée dans le luxe, se trouva tout à coup transformée en garde-malade intelligente, active, courageuse, forte. Rien ne l'étonnait, rien ne la rebutait. Le femme possède dans son cœur, sous une enveloppe frêle, délicate, les germes des vertus les plus mâles, du courage, de la fermeté, d'un dévouement incroyables. C'est le vent du malheur soufflant autour d'elle qui féconde ces germes heureux, dont les fruits étonnent et confondent.

Le tendre dévouement de mademoiselle de Rambouillet ne put sauver celui qui en était le principal objet. Ce frère, dont la vie lui était plus chère que la sienne, succomba à la violence du mal; mais les serviteurs victimes de leur zèle souffraient encore, et mademoiselle de Rambouillet ne voulut quitter l'infirmerie qu'avec le dernier malade.

Cette conduite angélique fit l'admiration de toute la cour. Le roi voulut en connaître tous les détails, et chargea M. le duc de Montausier, qui n'était encore, je crois bien, que marquis de Salles, mais déjà l'ami du roi, de porter à mademoiselle de Rambouillet le témoignage de son admiration et de sa profonde estime pour elle.

Le marquis de Salles, en remplissant cette mission, fut si charmé de mademoiselle de Rambouillet, qui à cette grande vertu joignait une modestie plus grande encore, qu'il dit au roi en revenant: «Sire, je viens de voir la jeune personne la plus accomplie de votre royaume, et je serais l'homme du monde le plus heureux si mademoiselle de Rambouillet voulait unir son sort au mien.» M. de Montausier menait une vie fort dissipée; le roi lui répondit: «Ce sera donc un diable qui épousera un ange? — Sire, la vertu est contagieuse, elle pourra me gagner,» répondit le marquis.

Peu de temps après, M. le marquis, qui était devenu duc, et qui était l'un des plus beaux partis de la cour, épousa mademoiselle de Rambouillet. Dieu bénit ce mariage, contracté sous de si heureux auspices. M. de Montausier devint, on le sait, l'un des hommes les plus probes de la cour de Louis XIV; en le donnant pour gouverneur au dauphin, le roi dit à son fils: «Voilà l'homme que j'ai choisi pour avoir soin de votre éducation; je n'ai pas cru pouvoir rien faire de mieux pour vous et pour mon royaume.»

M. de Montausier succéda au duc de Longueville dans le gouvernement de Normandie; il était à Saint-Germain quand on apprit que la peste exerçait à Rouen ses plus grandes fureurs. M. de Montausier, digne époux de mademoiselle de Rambouillet, partit à l'instant pour son gouvernement, se renferma dans ces murs maudits, et y déploya un courage, une activité, une fermeté tels, que soudain le mal se ralentit pour disparaître bientôt entièrement. Il disait à ceux qui lui conseillaient de se soustraire au danger: «Serais-je par hasard moins courageux que mon épouse à seize ans? La vertu n'est-elle pas contagieuse?»

JEANNE GRAY.

Vers la fin du mois de mai 1650, par une de ces magnifiques soirées qui, à cette époque de l'année, viennent rasséréner le ciel brumeux de l'Angleterre, deux enfants se promenaient sous les ombrages parfumés du château de Windsor, antique demeure des monarques anglais; ils étaient tous deux du même âge, douze ans environ; ils portaient les magnifiques costumes de cette époque, siècle célèbre de la Renaissance. Celui qui aurait pu les entendre vanter les charmes de l'étude et d'une modeste obscurité, exalter au-dessus de tous les biens de ce monde le bonheur que donnent la vertu et la bienfaisance, celui qui, sans les voir, les aurait entendus conversant sur la théologie et l'histoire, en grec et en latin, les aurait pris pour deux graves docteurs de l'université d'Oxford; et celui qui les aurait connus, qui les aurait vus tous deux pleins de vie, de grâce et de talents, tous deux comblés des dons de la fortune et de la nature, n'aurait jamais osé prédire que ces deux enfants, dont l'un était le jeune roi Édouard VI, fils de Henri VIII, et l'autre lady Jeanne Gray, auraient, avant quatre années, pavé de leur vie le triste bonheur d'être nés sur les marches du trône et de s'y être assis. Cependant, le 6 juillet 1553, l'Angleterre apprit que son jeune roi n'existait plus, et l'opinion publique accusait hautement le duc de Northumberland, son premier ministre, de l'avoir empoisonné. Ce même homme avait depuis peu marié son fils, Guilfort Dudley, à lady Jeanne Gray, encore enfant; c'est là une des nombreuses tyrannies qui sont imposées aux princes, de ne pouvoir disposer de leur cœur. Jeanne Gray avait seize ans à peine, mais, depuis plusieurs années déjà, elle avait attiré l'attention publique par la réunion des plus rares qualités. Un historien anglais, Heylin, en trace le portrait suivant: «Reine des cœurs avant de l'être du royaume, elle portait sur son visage des caractères de souveraineté plus aimables et plus glorieux que ceux qu'on ne tire que de la succession de ses ancêtres. Sa beauté, qui effaçait toutes celles d'Angleterre, était dans tout son éclat. Une grâce qu'on ne peut décrire l'accompagnait toujours. Ses paroles, ses actions, son air, tout était ravissant en elle. Ces perfections étaient soutenues par les plus nobles dispositions de l'esprit et du cœur, cultivées par l'étude et couronnées par la piété. Elle donnait à la lecture le temps que les enfants de son âge et de sa qualité passent au milieu des jeux et des spectacles. Toute son occupation était d'orner son âme des plus belles connaissances de la nature et de la morale, sans se soucier de parer son corps avec trop d'art, contente des agréments dont la nature l'avait si libéralement pourvue. Elle possédait parfaitement les langues grecque et latine, ainsi que les notions les plus étendues sur la philosophie et la théologie. Elle avait été élevée avec le jeune roi Édouard VI, et ce prince avait conçu pour elle une estime et une affection toutes particulières. Elle était, du reste, sa cousine, étant petite-fille de Marie, douairière de France, sœur d'Henri VIII.»

Le duc de Northumberland, en donnant son fils pour époux à Jeanne Gray, avait eu la coupable et ambitieuse pensée de faire passer dans sa maison la couronne d'Angleterre. Ce n'est pas que cette jeune princesse fût l'héritière légitime du roi Édouard VI, qui avait deux sœurs, Marie et Élisabeth; mais à cette époque l'Angleterre était divisée par des questions religieuses: les uns prêchaient les doctrines nouvelles de Luther, les autres défendaient avec ardeur les anciennes traditions de l'Église romaine; les conseillers d'Édouard VI lui inculquèrent de bonne heure les idées nouvelles. Quand ils virent approcher la mort de ce jeune roi, ils craignirent avec raison de perdre toute leur influence si Marie, son héritière légitime et sa sœur, fort attachée à l'Église romaine, venait à monter sur le trône. En conséquence, ils résolurent de la faire déshériter en faveur de Jeanne Gray, élevée comme lui dans la religion réformée. Ces conseillers étaient poussés à cette injustice par leur propre intérêt, mais bien plus encore par les conseils de Northumberland. En conséquence, on circonvint le jeune roi mourant, on lui représenta que si sa sœur venait à lui succéder, l'Angleterre perdrait tout le fruit des travaux de son règne, que la religion romaine remonterait avec elle sur le trône, et que la patrie serait livrée aux plus grands troubles. On ajoutait que la naissance de ses deux sœurs, déclarées illégitimes par le parlement, les rendait incapables à succéder. On fit tant et si bien, que ce jeune prince ne vit plus qu'un devoir à remplir dans une mesure qui satisfaisait aux intérêts de sa religion, quoiqu'elle blessât le droit de ses deux sœurs; il écrivit lui-même un testament qui instituait Jeanne Gray son héritière; on le revêtit de toutes les formes légales; il fut porté à la chancellerie, et scellé du grand sceau de l'État.

Toutes ces choses s'étaient passées à l'insu de Jeanne Gray, qui depuis son mariage s'était retirée dans les environs de Londres, au château de Durham. Aussitôt après la mort du jeune roi, le duc de Northumberland vint l'y chercher, et la conduisit à la Tour sans aucunement la prévenir de ce qui l'y attendait.

A peine arrivée à Londres, lady Jeanne Gray fut environnée d'hommages et de respects, auxquels elle ne put d'abord absolument rien comprendre; mais elle eut bientôt le mot de cette triste énigme. La duchesse de Northumberland, sa belle-mère, étant entrée dans l'appartement avec la duchesse de Suffolk, sa mère, la marquise de Northampton et tous les lords conseillers; le duc de Northumberland, qui était président du conseil, prit la parole: «Le roi est mort, madame, lui dit-il; il vous a désignée pour lui succéder; il a enjoint à son conseil de vous proclamer et faire reconnaître reine d'Angleterre, à l'exclusion de ses deux sœurs, Marie et Élisabeth.» Puis il s'écria: «Longue vie à la reine Jeanne!» A ce moment, toute l'assemblée s'inclina; tous les lords qu'on avait rassemblés déclarèrent qu'ils reconnaissaient Jeanne Gray pour reine, lui jurèrent fidélité, et promirent de la défendre au péril même de leur vie. Mais tous ces beaux serments n'étaient pas même entendus de la pauvre petite reine, sur qui cette scène imprévue avait fait une telle impression, qu'elle semblait avoir perdu l'usage de la raison; elle pâlit, elle trembla, poussa des cris inarticulés et tomba sans connaissance. Quand on l'eut fait revenir à la vie, qu'elle eut recouvré la plénitude de cette rare sagesse qui la distinguait dans un âge si tendre, elle dit:

«Pardonnez, mylords, ces mar-
«ques de douleur que je donne à
«la mort d'un prince qui m'était in-
«finiment cher, et aux malheurs
«dont je crains qu'elle ne soit suivie. C'en est déjà un
«grand pour moi d'avoir été nommée pour lui succéder à
«une couronne qui ne m'appartient pas. Si le larcin de
«l'argent d'autrui est infâme, celui d'un royaume est
«un bien plus grand crime. D'ailleurs je ne suis pas si
«jeune que je ne sache bien le peu de sûreté qu'il y a
«dans de semblables présents de la fortune. Ma liberté
«vaut mieux que cette brillante servitude; et des chaînes,
«pour être d'or, n'en sont pas moins pesantes. J'estime
«plus la paix dont je jouis dans ma condition privée

«que toute la magnificence d'une royauté qui cache,
«sous de belles apparences, des troubles et des cha-
«grins qui se succèdent continuellement l'un à l'autre.
«Si vous m'aimez, laissez-moi dans cet heureux état où
«je suis née, et dont mes études m'ont fait connaître la
«félicité.»

Toutes les personnes présentes la supplient de revenir sur ce refus, disant «qu'elle allait livrer l'Angleterre à l'anarchie, qu'elle devait à la patrie et à sa famille le sacrifice de son repos et de ses goûts; que Dieu l'appelait au trône, qu'elle devait obéir.» Jeanne Gray avait trop de douceur naturelle pour être inflexible: ses parents la priaient; son respect pour eux la trompa, et elle accepta en tremblant et en pleurant ce trône qui devait sitôt se changer pour elle en échafaud. Elle resta donc à la Tour, selon l'usage immémorial qui donne cette triste demeure aux rois d'Angleterre pendant les préparatifs de leur couronnement; elle y fut entourée de tous les conseillers qui l'avaient faite et reconnue reine; et aussitôt des hérauts se répandirent dans la ville de Londres, annonçant, dans un lugubre appareil, la mort prématurée du jeune roi, et lisant au peuple assemblé une proclamation où étaient expliquées les causes de l'élévation de Jeanne Gray. En vain cherchèrent-ils à échauffer le zèle du peuple pour sa nouvelle souveraine; le peuple, dont le bon sens découvrit facilement le fond de cette intrigue, resta indifférent, et attendit, les bras croisés, ce que l'avenir lui apporterait.

Les conseillers du roi défunt, pour se débarrasser du plus grand obstacle qu'ils prévoyaient à leurs desseins, auraient voulu s'emparer de lady Marie. Une lettre du roi lui fut envoyée pour l'engager à venir immédiatement à la cour; mais elle reçut un avis mystérieux, et, au lieu d'obéir, elle se rendit dans le comté de Norfolk. Elle y apprit bientôt tout ce qui se passait à Londres; et, sans en être intimidée, elle écrivit au conseil en souveraine. Considérant ce qui s'était passé comme non avenu, elle ordonnait qu'on la proclamât reine sans délai; que le pardon qu'elle était prête à accorder était à ce prix; et qu'au surplus elle marchait elle-même vers la capitale du royaume, à la tête d'une armée, pour y faire, en tous cas, prévaloir ses droits incontestables. En effet, une nombreuse noblesse, celle qui restait fidèle à la dynastie et à la religion ancienne; les ambitieux, les aventuriers, qui ne manquent jamais, vinrent se grouper autour de Marie, et bientôt elle put disposer d'une armée considérable. Northumberland, de son côté, s'était mis à la tête des troupes et s'avançait au-devant d'elle; mais, au moment d'en venir aux mains, le courage lui manqua; il ordonna un mouvement de retraite qui jeta le découragement parmi ses troupes et parmi ses partisans. Pendant l'absence du duc, les conseillers, renfermés dans la Tour, en sortirent; et, voyant la fortune tourner du côté de Marie, ils la proclamèrent reine, eux qui, peu de jours auparavant, avaient juré fidélité à Jeanne Gray. Le peuple, qui n'aimait pas Northumberland et désirait sa chute, cria longue vie à la reine Marie! On lui distribua de la bière, du vin et de l'argent; on illumina Londres; on chanta un Te Deum. Le comte de Pembroke vint prendre possession de la Tour au nom de la nouvelle reine; Jeanne Gray en sortit; elle revint à Sion-House, après un règne de neuf jours, qui lui apparaissait comme un mauvais rêve; elle quitta avec joie un trône où elle s'était assise avec répugnance, et sur lequel elle n'avait connu d'autres sentiments que l'effroi et la douleur. Enfin, le duc de Northumberland proclamait lui-même la nouvelle reine au moment où il fut fait prisonnier. Bientôt Marie, accompagnée de sa sœur Élisabeth, fit son entrée triomphale à Londres, au milieu d'un concours immense, et fut couronnée reine d'Angleterre.

Assise sur le trône, Marie prit toutes les précautions nécessaires pour s'y maintenir; elle mit en jugement Northumberland et ses principaux adhérents: ils furent condamnés et mis à mort; mais elle ne prit d'abord aucune mesure contre lady Jeanne Gray et son époux. Le peuple savait que cette jeune princesse n'avait été que l'instrument passif des ambitieux; ses vertus, ses talents l'avaient rendue populaire, et il eût été dangereux d'attenter à sa vie.

Cependant, les premières terreurs passées, Marie crut devoir s'assurer de Jeanne Gray et de son époux; on les arrêta, et ils revinrent bientôt en prisonniers dans cette Tour de Londres où ils étaient entrés en souverains peu de jours auparavant.

La vie de Jeanne Gray sous les sombres voûtes de la Tourne sera pas bien différente de celle qu'elle menait sous les lambris dorés du château de Durham, sous le ciel bleu et les épais ombrages de Windsor. Une passion la dominait, celle de l'étude; on étudie partout. Quand on s'est fait une société de Platon, d'Homère, de saint Augustin, de Virgile, on a toujours sa société près de soi, sans rien redouter du caprice de ses amis, ni de leur mauvaise humeur, ni de la difficulté des communications. On peuple sans effort la plus profonde solitude. Ainsi faisait la pauvre petite reine détrônée.

Bientôt Marie donna l'ordre d'instruire un procès contre Jeanne Gray et mylord Guilfort, son époux. Ils étaient vaincus; les juges, qui auraient tremblé devant eux et se seraient inclinés à leurs pieds s'ils fussent restés sur le trône, les condamnèrent à la peine de mort. Le parlement confirma cette sentence, néanmoins elle resta plusieurs mois sans exécution.

On crut d'abord, cela était si naturel à croire, que Marie épargnerait au moins la vie de Jeanne Gray, sa cousine, une jeune fille si vertueuse, si belle, si bonne, si innocente. Mais la clémence n'était pas la vertu de cette reine. Elle prit prétexte d'une rébellion que fit naître l'annonce de son mariage prochain avec Philippe, prince des Espagnes, pour ordonner l'exécution immédiate de Jeanne Gray et de son époux. On accusait mylord Gray, père de Jeanne, d'avoir suscité cette rebellion.

La triste fin de Jeanne Gray mérite d'être racontée dans tous ses détails.

La veille du jour terrible, on introduisit auprès de cette princesse le docteur Fecknam, doyen de Saint-Paul, qui lui dit: «Je viens vous apporter une terrible nouvelle; vous ne devez plus avoir d'espérance que dans la bonté de Dieu. — Je n'en ai jamais eu, répondit-elle avec fermeté, dans la clémence de ma cousine, aussi je suis prête à tout.»

Le docteur entreprit alors de la consoler, mais elle lui dit que la mort ne l'effrayait pas, qu'elle était bien plus attristée du spectacle des choses de ce monde, et qu'elle le suppliait de l'entretenir des mystères de la vie future. Ce que fit d'abord le vénérable doyen; puis il termina en l'exhortant à abjurer la religion réformée. Elle l'interrompit alors en lui disant «que sa principale étude avait été de
«méditer la bonté infinie de Dieu et de le connaître en sa
«miséricorde: qu'elle n'était pourtant pas ignorante des
«articles de sa foi, prête d'en rendre raison en tout temps:
«mais qu'il lui en restait si peu à vivre, qu'elle trouvait
«plus à propos de l'employer à ses dévotions qu'à des dis-
«putes.» Le docteur crut qu'elle cherchait un prétexte pour différer son exécution. Dans cette pensée, il retourna vers la reine et en obtint un délai de trois jours. Il revint aussitôt à la charge, annonçant cette prolongation à l'infortunée Jeanne Gray, et la sollicitant d'entrer en discussion avec lui. Lorsqu'il eut cessé de parler: «Monsieur, lui
«dit-elle, il n'était pas nécessaire d'aller importuner la
«reine de notre première entrevue pour en obtenir une
«grâce que je ne demandais pas. Vous comprîtes mal le
«sens de mon discours: il était cependant fort clair. Je ne

«cherche point à reculer l'heure de ma mort, je la hâte au
«contraire par mes souhaits, et je prie Dieu avec ardeur de
«me délivrer de cette misérable vie, pour m'en faire pos-
«séder une éternelle et bienheureuse. Aussi j'attends mon
«dernier moment sans inquiétude, et je ne désire rien chan-
«ger aux ordres que la reine a donnés pour le jour de mon
«exécution.»

Ce jour fatal étant arrivé, mylord Guilfort, son mari, lui fit demander une dernière entrevue: «L'entretien que
«souhaite mon époux, répondit-elle à l'envoyé, ne con-
«vient point à notre état; au lieu de nous consoler, il ren-
«drait notre douleur plus vive. Nous avons besoin d'objets
«qui soutiennent notre courage à la vue de l'échafaud, et
«nous devons fuir ceux qui peuvent l'amollir. Peut-il ré-
«pondre de la fermeté de son cœur dans une si triste
«entrevue? Pour moi, je connais le mien; il serait trop
«sensible, et je craindrais que ma tendresse ne triomphât
«de toute ma résolution. Je veux, continua-t-elle, lui donner
«une plus haute preuve de mon affection en ne le voyant
«point, que si je consentais au douloureux adieu qu'il me
«veut dire. Sa mort ne devancera la mienne que de quel-
«ques moments, et mon âme volera dans le ciel après la
«sienne. C'est là que nous nous rejoindrons pour ne plus
«nous séparer, et que nous jouirons ensemble, dans la vue
«de Dieu, d'un bonheur que nous n'avons pu trouver sur
«la terre.»

Les nouvelles instances que fit faire auprès d'elle son époux furent également repoussées; mais bientôt elle ne put s'empêcher de fondre en larmes; on vit combien ce sacrifice, que lui commandait sa raison, coûtait à son cœur. La nature avait repris son empire, l'héroïne avait disparu pour ne plus laisser place qu'à la femme bonne, sensible, affectueuse.

Il ne faut pas oublier, en face de ce courage si grand et si religieux, que c'est une jeune femme de dix-sept ans qui tient cette belle conduite et ce noble langage.

Elle se retira alors en son particulier pour mettre ordre à ses affaires et se préparer à la mort; elle écrivit à son père, à différentes personnes et à sa sœur. L'histoire a conservé cette dernière lettre, écrite en grec, et dont je ne puis me dispenser de donner un extrait:

«Ma sœur, je vous envoie un livre dont l'extérieur ne
«doit pas vous rebuter. Le dehors n'en est pas riche,

«mais le dedans renferme des trésors qui surpassent en «valeur toutes les pierres précieuses de l'Orient. Ce livre, «ma chère sœur, est le testament de notre Sauveur, qui «nous fait héritiers de son royaume, quelque indignes «que nous en soyons. Si vous le lisez avec attention et «que vous suiviez les traces qui vous y sont marquées, il «vous introduira dans la vie éternelle. Il vous fournira «d'admirables préceptes pour bien vivre, et vous appren- «dra de plus à bien mourir. Vous y trouverez des trésors «plus grands et plus solides sans comparaison que tous «ceux que vous pourriez espérer de la succession de vos «parents. Mille accidents peuvent vous ravir les derniers: «il n'y a point de puissance capable de vous enlever les au- «tres, lorsqu'une fois vous les aurez acquis. Imitez, ma «chère sœur, la piété de David; désirez comme lui d'en- «tendre la loi de Dieu; vivez pour mourir, afin de mourir «pour vivre. Ne comptez ni sur la fleur de votre jeunesse «ni sur la vigueur de votre tempérament: lorsque votre «heure sera venue, rien ne la pourra retarder. Dieu a ré- «glé nos jours, et nous ne pouvons les prolonger. Au reste, «ma chère sœur, ne vous affligez point de ma mort: ayez- «en plutôt la même joie que j'en ai. Je me dépouille de la «corruption pour revêtir l'incorruption, et je vais échan- «ger une vie courte et périssable avec une immortelle. «Adieu, ma chère sœur: mettons toute notre espérance «en Dieu seul, puisque lui seul nous peut sauver.»

Pendant ce temps, milord Guilfort, son époux, était exécuté. On présenta, dit-on, sa tète sanglante à Jeanne Gray, pour l'effrayer et vaincre celte grandeur d'âme dont elle donnait un si bel exemple; mais

elle soutint encore avec énergie cette terrible épreuve, et dit: «Adieu, mon
«époux; la plus noble partie de vous-même est déjà dans
«le ciel, et je vais la rejoindre.»

Une heure après, on vint la prendre pour la conduire au lieu de l'exécution; elle devait périr sur le même échafaud où venait de mourir son époux, sur la place publique, au milieu du peuple: mais on craignit que la vue de cette jeune femme si belle, si courageuse et si innocente, n'éveillât de trop vives sympathies et n'excitât quelque mouvement; on dressa donc un échafaud dans l'intérieur de la Tour de Londres; on ne laissa pénétrer que fort peu de monde. Le lieutenant de la Tour vint l'avertir que la justice l'attendait; elle le suivit aussitôt. Ses femmes pleuraient et gémissaient: elle les consola; elle fit à chacune d'elles des présents avec les objets qu'elle avait alors en sa possession; elle remercia aussi le lieutenant des soins et des égards empressés qu'il avait eus pour elle pendant sa captivité. Celui-ci se prosterna à ses genoux, et lui demanda avec instance de l'honorer de quelque présent qui lui rappelât constamment le souvenir d'une princesse si grande et si malheureuse. Jeanne Gray n'ayant plus rien dont elle pût disposer que ses tablettes, elle les prit, et y écrivit ces trois sentences en trois langues différentes. La première était en grec et portait: Que si son corps qui allait souffrir la mort était un témoin contre elle devant les hommes, son âme, qui allait jouir de la félicité du paradis, en serait un de son innocence devant Dieu. La seconde, en latin, contenait; Que la justice des hommes allait s'exercer sur son corps, mais que la miséricorde de Dieu allait se déployer sur son âme. La troisième était en anglais, et conçue en ces termes: Que si sa faute était digne de punition, son imprudence et sa jeunesse l'étaient d'indulgence, et qu'elle espérait que la postérité lui serait favorable. Cela fait, elle sortit de sa chambre, et monta avec courage et fermeté sur l'échafaud; elle se tourna aussitôt vers le peuple, et dit au milieu du plus religieux silence:

«Je confesse ma faute d'avoir porté la main à la cou-
«ronne qui ne m'appartenait pas, non que je l'aie ni usur-
«pée ni même désirée. mais je n'ai pas eu assez de con-
«stance pour ne la pas recevoir des mains de ceux qui m'ont
«forcée à la prendre. L'ambition n'eut point de part à
«mon crime: c'est le respect que j'ai eu pour ma famille
«qui me l'a fait commettre. Je ne prétends pas cependant
«me justifier. Les lois de l'État me jugent digne de mort,
«et je viens la souffrir. C'est ainsi qu'en obéissant à la
«justice j'espère expier la faute que j'ai faite en cédant à
«mes parents.»

En ce moment un messager de la reine Marie vint parler au docteur Fecknam, qui accompagnait Jeanne Gray; une joie extrême se manifesta dans toute l'assistance; plusieurs cris se firent entendre pour demander grâce. Le docteur s'approcha de la jeune victime, et on pense qu'il la supplia de renoncer publiquement à la religion réformée; mais Jeanne Gray s'avança silencieusement vers le billot, y posa sa tête, en récitant à haute voix le psaume: Seigneur, je remets mon esprit entre les mains; puis elle reçut le coup fatal qui termina sa vie et ses malheurs.

Jeanne Gray avait dix-sept ans au plus; elle était restée neuf jours sur le trône et six mois et demi en prison.

Celte exécution jeta la consternation dans toute la ville de Londres. Ceux qui avaient jugé Jeanne Gray avaient compté sur la clémence de la reine Marie pour annuler ou du moins adoucir une sentence qu'ils n'avaient pas osé refuser. Morgan, qui prononça l'arrêt, fut pénétré d'une douleur si vive aussitôt qu'il en apprit l'exécution, qu'il tomba en frénésie. L'image de cette jeune victime était toujours devant ses yeux; il s'écriait, dans ses accès, qu'on la fit retirer. La reine Marie elle-même se plaignit de la promptitude qu'on apporta dans le supplice; son intention était, disait-elle, de faire grâce.

Jeanne Gray en avait appelé à la postérité du jugement qui l'avait condamnée; son espérance ne fut pas trompée: la postérité lui a été favorable, et on la vénère aujourd'hui dans toute l'Angleterrre comme la princesse la plus accomplie qui soit montée sur le trône de la Grande-Bretagne. Quelques historiens ne lui donnent pas place parmi les rois. Elle se peut bien passer de cet honneur; ce n'est pas le trône, mais la vertu, qui fait les hommes véritablement grands et respectables, l'histoire donne une place bien plus belle à Jeanne Gray répandant son sang sur l'échafaud qu'à la reine Marie ensanglantant son trône par la mort de sa parente.

HAL-MEHI-CANTIMIRE,

Hal-Mehi-Cantimire s'était éveillée le matin dans le palais paternel, et le soir elle n'y rentra plus; sa vieille tante l'était venue chercher, et l'avait emmenée chez elle, lui disant que Meliabeth son père était parti pour aller combattre les ennemis de la Perse, et qu'il devait bientôt être de retour. La pauvre enfant avait attendu cinq ans, et elle ne conservait plus d'espérance. En vain elle allait chaque soir errer autour du palais du Sophi, où elle savait que son père allait souvent; en vain elle demandait à tous les seigneurs qu'elle rencontrait s'ils n'avaient point vu l'auteur de ses jours, s'ils ne pouvaient lui indiquer sa retraite, lui dire les lieux qu'il habitait, ou si la mort l'avait frappé et ravi pour toujours à sa tendresse. Toutes les réponses qu'on lui faisait ne la satisfaisaient pas, quand enfin un vieil ami de son père eut pitié de cette triste persévérance, de cette douleur à laquelle le temps n'apportait pas de remède: il la rencontra un soir, triste et solitaire, dans les jardins du palais;

il s'approcha d'elle, et lui dit: «Hal-Mehi, votre piété filiale m'inspire pour vous une admiration et une confiance sans bornes. Je vais vous confier le secret que vous désirez tant connaître: n'oubliez jamais que si l'on découvre celui-qui vous l'a révélé, je paierai de ma tête cette indiscrétion. Meliabeth, mon ancien général, votre illustre père, n'est pas mort; injustement condamné, on le retient prisonnier dans la tour du détroit de Bassora. Nul ne peut dire quel sera le terme de sa captivité ; mais espérez, chère et pauvre enfant, il se peut faire que votre père soit rendu à votre amour. Lui seul peut nous guider encore à la victoire, et les bruits de guerre retentissent de tous les points de l'empire. Allez; que Dieu vous garde.»

Ayant ainsi parlé, le vieux Persan quitta Hal-Mehi et se perdit sous les ombrages sombres. Hal-Mehi fut tout étourdie de cette révélation inattendue. Enfin elle connaissait le sort de ce père chéri; elle pouvait, elle devait le revoir: toute la nuit, elle conçut mille projets, elle établit mille plans qui devaient la conduire auprès de lui et le délivrer; mais tous les moyens d'exécution lui manquaient. Faible, pauvre, isolée, comment accomplir un projet devant lequel aurait reculé l'homme Je plus intrépide? Comment entreprendre ce voyage sans argent, sans aucune connaissance des lieux? Comment pénétrer dans cette formidable prison, baignée par les eaux impétueuses du Tigre, gardée par des soldats impitoyables, et qui répondent sur leur propre tète du malheureux Meliabeth? Comment pouvoir le rendre à la liberté ? Hal-Mehi ne savait sans doute pas comment vaincre ces difficultés; mais la volonté ferme, inébranlable, où elle était de revoir au plus tôt son père, lui fit prendre la résolution de quitter sa tante et d'aller habiter la ville de Bassora, où elle aurait au moins la consolation de savoir son père près d'elle, d'avoir peut-être de ses nouvelles, de respirer le même air que lui. Mais comment quitter cette bonne tante? Ne pas la prévenir, c'était la jeter dans les plus affreuses inquiétudes; lui dire le but de ce téméraire voyage, n'était-ce pas trahir le secret promis, et exposer le généreux Persan qui lui avait découvert la prison de Meliabeth? Dans cette difficile situation, elle ne voulut suivre que les inspirations de l'amour filial; elle écrivit à sa tante qu'elle s'absentait pour quelques jours seulement, qu'elle n'eût aucune crainte sur son sort, et qu'elle reviendrait bientôt auprès d'elle lui apporter une grande joie, et pour ne la plus jamais quitter. Puis elle se mit en route pour Bassora.

Hal-Mehi Cantimire était née à Mendeli, dans le Kourdistan, vers le milieu du dix-huitième siècle; elle était fille de Meliabeth, général au service du sophi Mirza-Abbas, qui régnait à Ispahan, jadis capitale de toute la Perse. L'enfance de cette jeune Persane n'aurait eu rien de remarquable sans la courageuse entreprise qu'elle conçut et exécuta pour la délivrance de son père. Mais, auparavant, il faut savoir que Meliabeth, après avoir servi longtemps son pays, s'était rendu si considérable par ses victoires, par l'affection de l'armée, par une vie toujours pleine de vertus et de gloire, que le Sophi en conçut de l'envie et de la crainte: or, comme dans ce pays, soumis au plus absolu despotisme, la vie, la liberté des citoyens est à la merci du maître, un matin on avait arrête Meliabeth; on l'avait accusé d'un crime imaginaire, et jeté en prison, en répandant le bruit de sa mort soudaine. Quelques courtisans savaient seuls le destin du vieux général, et il leur était défendu, sous peine de mort, de le révéler.

Arrivée à Bassora, ville distante d'Ispahan d'environ cent lieues, Hal-Mehi Cantimire n'eut pas d'autre moyen d'existence que de se mettre au service d'un fabricant de toiles peintes de cette ville, elle, élevée comme les filles de la plus haute noblesse, dans toutes les jouissances du luxe et de la grandeur. Elle était jeune, à peine si elle comptait seize ans, et quoique sous les vêtements de l'indigence, elle était belle, pleine de distinction et de majesté. Son maître s'aperçut bientôt qu'elle n'était pas née pour être servante, et il la pria avec toute sorte d'instances de lui confier les causes de sa condition présente, les motifs de son déguisement, l'assurant que, s'il était en son pouvoir de lui être utile, il ne négligerait rien pour y parvenir, qu'elle pouvait disposer de lui et de sa fortune. Hal-Mehi avait déjà acquis la triste certitude que toute seule elle ne pouvait rien pour la délivrance de son pauvre père; elle résolut donc de confier son projet à ce protecteur inattendu que le ciel lui envoyait. Le nom de Meliabeth était populaire et vénéré en Perse; aussi, à peine le fabricant l'eut-il entendu prononcer, qu'il redoubla de soins et d'égards pour sa fille infortunée. Dès lors Hal-Mehi ne fut plus une servante; bien qu'elle crût, pour la réussite de son projet, devoir garder tous les dehors d'une position subalterne, elle put quitter ses travaux habituels pour s'occuper de tous les moyens de mener à bien sa pieuse entreprise.

Elle prit d'abord une connaissance bien exacte des lieux qui environnaient la tour où Meliabeth était prisonnier. Elle fut bientôt convaincue que personne n'y pouvait pénétrer ouvertement, sous aucun prétexte; qu'un seul chemin était ouvert au courage et à la ruse, et que ce chemin il fallait le parcourir la nuit et à la nage dans les ondes impétueuses du Tigre. Dès lors elle ne fit plus autre chose que d'apprendre à nager: plusieurs fois le jour, plusieurs fois pendant la nuit sombre, elle se jetait dans le fleuve au péril de sa vie. Elle dut se livrer pendant plusieurs mois à ce dangereux et pénible exercice, plusieurs fois interrompu par la fièvre ou par d'autres maladies. Souvent elle rentrait toute meurtrie et sanglante. Enfin elle acquit une habileté et une intrépidité incroyables. Alors, sûre d'elle-même, elle prit congé de son généreux complice, se recommanda au ciel, et se précipita dans le fleuve. Après une longue lutte, après des efforts inouïs, après avoir trompé la vigilance des gardes, placés de distance en distance, elle finit par aborder sur une roche d'où elle découvrait parfaitement la tour. Elle y resta jusqu'aux premiers rayons du jour, tenant les yeux constamment fixés sur le lieu où était renfermé ce qu'elle avait de plus cher au monde. Le ciel avait voulu récompenser un si beau dévouement, car elle aperçut bientôt Meliabeth, qui s'était mis à la petite lucarne grillée de sa prison pour jouir du magnifique spectacle du soleil se levant sur les ondes agitées. Le moindre cri qu'elle poussa dans cette vaste solitude suffit pour attirer vers elle les regards de son père; elle ne put contenir sa joie à la vue du veillard, car elle ne pouvait douter que ce fût bien son père. Cependant, comme elle était encore à une grande distance, elle ne fut pas reconnue de lui, qui n'aurait jamais osé croire que sa fille était devant ses yeux. Le grand jour la surprit sur cette roche, tout entière à son bonheur; les barques des pêcheurs commençaient déjà à parcourir le fleuve en tous sens; elle entendait et voyait même les sentinelles se promenant sur les grèves et sur la tour. Elle eut assez de prudence et de raison pour s'arracher à ces lieux qui lui étaient devenus chers: elle reprit sa route périlleuse, se promettant bien de revenir le lendemain.

Pendant plus d'un mois, l'intrépide Hal-Mehi brava presque chaque jour les mêmes dangers, les mêmes fatigues, elle n'eut pas toujours le même bonheur: plusieurs fois Meliabeth ne put se mettre à la fenêtre, ne put observer cette jeune fille mystérieuse qui venait le visiter ainsi au péril de sa vie. Alors Hal-Mehi s'en revenait triste, mais non découragée. Elle prit enfin un parti qui devait mettre un terme à ces incertitudes et à ces dangers. Elle imagina, pour se faire reconnaître, d'écrire son nom en grandes lettres noires sur une toile blanche, et d'attacher cette pancarte sur un pieu qu'elle dressa au sommet de la roche qui lui servait chaque jour d'observatoire.

Ce stratagème lui réussit: Meliabeth lut avec ravissement et effroi ces caractères qui lui rappelaient ce qu'il avait de plus cher au monde. Aussi toute la nuit suivante, il ne quitta pas des yeux cette roche où il devait bientôt voir sa fille adorée. Hal-Mehi s'y rendit selon son habitude. Comment décrire leurs transports, leur joie muette? ils se la témoignèrent par tous les signes, par tous les mouvements que l'amour sait bien trouver de lui-même.

Mais le jour vint les interrompre: Meliabeth suivit avec angoisse sa fille lorsqu'elle se jeta dans le Tigre et qu'elle se perdit dans ses ondes. Hal-Mehi, de retour à terre, se mit à préparer l'évasion de son père, jugeant qu'elle ne pouvait plus être remise sans danger. Elle écrivit sur une toile à son père le projet qu'elle avait formé de le délivrer; elle lui fixait le jour ou plutôt la nuit qu'elle avait choisie; puis elle appliqua sur cette toile une composition que lui remit le généreux fabricant, et qui la rendit imperméable à l'eau. Elle s'était procuré de petites limes plates avec lesquelles le vieillard pouvait scier les barreaux de sa prison.

Après avoir, cette nuit-là, prié avec plus d'ardeur que les autres fois encore, munie de son précieux bagage, elle prit sa route à travers les eaux. Convaincue que Meliabeth l'attendait, elle ne s'arrêta plus à la roche; elle parvint jusqu'au pied même de la tour, où son père veillait dans la plus vive impatience. Le pauvre Meliabeth avait deviné tout ce qui devait arriver, et il avait, avec une partie de ses vêtements, tressé une espèce de corde dont il laissa tomber un bout dans la mer; Hal-Mehi y attacha sa lettre, ses petites limes, puis elle embrassa cette corde avec des transports et des larmes. Il lui semblait que c'était son père lui même qu'elle couvrait de ses baisers. N'était-ce pas, en effet, quelque chose tout imprégné de lui, qui lui avait servi, qu'il allait toucher, sur quoi il allait recueillir les baisers tièdes encore de sa fille? Et, le cœur tout rempli de joie, la tendre Hal-Mehi se fit violence pour s'enfuir au plus tôt de ce lieu, où elle pouvait à chaque instant être découverte.

Enfin le jour terrible, fatal, arriva pour elle: tout était convenu, arrêté. Les barreaux de la prison de Meliabeth sciés ne résisteraient pas au moindre effort; elle avait fait parvenir à son père une corde à nœuds au moyen de laquelle il pourrait sans danger descendre jusqu'au pied de sa prison. Ce soir-là donc, le fabricant de toiles peintes de Bassora la conduisit jusqu'au bord du fleuve; ils prièrent ensemble; puis il dit: «Allez, généreuse enfant; Dieu vous protégera sans doute; pour moi, je reste ici immobile toute la nuit, je vous suis des yeux et de mes vœux les plus ardents, prêt à vous aider au péril même de ma vie.» Hal-Mehi l'embrassa, fondant en larmes, le remercia de tout ce qu'il avait fait pour elle jusqu'alors, et se précipita pour la dernière fois dans ces ondes qui lui étaient connues.

Le ciel lui fut favorable: elle sut éviter tous les écueils, et les gardes, plus à craindre encore, qui rôdaient autour de la prison sur des barques légères. Elle arriva sans malheur au pied de la tour: Meliabeth l'attendait, il l'eut bientôt rejointe. Comment dire cette scène de tendresse mutuelle quand ils furent dans les bras l'un de l'autre? A peine s'ils en pouvaient croire leurs yeux. Mais, après les premiers et muets épanchements, Meliabeth dit à sa fille: «Chère et malheureuse enfant, ton vieux père peut maintenant mourir, il a serré sur son cœur, non-seulement sa fille, mais la plus héroïque, la meilleure, la plus dévouée de toutes les filles: il remercie Dieu de lui avoir fait celle incomparable faveur, mais il s'en rendrait indigne s'il t'exposait volontairement à la mort en te suivant. Il n'est pas possible que nous échappions à tous ces dangers qui nous menacent, surtout moi que l'âge a rendu faible. Retourne sans ton père à Bassora; il lui suffit de t'avoir embrassée et de le savoir vivante et si pieuse; il n'a plus que quelques jours à vivre, ne nous exposons pas à empoisonner ce reste de vie par quelque malheur. Toi, jeune, va rejoindre ta tante; peut-être le sophi me rendra-t-il bientôt à ton amour; va, chère enfant...» Mais Hal-Mehi ne le laissa pas continuer; elle l'assura qu'elle le sauverait, qu'elle était assez forte pour le soutenir sur les eaux, et qu'elle aimerait mieux mourir plutôt que de le quitter! qu'elle l'avait là avec elle, et que désormais elle vivrait ou mourrait avec lui! Meliabeth vit bien qu'il ne pourrait vaincre cette ferme résolution; il sentait bien aussi que la fuite était son seul moyen de salut: résolus tous deux à tout braver, ils se mirent à nager silencieusement vers le rivage lointain; Hal-Mehi soutenait, encourageait le pauvre vieillard, autrefois si fier, si vaillant sur les champs de bataille, aujourd'hui réduit, à fuir la nuit comme un obscur criminel. Ils firent d'abord bonne route; mais tout à coup Hal-Mehi pousse un cri sinistre, effroyable: son malheureux père, après avoir épuisé toutes ses forces, saisi par le froid, avait disparu sous les eaux. Ce cri, poussé dans une solitude profonde et sur la surface des eaux, eut bientôt éveillé tous les gardes; on s'agite, on inspecte tous les lieux; et bientôt plusieurs barques sont lancées vigoureusement à la poursuite des fugitifs. Cependant Hal-Mehi a ressaisi son père; le danger lui donne de nouvelles forces, elle nage avec la rapidité d'un poisson, soutenant son précieux fardeau au-dessus des ondes; mais les barques les poursuivent toujours; elle a touché le rivage; le généreux fabricant de Bassora accourait pour les recevoir, ils allaient se jeter dans une forêt prochaine, ils étaient sauvés.

Alors une grêle de flèches vint les assaillir et percer Hal-Mehi dans l'épaule gauche. Harassée, brisée de fatigue, les vêtements lourds, imbibés d'eau, perdant tout son sang, elle ne put fuir qu'avec une extrême lenteur; les soldats arrivèrent et les firent prisonniers. Meliabeth et sa sublime enfant furent conduits à Bassora devant le gouverneur; deux heures après, ils étaient jugés et étranglés.

Quand tous les détails de cette évasion furent connus à Bassora et à Ispahan, ce ne fut qu'un cri pour blâmer la précipitation du gouverneur;

le sophi lui-même la désapprouva hautement, et il ne put s'empêcher de pleurer son vieux général, alors qu'il ne pouvait plus le craindre. Il dit qu'il lui aurait certainement pardonné en faveur de sa fille. Bientôt la voix publique proclama si hautement les louanges d'Hal-Mehi-Cantimire, que le sophi institua une fête publique en son honneur. On érigea une statue de marbre blanc à cette jeune héroïne: elle est représentée au moment où elle reçoit dans ses bras son père descendant de la tour.

Chaque année, cette fête est célébrée encore avec pompe: de toutes les contrées voisines arrivent de pieux pèlerinages à Bassora; les jeunes personnes viennent au pied de cette statue déposer des couronnes, des fleurs, des fruits; puis elles vont visiter les lieux où Hal-Mehi a couru de si grands dangers, et où elle trouva enfin une si belle mort.

Le fabricant de toiles peintes dont nous avons parlé fit peindre les malheurs de Meliabeth et de Cantimire, et imprima ces peintures sur ses toiles. Bientôt tout le monde en orna ses appartements; sa fabrique acquit une immense réputation, et il fit une fort belle fortune. Les richesses ne le consolèrent jamais de la perte de Cantimire: il dépensa des sommes considérables pour honorer sa mémoire, et ii n'en pouvait jamais parler sans verser des larmes.

On a traduit du persan en français l'épitaphe de la jeune Hal-Mehi:

HAL-MEHI ne parut qu'un instant sur la terre:
Mais, ô jeunes personnes, ne pleurez pas son sort:
Sauvant Meliabetb, elle affronta la mort.
On est au rang des dieux quand on meurt pour son père

MADEMOISELLE MARGUERITE ESTAN-CELIN.

Mademoiselle Marguerite Estancelin vivait à Dieppe vers le milieu du dix-huitième siècle; elle était fille d'un échevin de celte ville. Cette jeune personne, riche, bien faite, fort aimable et remplie d'instruction, pouvait prétendre aux plus beaux partis; elle voulut rester vierge, pour pouvoir se consacrer plus parfaitement à la bienfaisance, qui fut la passion de toute sa vie.

Elle était à peine âgée de sept ans, qu'elle avait déjà ses pauvres; c'étaient de malheureux ouvriers, des matelots blessés ou trop vieux pour pouvoir affronter encore les périls de la mer, qui venaient le soir, en tapinois, sous sa fenêtre, se cachant, tout honteux, pour recevoir ses bienfaits.

Elle demeurait tout en face de l'Hôtel-Dieu; chaque jour elle voyait entrer dans l'hôpital de pauvres malades; puis elle les voyait souvent sortir, échappés à la mort pour se trouver en face de l'indigence; d'un malheur ils tombaient dans un plus grand: l'interruption forcée de leur travail habituel, l'épuisement de leurs forces et de leurs faibles ressources, les livraient sans ouvrage à tous les besoins de la vie, et les réduisaient souvent au désespoir ou au crime. Son père ne lui refusait jamais l'argent qu'elle lui demandait pour ses menus plaisirs; dès l'âge de neuf ans, elle se mit à amasser un petit trésor, cachant soigneusement à tous son projet. Tout ce qu'elle pouvait avoir de son père, de ses parents, les petits cadeaux qu'on lui faisait aux époques chères à l'enfance, à sa fête, aux étrennes, tout allait s'entasser dans le petit magasin. Son père, dont elle était l'unique enfant, remarquait avec peine que l'argent donné à sa fille ne se dépensait pas; il ne pouvait expliquer qu'une aussi charmante enfant pût déjà avoir cette insatiable passion de l'or, qui ne vient d'ordinaire qu'aux vieillards. Deux ans se passèrent ainsi. Un grand jour était venu pour mademoiselle Estancelin; elle était allée pour la première fois à la table sainte accomplir l'acte important de la vie d'une jeune chrétienne, sa première communion. De retour à la maison paternelle, toutes sortes de fort jolis cadeaux lui furent faits; M. Estancelin allait aussi présenter le sien à sa fille chérie, quand celle-ci l'arrêta, lui disant: «Je vous demande, mon cher père, comme une grâce, de choisir moi-même le présent que vous voulez me faire. Je vois déjà tous les bijoux que vous allez me donner; mais vraiment ceux de ma pauvre mère, que vous me destinez, me suffiront toujours; ne pourriez-vous convertir ceux-ci en une somme de cinq cents livres dont j'ai un pressant besoin? — Chère enfant, lui répondit son père étonné, je veux faire assurément tout ce qui te conviendra; mais toi, ne me diras-tu pas quel est ce pressant besoin et ce que tu peux avoir à faire de cette somme?» Mademoiselle Marguerite tira son père en particulier, et, lui sautant au cou, elle lui dit: «Voici deux mille cinq cents livres que j'ai amassées; avec les cinq cents livres que vous m'allez donner, cela fera trois mille; vous les placerez sur l'Hôtel-de-Ville aujourd'hui même; cela produira, si je sais bien compter, une rente de cent cinquante livres que je veux assurer aux pauvres indigents qui sortent sans ressource de l'Hôtel-Dieu, et dont la vue me fait chaque jour tant souffrir. » Le père, attendri, s'empressa d'accomplir à l'instant la volonté de sa fille, pour sanctifier ce jour mémorable pour elle.

Dès ce moment, la vie, hélas! trop courte, de mademoiselle Marguerite Estancelin ne fut plus qu'une suite des plus admirables actions. C'est à elle que Dieppe doit l'établissement des Sœurs grises; elle employa les quarante mille livres de sa dot à cette fondation. Elle ne s'en tint pas là, elle alla solliciter toutes les personnes riches de contribuer à cette bonne œuvre, et elle parvint ainsi à fonder une maison considérable.

Ces sœurs étaient tenues de donner de la soupe à tous les pauvres qui se présentaient. Elles pansaient les blessés et soignaient les malades indigents qui ne pouvaient être admis à l'Hôtel-Dieu.

Un chapelain de Dieppe avait une sœur qui laissa à sa charge, en mourant, sept pauvres petits orphelins. Le bon homme mit tout en œuvre pour pouvoir nourrir et élever cette famille inattendue; mais en vain s'imposa-t-il les plus grandes privations, il ne pouvait y parvenir. Mademoiselle Estancelin eut connaissance de sa détresse: elle se rendit auprès de lui, et se chargea de ces pauvres petits malheureux, auxquels elle assura une existence jusqu'à l'âge de quinze ans. Pendant quelques années qu'elle vécut encore elle prit soin d'eux comme s'ils eussent été ses propres enfants.

Cette jeune personne était admirable en toute sa conduite: douce, bonne, avenante, elle était chérie de tout le monde. On ne pouvait lui faire éprouver un plus grand déplaisir que de lui parler de ses bonnes œuvres. Quand la révolution éclata, elle fut peut-être la seule personne dans Dieppe qui put impunément se livrer à toutes ses pratiques religieuses. On la regardait comme un ange venu sur la terre, et les plus farouches n'auraient osé toucher à cette jeune fille adorée de tous. Elle était d'une faible santé ; son père ne put jamais obtenir d'elle qu'elle en prît un soin convenable: elle sortait à toute heure du jour et de la nuit, quand elle savait qu'elle pouvait être utile. Pendant l'hiver assez rigoureux de 1797 à 1798, elle gagna un très-fort rhume qu'elle négligea, et qui la conduisit au tombeau l'automne suivant. Elle mourut le 5 octobre 1798. Elle eut le plus beau cortége funèbre qu'on puisse désirer, la pompe des larmes et des regrets; la ville entière l'accompagna jusqu'à sa dernière demeure. Sa tombe fut longtemps comme un lieu saint où les pauvres allaient s'agenouiller, prier, et déposer des fleurs ou de minimes offrandes à leur bienfaitrice.

CHRISTINE DE SUÈDE.

(PORTRAIT DE GUSTAVE-ADOLPHE.)

Les grands hommes, on l'a vu trop souvent, peuvent ne pas être des hommes vertueux; l'histoire, qui ne doit à tous que la justice, exalte leurs talents, leurs grandes actions, et flétrit leur conduite privée. La jeunesse de la reine Christine fut sans doute digne d'admiration; mais son éducation fut, à notre avis, entachée d'un vice capital: jeune fille, elle fut élevée d'une manière toute virile; aussi n'eut-elle aucune de ces vertus charmantes, obscures, toutes parfumées de modestie et de pudeur, qui doivent être le plus bel ornement et qui sont la plus grande gloire de la femme. En dépit des théories modernes, il faut bien convenir que les femmes ne peuvent tout à la fois participer des deux sexes: elles n'acquièrent les vertus de l'homme qu'à la condition de perdre les charmes de la femme. On le voit bien par l'histoire de Christine de Suède, qui fut, à vrai dire, un homme fort illustre, mais une femme dont la vie ne peut être proposée pour modèle. Cependant il ne faut pas la juger trop sévèrement: ses défauts furent bien plutôt la faute de son éducation que la sienne propre; on a tout fait pour la rendre ce qu'elle est devenue; la nature elle-même sembla s'être trompée en la mettant au monde: en effet, elle naquit avec plusieurs des signes distinctifs d'un autre sexe. Tout son corps était velu, à l'exception du visage et des bras; elle avait une voix forte et sombre: les femmes répandirent dans le palais le bruit que c'était un garçon. L'erreur ne fut pas de longue durée, et la reine, inconsolable de n'avoir pas eu un fils, trouva sa fille laide, ayant un teint basané, des traits mâles et durs; elle rebuta cet enfant. Le roi n'en témoigna aucune tristesse; il ordonna des réjouissances publiques, et les fêtes accoutumées à la naissance de l'héritier présomptif de la couronne. A la princesse Catherine, sa sœur, qui s'était chargée du soin de le désabuser, il dit tranquillement: «Remercions Dieu, ma sœur; j'espère que cette fille me vaudra bien un garçon. Je prie Dieu qu'il me la conserve puisqu'il me l'a donnée.» Et il ajouta en riant: «Cette fille sera habile, car elle nous a tous trompés.»

Christine naquit le 18 octobre 1628. Tous les astrologues avaient prédit qu'il devait naître un prince; le roi de Suède, son illustre père, Gustave-Adolphe, était dangereusement malade, ils faisaient craindre pour ses jours; ils disaient aussi qu'il fallait trembler pour la reine et son enfant: la conjonction des planètes le voulait ainsi. Jamais l'astrologie, la science des sots et des crédules, ne fut plus en défaut. Le roi recouvra promptement la santé, la reine se rétablit heureusement, et l'enfant, Christine de Suède, vécut de longues années; bien plus, toutes les tentatives faites pour abréger ses jours échouèrent constamment.

Quelque temps après sa naissance, une poutre tomba près du lit où elle dormait, sans l'atteindre; les femmes chargées de prendre soin d'elle lui firent faire plusieurs chutes dangereuses, soit par imprudence, soit peut-être par des attentats contre sa vie, comme Christine elle-même le certifie dans ses Mémoires; mais, de tous ces accidents, il ne lui resta qu'un peu d'irrégularité dans la taille, défaut qu'elle sut cacher par sa manière de s'habiller.

Gustave-Adolphe eut le tort, selon nous, de donner à sa fille une éducation tout à fait virile. Il la menait avec lui dans ses voyages; et elle n'avait pas deux ans encore, qu'il la conduisit à Colmar. Le gouverneur de la place demanda s'il fallait faire, à l'arrivée de Sa Majesté, les salves accoutumées de la garnison et des canons de la forteresse, parce que l'on craignait d'effrayer la jeune Christine. Gustave hésita d'abord; mais après un instant de silence: «Faites tirer, dit-il: elle est fille d'un soldat, il faut qu'elle s'accoutume au canon.»

L'enfant, loin de s'épouvanter de ce bruit militaire, riait, battait des mains et demandait par ses gestes et par sa joie qu'on redoublât. Depuis ce moment, Gustave, qui recueillit avec complaisance les marques d'intrépidité naturelle de sa fille, la mena voir la revue de ses troupes, et, observant le plaisir qu'elle prenait à cet appareil martial, il lui disait: «Allez, laissez-moi faire, je vous mènerai un jour en des lieux où vous aurez contentement.»

Cependant Gustave fut appelé à prendre le commandement des troupes confédérées, pour arrêter dans son cours la puissance formidable de la maison d'Autriche. Cette guerre devait être longue; le roi en prévit toutes les chances, et disposa tout comme s'il ne devait plus revenir dans sa capitale. Il fit reconnaître sa fille par les états et par les armées pour son unique héritière et pour reine de Suède, s'il venait à mourir. Il chargea la princesse Christine, sa sœur, et le prince palatin son beau-frère, de l'éducation de cette fille chérie, et laissa aux états le soin de fixer le temps de la majorité de leur jeune souveraine, suivant la maturité et la capacité de son génie. Ensuite il se disposa pour son grand voyage. On avait appris à la petite Christine un compliment qu'elle devait réciter pour ses adieux: Gustave, distrait, marquait peu d'attention; mais l'enfant le tira par son habit, et fit tourner vers elle son père, qui, attendri, la prit entre ses bras et l'arrosa de ses larmes. C'était Hector quittant Astyanax.

Christine fut inconsolable de l'absence de son père; elle pleura plusieurs jours, au point de faire craindre pour sa vue, qui était très-faible: elle ne devait plus le revoir. Le 16 novembre 1632, dans les plaines de Lutzen, Gustave. après avoir mis en déroute les ennemis, et se préparant à poursuivre les fuyards, fut tué à la fleur de son âge, au milieu des siens, sans qu'on ait jamais su d'ou partit le coup qui lui donna la mort. Il semblait que le héros avait pressenti son malheur: avant de livrer la bataille de Lutzen, il écrivit au grand chancelier, le célèbre Axel Oxenstiern, une lettre dans laquelle il traçait ses dernières volontés et lui recommandait de veiller aux intérêts de Christine.

Quand se fut répandue la triste nouvelle, et que le corps du monarque eut été transporté en Suède, la douleur de Christine, alors âgée de quatre ans, fut immense; on ne pouvait la consoler. Quelquefois, pour la divertir, on lui donnait la compagnie des bouffons et des nains, que les cours de l'Europe, et surtout celles d'Allemagne, entretenaient autrefois; mais la jeune princesse détestait et fuyait ces vils et insipides amusements, et s'y dérobait pour se livrer à l'étude. C'est de ce moment que date la passion qu'elle prit pour le travail et la lecture. Cependant les états de Suède s'assemblèrent, et le maréchal de la diète proposa de couronner Christine. Aussitôt un membre de l'ordre des paysans, l'interrompant, lui demanda: «Quelle est cette fille de Gustave? Nous ne la connaissons pas; qu'on nous la montre.» Le grand chancelier va aussitôt chercher Christine et l'apporte dans ses bras. Alors le paysan s'approche, la considère attentivement et s'écrie:

«Oui, c'est elle-même! voilà le nez, les yeux, le front de Gustave-Adolphe. Nous la voulons pour notre souveraine!»

Elle fut aussitôt installée sur le trône et proclamée Roi.

Le nom de Christine était devenu le cri de guerre dans les armées suédoises, et les chefs lui avaient déjà prêté serment de fidélité. L'on vint déposer à ses pieds les trophées remportés sur les ennemis à la fatale journée de Lutzen. Cette auguste enfant aimait à représenter. La Russie ayant envoyé des ambassadeurs pour faire ratifier son alliance avec la Suède, on craignit que ces Moscovites, qui étaient en grand nombre, qui avaient de longues barbes, de grands habits, un cérémonial singulier, et quelque chose de barbare même dans leur politesse, n'effrayassent Christine; mais elle se fit, au contraire, une fête de cette entrevue, qu'on lui représentait comme bien terrible.

Christine, élevée sur un trône, soutint son personnage avec beaucoup de fermeté et de dignité, et elle se fit admirer de ces ambassadeurs, qui ne purent méconnaître en elle la fille d'un roi et d'un héros.

Christine montra, dès sa plus tendre jeunesse, une conception aisée et une ardeur incroyable pour l'étude de la politique, des sciences et des langues.

Elle apprenait l'histoire ancienne dans les originaux, et faisait particulièrement sa lecture de Polybe et de Thucydide. Elle avait le cœur et les sentiments d'une amazone.

Le sénat, suivant les errements du feu roi, continua à lui faire donner une éducation toute virile, non-seulement pour les exercices de l'esprit, mais encore pour ceux du corps. Christine fit voir, dès son enfance, une antipathie invincible pour tout ce que font et disent les femmes. Elle était d'une maladresse étonnante dans les petits ouvrages de main; elle montrait, au contraire, des dispositions singulières pour les études les plus abstraites, pour les travaux et les exercices les plus fatigants d'une éducation mâle et vigoureuse. On recueillit ce qu'on avait semé.

Presque au sortir de l'enfance, Christine gouvernait avec une habileté incroyable; elle présidait son conseil, et trouvait toujours le meilleur expédient dans les circonstances difficiles que l'état de guerre amenait sans cesse. Mais il ne lui resta presque aucune des qualités et des vertus de son sexe. A la tête d'un royaume florissant dont elle pouvait disposer avec le don de sa main, nombre de jeunes souverains ou de fils de souverains ambitionnèrent la gloire de l'épouser; mais aucun ne fut agréé.

La politique, la diversité de religion, de mœurs, d'intérêts, étaient les prétextes dont Christine se servait pour motiver ses refus; mais c'est qu'en effet elle avait, dès sa plus tendre jeunesse, conçu de l'aversion pour le mariage.

Christine, ayant eu seize ans accomplis en décembre 1644, prit ouvertement et légalement les rênes du gouvernement qu'elle tenait déjà de fait. Elle se mit dès lors à la tête des affaires et fut à elle-même son premier ministre. Aucune souveraine n'eut dans l'âge des plaisirs et de la dissipation plus de goût et de talent pour le travail du cabinet. Elle variait ses amusements, comme elle le disait elle-même, en variant ses études. Aussi était-elle une des femmes les plus savantes de son siècle.

C'est vers la fin de l'année 1645 qu'eut lieu contre Christine une tentative d'assassinat, qui ne servit qu'à faire éclater encore son intrépidité et sa magnanimité. Elle était, avec les principaux seigneurs de sa cour, dans la chapelle du château de Stockholm, pour assister à l'office divin et à la prédication; un furieux vint à elle dans le dessein de l'assassiner. Cet homme, précepteur de collége et dans la force de l'âge, choisit le moment que l'assemblée était dans le recueillement; il s'élance au travers de la foule et se jette dans une balustrade un peu élevée, où la reine était à genoux. Le comte Brahé, drotset ou grand juge de Suède, pousse un cri d'effroi. Les gardes croisent leurs pertuisanes pour arrêter ce forcené ; mais il les heurte avec force, saute par-dessus la barrière qui lui est opposée, et dans un instant il se trouve auprès de la reine et va pour la frapper d'un couteau sans gaîne, qu'il tenait caché dans sa manche. Christine évite le coup, et pousse son capitaine des gardes, qui se précipite aussitôt sur l'assassin et le saisit par les cheveux. Tout cela fut l'affaire d'un moment. On reconnut que ce malheureux était un frénétique et qu'il n'avait point de complices. On se contenta de l'enfermer. Christine se remit en prières. Le pressant danger qu'elle venait de courir ne lui causa qu'une émotion qui fut insensible aux yeux des spectateurs, beaucoup plus effrayés qu'elle-même.

La paix fut définitivement signée au mois d'octobre 1648.

Les états, voyant le calme rétabli, prièrent la reine de se choisir un époux et de nommer leur roi. A ces sollicitations, Christine répondit: «J'aime mieux vous désigner un bon prince et un successeur capable de tenir avec gloire les rênes du gouvernement. Ne me forcez donc point à me marier. Il pourrait aussi facilement naître de moi un Néron qu'un Auguste. «En conséquence, elle désigna comme devant lui succéder son cousin, Charles-Gustave, prince palatin, qui, dès ce moment, eut le titre d'altesse royale. Celte mesure fut suivie du couronnement de la reine, qui se fit à Stockholm, avec une magnificence extraordinaire, digne de l'éclat de ce règne et de la gloire dont la Suède jouissait. Christine monta, en sortant de l'église, dans un superbe char traîné par quatre chevaux blancs. Devant elle marchait son trésorier, jetant au peuple des médailles d'or et d'argent. Cette jeune reine méritait en effet les honneurs du triomphe, après avoir rendu la paix à l'Europe et après avoir imposé des lois aux nations les plus belliqueuses.

Christine avait convoqué dans sa cour tous les beaux génies de l'Europe, Grotius, Descartes, Saumaise, Meibom, Naudé, Vossius, Bochart, Heinsius, eurent part à ses bienfaits. Le célèbre Blaise Pascal ambitionna son approbation et l'appelait une reine incomparable. Christine entendait onze langues et elle en parlait plusieurs avec facilité

Il était dit que rien ne se passerait dans la vie de cette illustre femme selon les lois ordinaires.

Au milieu de toute cette gloire, de toutes ces grandeurs, elle prit subitement la résolution d'abdiquer. Elle fit rassembler les sénateurs dans la ville d'Upsal, et leur déclara son intention de remettre la couronne à Charles-Gustave. Oxenstiern, au nom de tous les ordres de l'État, Charles-Gustave lui-même, la supplièrent en vain de revenir sur cette détermination; elle fut inébranlable.

Le 21 mai, sur son ordre, les états-généraux s'assemblèrent dans la même ville, et là, en leur présence, et malgré toutes les instances et toutes les représentations, elle résigna le sceptre au prince Charles-Gustave, et le 16 juin 1654 elle signa l'acte d'abdication; le même jour, Charles-Gustave fut proclamé et couronné roi de Suède. Une médaille fut frappée en commémoration de cet événement, avec celte légende: «Je tiens la couronne de Dieu et de Christine.»

Christine s'éloigna de la Suède avec la ferme intention de n'y jamais rentrer, et parcourut successivement plusieurs contrées. Elle voyagea en Italie, en France, en Allemagne, où sa conduite fut toujours bizarre. Sans conviction bien profonde en religion et en morale, elle alla comme un vaisseau sans gouvernail, flottant à tous les vents, aujourd'hui faisant bonne route et demain naufrage. Enfin elle mourut à Rome le 19 avril 1689. La reine Christine avait abjuré le protestantisme, et avait fait profession de la religion catholique romaine dans l'église cathédrale d'Inspruck, durant l'année 1655. Ses obsèques furent magnifiques, quoiqu'elle eût recommandé beaucoup de simplicité ; et le pape fit composer en son honneur une épitaphe fastueuse, malgré la disposition par laquelle cette reine ne voulait sur son tombeau que ces mots: Vixit Christina annos

LXIII, Christine vécut soixante-trois ans. Elle fut inhumée dans l'église de Saint-Pierre avec l'habit qu'elle s'était fait faire à ce dessein. On voit encore le buste doré de cette princesse au dessus de sa sépulture.

HENRIETTE DE FRANCE

ANNE-HENRIETTE DE FRANCE.

Anne-Henriette de France naquit le 14 août 1727. Elle fut avec madame Louise-Élisabeth le premier fruit du mariage de Louis XV, roi de France, avec Marie Leczinska, fille de Stanislas Leczinski, roi de Pologne.

Cette jeune princesse était née avec un cœur excellent. Elle n'avait encore que quatre ans, un vitrier était occupé dans son appartement; elle s'approcha de lui, l'entretint, et apprenant qu'il avait une petite fille, dont il lui faisait un grand éloge: «Je voudrais bien, lui dit-elle, que vous lui remissiez quelque cadeau de ma part.» Elle chercha partout, et ne trouvant rien, elle détacha son tablier, et força le vitrier à l'emporter pour sa fille.

Ce penchant à la bienfaisance, qui semblait innée chez elle, ne fit que s'accroître avec l'âge. Elle avait environ quinze ans, lorsqu'un jour les courtisans parlaient beaucoup, au jeu de la reine, d'une banqueroute considérable qui venait de jeter la consternation dans le commerce de Paris; plusieurs personnes de la cour y perdaient de fortes sommes. Ce fut le sujet de conversation de toute la soirée; bientôt les courtisans qui entouraient la reine en parlèrent aussi: chacun disait son avis sur les meilleurs moyens de placer ses fonds avec le moins de danger; tous tombaient d'accord que c'était chose très-difficile. «Tout cela, dit enfin la reine, ne vaut pas le moyen employé par madame Henriette. Elle place toutes ses épargnes à fonds perdu, et, pour plus de sûreté, elle met hypothèque sur l'humanité tout entière, qui, de l'hiver dernier, lui est redevable de la vie de plusieurs malheureux qui seraient morts de misère si elle n'était venue à leur secours.

«Je n'ai pas tant de mérite que vous dites, madame, reprit la princesse: chacun se divertit à sa manière. Je ne sais pas jouer; vous m'accordez tout ce que je désire; je n'ai jamais trouvé aucun moyen qui me soit plus agréable de dépenser l'argent que le roi me donne.»

Madame Henriette n'est pas une princesse bien célèbre. L'histoire en parle peu: elle ne fut qu'une jeune fille admirable par ses vertus. Elle aimait mieux soulager l'indigence que de donner avec l'argent du peuple des fêtes fastueuses. Placée au premier rang par sa naissance, elle s'effaçait sans cesse; on ne la vit presque jamais dans les divertissements que Louis XV donna à sa cour; elle ne fut d'aucune intrigue; elle priait Dieu pour la France, et croyait qu'elle ne devait pas se mêler autrement du gouvernement. Elle ne connaissait pas la raillerie qui blesse ou la médisance qui flétrit. Son esprit, bon, aimable, orné, n'était pas fécond en reparties promptes, en saillies brillantes; elle n'avait que de la raison et du bon sens, toutes qualités obscures, modestes, simples. L'histoire s'occupe des batailles, du sang versé, des révolutions, des crimes, mais non de ces existences douces, suaves, angéliques, que nous recherchons avec soin, et dont nous nous faisons l'historien.

Madame Henriette avait une vertu bien rare et bien précieuse, elle savait garder un secret. A l'âge de sept ou huit ans, elle fut soupçonnée à tort d'avoir rapporté une chose qu'on lui avait dite. Au premier reproche qu'on lui en fit, elle fut pénétrée d'une si vive douleur, que le soir même elle tomba malade. Au bout de deux jours, on découvrit son innocence; elle en éprouva une si grande joie, qu'elle en recouvra presque aussitôt la santé. Elle avait pour son frère, M. le duc de Bourgogne, une affection toute particulière, qui semblait beaucoup moins être excitée par les liens du sang que par la conformité de leurs goûts et de leur caractère. Dans une grande fête, donnée par le roi à (DUC DE BOURGOGNE.) Versailles, ces deux enfants de France ne purent se dispenser de figurer dans un quadrille: le dauphin dansa avec madame Henriette. Aussitôt qu'ils eurent fini leur menuet, les courtisans les vinrent complimenter sur leurs grâces, sur le charme et la légèreté de leur danse. Un évêque se joignit aux flatteurs. M. le dauphin répondit qu'on ne pouvait lui faire plus de déplaisir que de le complimenter sur une qualité si puérile et surtout si indigne d'un prince:

«Je ne partage pas votre opinion, dit madame Henriette; je me range de l'avis de ces messieurs: une danse exécutée avec délicatesse et selon les règles minutieuses de l'art a son mérite. Seulement, pour rendre cette cérémonie plus majestueuse, quand vous serez, mon frère, roi de France, je vous conseille d'ordonner que lorsqu'un dauphin dansera, ce sera un évêque qui jouera du violon.» Madame Henriette aimait beaucoup l'étude, mais elle s'attachait surtout aux sciences propres à former et à orner l'esprit. Dès l'âge de seize ans, on lui retira ses maîtres; elle avait fait déjà plusieurs petits traités sur les différentes matières qu'elle avait étudiées. On peut juger de ces travaux par leurs titres. C'étaient des abrégés de chronologie universelle, d'histoire de France, de géographie, de sphère, d'histoire universelle. Elle les avait déposés entre les mains de madame la duchesse de Tallard, pour être un jour publiés. Mais dans la suite elle exigea qu'ils fussent brûlés.

Lors de la naissance de madame Henriette et de madame Élisabeth, Louis XV, voyant toute la cour désappointée, et qui aurait mieux aimé un prince, prit un air satisfait, et s'avançant au milieu des courtisans, il leur dit: «Messieurs, à la première un dauphin!» Et comme charmé d'avoir ses deux filles, il ajouta: «Dans quinze ans on me fera la cour pour les avoir.»

Cinquante ans plus tard, Louis XV aurait été mauvais prophète, et peu de princes sans doute auraient sollicité la main de ses filles dispersées par la révolution sur la terre étrangère. Mais alors on entendait sans s'en soucier les craquements du trône ébranlé ; on laissait amonceler les tempêtes qui ne devaient éclater que sous un autre règne, et Louis XV dit vrai: la main de madame Henriette fut demandée par plusieurs princes des meilleures maisons de l'Europe, mais la princesse refusa toujours. Elle semblait avoir le pressentiment de sa fin prochaine, et comme elle était d'une grande piété, elle voulait, disait-elle, paraître vierge devant Dieu.

Fort peu de temps avant la maladie qui termina ses jours, la princesse dit un matin avec beaucoup de calme: «J'ai fait ce matin un singulier rêve; vous me conduisiez morte à Saint-Denis.» On lui objecta que ce pressentiment n'avait rien de sérieux, et qu'il y aurait de l'enfantillage à y attacher quelque importance; on ne put la faire changer d'idée. «Préparez-vous à me rendre les derniers devoirs, disait-elle; pour moi, je vais me tenir prête à mourir.»

Le rêve de la princesse ne tarda pas à s'accomplir.

La famille royale avait dîné à Trianon. Au retour, Madame rentra dans son appartement; le soir elle devait souper chez madame la dauphine. Tout à coup elle dit à un officier: «Qu'on aille avertir que je ne sortirai plus d'ici. — C'est-à-dire, madame, répondit l'officier, que vous ne souperez pas chez madame la dauphine. — Oui, répondit-elle en riant, c'est ce que je veux dire.» Puis, se tournant du côté de sa femme de confiance, elle ajouta: «Ce que j'ai dit sans réflexion n'en sera pas moins vrai. Je ne sortirai plus d'ici.» Depuis plusieurs jours, un dépôt s'était formé dans la tête; elle souffrait beaucoup, et fut forcée de prendre le lit. Trois jours après, les médecins déclarèrent qu'il n'y avait plus d'espoir. L'idée d'une mort si prochaine jeta d'abord le trouble dans son esprit; elle se pencha sur le sein du roi et versa des larmes abondantes; mais bientôt elle surmonta cette faiblesse; la religion vint à son secours. La pieuse Henriette, devenue plus calme, s'abandonna à la volonté de Dieu; ses gémissements se changèrent en prières, et elle demanda les secours de l'Église. Toute la cour assista à la cérémonie du viatique; tous pleuraient de voir cette princesse mourir à la fleur de son âge; madame Henriette seule avait le courage d'envisager sa fin avec calme. Quand elle eut reçu le viatique, il fallut forcer le roi, qui l'avait veillée plusieurs fois, à se retirer: mais il ne fut pas possible de faire prendre aucun repos à la reine. La mort de Madame fut celle d'une sainte: elle s'endormit dans le Seigneur. Elle rendit doucement le dernier soupir le 10 février 1752, âgée à peine de vingt-cinq ans.

On ne peut s'empêcher de remarquer l'étrange fatalité qui frappa les rois Louis XIV et Louis XV. Ces deux monarques virent mourir tous leurs enfants à la fleur de l'âge et n'eurent pour successeurs que leurs petits-fils. Cette transmission indirecte de la couronne n'est-elle pas comme la préface de cette révolution qui devait violemment briser la chaîne des rois?

LOUISE LABBÉ.

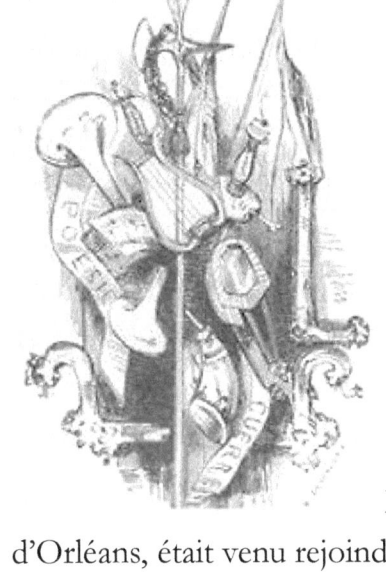

L'an 1542, le dauphin de France, Henri, duc d'Orléans, était venu rejoindre l'armée française, campée sous les murs de Perpignan, qu'elle assiégeait en vain. Des maladies contagieuses s'étaient mises parmi les troupes; et avec les ducats d'Espagne Charles-Quint avait refroidi le zèle de quelques capitaines qui entouraient le dauphin. Cependant il se livrait de temps à autre des combats partiels. Un jour les assiégés tirent une sortie pour aider un convoi de vivres à entrer dans la place; un des plus braves capitaines de l'armée française, dont l'histoire ne nous a pas conservé le nom, s'était précipité sur eux, à la tête de ses compagnons d'armes, et les avait culbutés. Les Espagnols regagnaient en toute hâte les portes de Perpignan; entraîné par son ardeur, le guerrier s'élance à leur poursuite, et ne s'aperçoit qu'il n'est point suivi qu'au moment où il se trouve environné d'ennemis. Il met résolument l'épée à la main, et se défend contre leurs attaques avec le courage du désespoir. Il allait succomber sous le nombre, lorsqu'il vit arriver à bride abattue un jeune officier; quelques soldats l'accompagnent. Bientôt le capitaine, si malheureusement engagé, est délivré et ramené au camp. Son libérateur, le jeune capitaine Loys, est reçu par les acclamations des soldats, témoins de sa rare vaillance.

Ce trait fit du bruit et arriva jusqu'aux oreilles du dauphin. Il voulut voir le brave capitaine Loys et le manda dans sa tente. Le guerrier s'y présenta et mit devant le prince un genou en terre, mais en laissant baissée la visière de son casque.

«Votre éloge est dans toutes les bouches, lui dit le dauphin en lui faisant signe de se relever; toute l'armée vous proclame un héros. D'où vient donc que vous ne vous faites pas connaître?

— Gentil dauphin, répondit l'officier, les motifs qui me font désirer de rester inconnu sont de telle nature, que je ne puis les révéler à personne. Permettez-moi donc de garder mon secret.

— Mais alors, qui a pu vous engager à venir combattre dans nos rangs?

— Mon amour pour le roi, le désir de lui aider à effacer la honte de sa captivité et à venger le royaume des outrages que lui a fait subir l'empereur Charles-Quint, l'envie de servir sous les ordres de notre gracieux dauphin.

— Très-bien, capitaine Loys! mais si vous nous cachez votre nom, du moins montrez-nous vos traits. Nul devant le dauphin de France ne doit rester visière baissée.»

A ces mots on vit le jeune guerrier tressaillir; il se troubla, voulut balbutier quelques paroles; mais sur un geste plus impératif du prince, il enleva son casque, et aussitôt de longues boucles de cheveux tombèrent sur ses épaules, et ses joues se couvrirent d'une modeste rougeur.

Le dauphin resta frappé d'étonnement; ce jeune militaire si brave, si audacieux. dont le bras maniait avec tant de dextérité une épée, c'était une femme ou plutôt presque un enfant; c'était une jeune fille de seize ans, Louise Labbé, notre héroïne.

Plusieurs des principaux chefs de l'armée se tenaient debout à côté du dauphin.

«Vous le voyez, messires, leur dit-il en souriant, nous défendons la bonne cause, et nous ne pouvons manquer de la gagner, puisque les dames ont pris parti pour nous.»

Alors, s'avançant vers Louise Labbé, qui était restée un genou en terre, il la releva, et lui donnant l'accolade, il lui dit:

«Jeanne d'Arc a chassé les Anglais et conservé la couronne à l'un de mes ancêtres; vous marchez sur ses traces en voulant venger l'affront fait à celle de mon père et en combattant les Espagnols. Capitaine Loys, je vous fais chevalier.»

Il ne paraît pas cependant que Louise Labbé ait suivi longtemps encore la carrière des armes; l'histoire ne nous a point transmis le détail de ses exploits; elle nous dit simplement qu'elle continua à donner des marques de la plus grande valeur, et que le bruit de sa gloire se répandit d'un bout de la France à l'autre.

Sans doute, elle revint à Lyon lorsque le roi François Ier manda à son fils qu'il eût à lever le siège, dans la crainte que, la saison des pluies arrivant, les torrents qui coulent à travers le vallon situé entre Perpignan et Salses n'empêchassent le retour de son armée.

Si Louise Labbé s'est rendue célèbre par son courage, elle s'est rendue plus célèbre encore par son génie: ses historiens l'appellent un phénomène littéraire. Elle balança la réputation de la reine de Navarre, et surpassa celle de Clémence de Bourges et de Pernette du Guillet, ses compatriotes.

Louise Labbé naquit à Lyon en 1526. Le nom de Labbé qu'elle porta n'est qu'un sobriquet de son père, qui se nommait Charly. Ses parents étaient pauvres; néanmoins les heureuses dispositions qu'on découvrit en elle les engagèrent à lui donner une éducation distinguée. Elle en profita au-delà de leurs espérances. A peine sortie de l'enfance, douée de la voix la plus séduisante, elle excellait dans la musique; elle savait le grec, le latin, l'italien, l'espagnol, et elle avait fait des vers fort remarquables dans ces différentes langues. Elle s'était perfectionnée dans les divers exercices du corps qui constituent l'homme de guerre; elle dit dans ses poésies:

Qui m'eût vu lors en armes fière aller,
Porter la lance et bois faire voler,
Faire devoir au combat furieux,
Picquer, volter le cheval glorieux,
Pour Bradamante ou la haute Marphise,
Sœur de Roger, il m'eût possible prise.

Cette jeune fille qui se battait si vaillamment, qui chantait si admirablement ses exploits guerriers, qui chassait les bêtes dans les bois, n'était pas étrangère cependant aux mœurs douces et polies de son sexe: elle excellait dans tous les ouvrages qui faisaient l'occupation des jeunes personnes, et notamment dans la tapisserie.

Voici ce qu'elle en a dit elle-même dans une de ses élégies; on se rappellera qu'il y a plus de trois siècles que ces vers ont été composés:

Pour savoir bien avec l'aiguille peindre,
J'eusse entrepris la renommée éteindre,
De celle-là qui, plus docte que sage,
Avec Pallaz comparait son ouvrage.

«Elle recevait gracieusement en sa maison, dit un auteur contemporain, avec des entretiens pleins de charmes, délicieuse musique tant à la voix qu'aux instruments, et elle y excellait, lecture de bons livres latins, italiens, espagnols, etc., dont son cabinet était copieusement garni, collation d'exquises confitures.»

Son cœur était tendre et bon, son âme forte et élevée; tous ses goûts furent des passions. Nous avons vu déjà comment elle eut celle de la guerre; cette passion se concilierait mal aujourd'hui avec nos mœurs, avec nos idées; mais il faut se reporter à ce temps où le souvenir de Jeanne d'Arc était encore palpitant; d'ailleurs l'exemple de quelques héroïnes de son siècle servait à justifier et à redoubler son audace.

Ce fut au retour de ses combats qu'elle s'adonna plus particulièrement à la poésie: elle n'avait guère plus de seize ans:

Je n'avois vu encore seize byvers.

Elle publia pour son début une charmante comédie: ce fut la seule qui parut dans son siècle. On ne saurait rien trouver de plus gracieux. L'antiquité n'offre aucune fiction plus ingénieuse et plus morale que celle qui sert de base à cette jolie pièce; elle l'a dédiée à Mlle Clémence de Bourges, son amie et sa rivale.: «Le temps est venu, dit-elle dans sa dédicace, que les sévères lois des hommes n'empêchent plus les femmes de s'appliquer aux sciences.» Et plus loin: «Je ne puis faire autre chose que prier les vertueuses dames d'élever un peu leurs esprits par dessus leurs quenouilles.» On voit que les idées nouvelles sur l'émancipation des femmes datent de loin.

Louise Labbé publia encore, mais plus tard, vers 1555, un volume de poésies composées depuis plusieurs années.

Elles sont écrites dans un style plein d'énergie et de goût; ce sont de touchantes élégies sur ses malheurs. Cette jeune fille, comparable à Sapho pour le génie, a mérité les mêmes reproches qu'elle; elle ne sut pas résister à cette dévorante passion qui précipita la jeune Lesbienne du rocher de Leucate. Louise Labbé expia aussi bien durement sa faute. Auparavant, enivrée d'encens, entourée d'hommages, elle était heureuse; mais bientôt tout le monde l'abandonna: privée de ressources, elle était près de la misère, quand un homme enrichi dans le négoce et d'un âge assez avancé, Ennemond Perrin, son ami le plus ancien et le plus dévoué, fut touché de sa fâcheuse position. Il lui fit l'offre de sa main; elle l'accepta, et des jours de bonheur recommencèrent à luire pour elle. Son mari faisait un commerce considérable de cordages; Louise Labbé reçut le surnom de la belle cordière. La maison qu'elle habitait était une des plus belles de la ville; ses jardins étaient immenses et très-ornés pour le siècle où elle vivait. On y a bâti dans la suite une rue qui porte encore le nom de la Belle-Cordière.

Son mari lui avait voué une affection sans bornes; l'intimité la lui rendit plus chère encore. Chaque jour lui révéla dans l'épouse qu'il avait choisie de nouveaux trésors de grâce et de bonté ; en retour, il disposa, dans les derniers moments de sa vie, de tous ses biens en sa faveur.

Voici le portrait qu'on nous a laissé d'elle:

«Elle n'avait ni trop ni trop peu d'embonpoint; sa taille était aisée, fière et noble; elle avait la peau d'une blancheur éblouissante, les lèvres vermeilles et les joues colorées, les yeux et le front grands, de belles dents, un rire gracieux, des formes enchanteresses, un cou de cygne, de longs cheveux blonds, les sourcils et les cils noirs.»

Louise Labbé mourut dans la quarantième année de son âge, sincèrement regrettée de tous ceux qui l'avaient particulièrement connue, et qui avaient pu juger des torts de l'opinion publique envers elle.

Louise Labbé jouit pendant toute sa vie, et surtout pendant sa jeunesse, d'une grande réputation: tous les poëtes à l'envi ont célébré sa gloire. Comment se fait-il qu'elle soit aujourd'hui presque entièrement oubliée? Si l'on compare cependant ses œuvres avec les ouvrages les plus vantés des règnes de François 1er et de François II, on la trouvera bien supérieure à tous les poëtes de son temps. On sera frappé de la justesse de son esprit, de la délicatesse de son goût, de la pureté et de l'élégance de son style. Nous en citerons l'exemple suivant, qui donne à la fois une belle idée de son cœur et de son talent:

LES CARACTÈRES.

L'un n'est content de sa sorte de vie
Et toujours porte à ses voisins envie;
L'un, forcené de voir la paix en terre,
Toujours y souffle et le trouble et la guerre;
L'autre, croyant l'indigence être vice,
A son seul dieu, à l'or, fait sacrifice;
L'autre sa foi parjure il emploiera
A décevoir celui qui le croira;
Qui en mentant de sa langue lézarde
Mille brocards sur l'un et l'autre darde.
Je ne suis point sous ces planètes née
Qui m'auroient pu tant faire infortunée;
Jamais mon œil ne fut marri de voir
Chez mon voisin mieux que chez moi pleuvoir;
A faire gain jamais ne me soumis;
Onc ne mis noise et discorde entre amis;
Mentir, tromper, et abuser autrui,
Tant m'a déplu qu'à médire de lui;
Mais si en moi y a trait imparfait,
Qu'on blâme amour: c'est lui seul qui l'a fait.

VIE DE JEANNE D'ARC,

Jeanne d'Arc naquit à Domremy, petit village près de Vaucouleurs, en Lorraine, vers l'an 1410. Son père s'appelait Jacques d'Arc, et sa mère Isabelle. Elle avait trois frères. Cette famille était pauvre, mais unie, laborieuse, honnête. Jeanne, selon les uns, passa sa jeunesse à garder les troupeaux; selon les autres, elle était lingère et filandière; mais ceux-là ajoutent qu'elle alla garder les chevaux dans un pays voisin de Domremy, et que c'est là qu'elle apprit à monter un cheval comme aurait pu le faire le meilleur cavalier; une troisième version dit qu'elle servait dans une petite auberge de Neufchâteau. Ce qui est certain, c'est que sa conduite, avant comme après les grandes actions qui la firent connaître, fut toujours irréprochable; elle était douce, pieuse. Les historiens qui tracent son portrait disent qu'elle avait une figure d'une douceur angélique, qu'elle était d'une taille majestueuse, quoique médiocre, fine et souple; mais que sous les armes on l'aurait volontiers prise pour un des plus fiers et des plus nobles chevaliers de son temps, tant elle portait avec grâce et aisance le casque ombragé de plumes blanches, la cotte de mailles, la cuirasse et cette noble bannière qui fut toujours triomphante entre ses mains.

On a peu de documents certains sur son enfance. Qui s'occupait alors d'une pauvre petite villageoise, vivant comme toutes ses compagnes, simple, modeste; aux champs l'été, l'hiver près du foyer domestique? Qui aurait pu penser que cette pauvre enfant devait être un jour le sauveur de la France, le médecin qui rendrait la vie, la santé, la force à ce grand corps tout mutiler épuisé, flétri, abandonné, mourant?

Mais il faut bien se rappeler quel était alors l'état de ce royaume de France, aujourd'hui si grand, si fort, si respecté.

Charles VII était roi de France depuis environ six ans. Mais de quel royaume avait-il hérité de son malheureux père Charles VI! Pendant le règne désastreux de ce monarque tombé en démence, les Anglais, les ducs de Bourgogne et de Bretagne, Isabeau de Bavière elle-même, l'indigne reine de France, s'étaient jetés sur le royaume comme des chiens font à la curée, le déchirant, le dépeçant, emportant chacun un morceau. A leur exemple, les nobles, les seigneurs étaient tombés sur le peuple comme l'oiseau de proie sur la pauvre brebis; ils l'avaient abattu, pressuré, tondu, abîmé, écrasé. «Certes, dit un

«ancien historien, l'état de France étoit fort misérable.

«Partout il ne paroissoit qu'une horrible face de confusion, «de pauvreté, de dégât, de solitude, de frayeur. Le maigre «et décharné paysan faisoit horreur aux brigands mêmes, «qui n'avoient plus rien à piller que les cadavres de ces «misérables, rampant sur terre comme ombres tirées du «sépulcre. Les moindres bicoques et métairies étoient for- «tifiées par ces voleurs, Anglais, Bourguignons, Français, «à qui pis pis. On ne parloit que d'impôts et contributions. «Tous les hommes de guerre étoient d'accord de piller le «paysan et le marchand désarmé.» Encore Charles VII, qu'on appelait par dérision le roi de Bourges, ne possédait-il plus qu'une petite partie de ce royaume désolé. Le jeune roi d'Angleterre, Henri VI, avait pris presque en même temps que lui le titre de roi de France, et son oncle, le duc de Bedford, celui de régent de France; et depuis lors, le duc, marchant de conquêtes en conquêtes, était devenu maître de la plus grande partie de la France. La Normandie, la Flandre, la Picardie, la Champagne, la Lorraine, Paris et toutes les villes qui l'environnent, étaient au pouvoir des Anglais, qui, fiers de leurs succès, étaient venus mettre le siège devant Orléans. Cette ville prise, Charles VII n'avait plus aucune espérance de salut; le Languedoc et le Dauphiné, qui lui étaient restés fidèles, allaient être envahis par les ducs de Bourgogne et de Savoie, et sa ridicule capitale de Bourges n'aurait pu lui offrir un abri que pour quelques jours.

C'est alors qu'apparaît Jeanne d'Arc. Depuis cinq ans déjà, cette jeune fille avait des visions, des révélations extraordinaires. Au pied des autels, où elle allait souvent prier; dans un bois mystérieux, sombre, solitaire, près de la bonne fontaine aux fées Notre Seigneur, où elle allait aussi méditer, la vierge Marie, des anges lui apparaissaient, lui disant que la France ne pouvait être sauvée que par une femme, que cette femme c'était elle.

MAISON DE JEANNE D'ARC A DOMREMY.

Depuis la désastreuse bataille de Verneuil, ces révélations, ces visions devinrent plus fréquentes. Le siège mis devant Orléans (le 6 octobre 1428), elle voulut absolument aller trouver le sire de Baudricourt, gouverneur de Vaucouleurs, pour le prier de la conduire près du roi. En vain son père le lui défendit, disant qu'il aimerait mieux la voir noyée que de la voir aller avec les gens d'armes. Elle ne put résister aux ordres du ciel; elle sollicita sa mère avec tant d'instance, que celle-ci consentit enfin à l'accompagner à Vaucouleurs. Le sire de Baudricourt, vieux guerrier dur et bourru, la reçut d'abord fort mal, disant qu'elle était folle et qu'il fallait la renvoyer à son père pour être corrigée. Ce début malheureux ne découragea pas Jeanne d'Arc. Cependant elle ne retourna plus à Domremy, et s'établit chez un charron de Vaucouleurs. Pendant plusieurs mois sa conduite fit l'admiration de la ville. Elle était d'une piété exemplaire; souvent elle communiait et restait des journées entières au pied des autels, disant toujours qu'elle avait ses visions. De temps en temps elle retournait voir le sire de Baudricourt, que sa persévérance, que son assurance modeste finirent enfin par émouvoir. Cependant le siége d'Orléans se continuait avec vigueur, et cette ville était réduite aux dernières extrémités. Les nouvelles sinistres qui en arrivaient à Vaucouleurs excitent encore la résolution de Jeanne d'Arc; ses discours deviennent plus positifs, plus assurés; il lui était ordonné de partir à l'instant sans retard; elle se rend une dernière fois auprès du sire de Baudricourt et lui dit: «Capitaine messire, sachez que depuis aucuns temps Dieu m'a fait savoir que j'allasse par devant le gentil dauphin, qu'il me baillât des gens d'armes et que je le mènerai sacrer à Reims.» Elle lui déclara d'une façon si résolue qu'elle ne pouvait plus remettre son départ, qu'il fallait qu'elle partît aussitôt, que Baudricourt n'osa plus cette fois lui refuser sa demande. Dès que les habitants de Vaucouleurs apprirent la résolution du gouverneur, ils fournirent à Jeanne d'Arc tout ce qui était nécessaire à son équipement. On lui acheta un cheval, on lui donna un habillement complet de guerrier, et la ville entière salua son départ. Son frère aîné, Jacques d'Arc, et le sire de Polenge, l'accompagnèrent; ils étaient suivis d'un archer et d'un messager attachés au service du roi, de trois valets et quatre cavaliers.

Le roi Charles VII tenait alors sa cour à Chinon en Touraine.

On se représente facilement ce que devait être la cour d'un prince qui possédait un royaume dans un état aussi piteux qu'était alors la France. Quelques sujets fidèles d'une ancienne et loyale noblesse l'accompagnaient encore; mais ses domestiques, ses gardes, qui depuis longtemps ne recevaient aucune paye, le quittaient de jour en jour. Le roi en était venu à cette triste nécessité de ne plus prendre ses repas en public, pour ne pas étaler aux yeux de ses sujets sa royale et profonde misère. L'histoire raconte que Xaintrailles et La Hire, ses deux meilleurs capitaines, étant venus vers lui à Châteaudun, le trouvèrent à table seul, n'ayant pour son dîner qu'une queue de mouton et un poulet. Un autre historien ajoute que le roi Charles, lors de l'arrivée de Jeanne d'Arc, était dans le plus grand embarras. Il n'y avait en tout que quatre écus dans ses coffres. Tel était son discrédit, qu'un cordonnier lui refusa une paire de bottes, faute d'argent comptant. On lui conseillait ouvertement d'engager le domaine royal pour subvenir aux dépenses de sa maison: son orgueil se refusa sans cesse à ce honteux marché ; mais il est fort douteux qu'on eût trouvé un juif assez hardi pour prêter au roi de France, même sur cette garantie.

Jeanne d'Arc avec sa suite arriva à Chinon le sixième jour de mars de cette année 1429; elle fit de suite annoncer au roi qu'elle venait par l'ordre de Dieu pour le prendre et le mener sacrer à Reims. La cour et le roi lui-même se divertirent d'abord de celte étrange assurance avec laquelle parlait Jeanne d'Arc. Quel moyen de croire en effet qu'un royaume à deux doigts de sa perle pourrait être sauvé par un aussi faible bras? Cependant on apprit bientôt par une missive du sire de Baudricourt, et par le témoignage des chevaliers qui suivaient la Pucelle, les merveilleux antécédents de cette jeune fille. Le roi voulut au moins faire un essai: il la reçut au milieu de sa cour; il prit un habit fort simple et se fit remplacer par un seigneur splendidement vêtu. Jeanne d'Arc, sans s'arrêter à celui qui était le roi en apparence, vint trouver directement Charles VII, et, le saluant avec une grâce parfaite, elle s'agenouilla devant lui et embrassa ses genoux. «Ce n'est pas moi qui suis le roi, dit Charles VII; le voilà, en montrant son remplaçant. — Par mon Dieu, gentil prince, reprit-elle, c'est vous et non autre.» Puis elle ajouta: «Gentil dauphin, je suis Jeanne la Pucelle. Saint Michel archange, sainte Catherine et sainte Marguerite m'ont envoyée pour délivrer Orléans et vous conduire à Reims, ou vous serez sacré ; par ainsi vous recouvrerez votre droit à la couronne de France.» Le roi lui demanda une preuve de ce qu'elle avançait; elle le tira alors à part, et on dit qu'elle lui raconta des choses qui n'étaient connues que de lui seul. Au sortir de cet entretien secret, Charles VII, tout rayonnant de joie, annonça à sa cour qu'il avait pleine et entière confiance dans cette jeune fille, et ordonna qu'on eût pour elle les plus grands égards.

Cependant les conseillers du roi ne furent pas d'avis qu'on dût légèrement accepter les services de Jeanne d'Arc: les uns craignaient qu'en cas de non succès on ne les tournât en ridicule; d'autres disaient que les révélations dont Jeanne parlait pourraient être des suggestions du démon, et qu'il y avait de la sorcellerie dans cette affaire. On était trop malheureux et dans de trop grandes inquiétudes pour s'arrêter longtemps par la crainte du ridicule; mais il eût été impolitique à cette époque de ne pas rassurer le peuple au sujet de la sorcellerie. Charles VII était au surplus un prince faible et facile à impressionner. Il ordonna en conséquence de faire venir des maîtres en théologie, des savants et des experts, et il leur donna mission d'examiner Jeanne d'Arc touchant la foi.

Jeanne parut devant ce concile avec cette assurance qui ne l'abandonna jamais; elle répondit avec une raison, un à-propos qui donna d'elle la plus haute idée. Plusieurs fois cependant sa patience fut poussée à bout: «Et quel langage parlent les voix que vous entendez? disait avec un accent limousin un certain frère Leguin qui l'interrogeait plus aigrement que les autres. — Meilleur que le vôtre, maître,» répondit-elle. Et quand on lui citait des textes pour lui prouver qu'on ne devait pas croire à ses révélations, elle disait: «Je ne sais ni A ni B, mais je lis dans le livre de Messire, et il y a plus de choses dans ce seul livre que dans tous les vôtres.» Et quand on lui demandait qui était Messire, elle répondait: C'est Dieu. Néanmoins les docteurs ès loi et les théologiens déclarèrent unanimement qu'elle était inspirée et que sa mission divine était incontestable. On ne s'en tint pas à cet examen, soit qu'on ne fût pas encore convaincu, soit qu'on voulût imposer davantage et faire croire à sa mission d'une manière plus incontestable.

On fit encore paraître Jeanne d'Arc devant un simulacre de parlement assemblé à Poitiers. Le parlement, comme les docteurs, reconnut le doigt de Dieu. On répandit de tous côtés cette heureuse nouvelle, et on ne s'occupa plus d'autre chose que de fournir à Jeanne d'Arc des troupes pour marcher au secours d'Orléans.

SIÉGE D'ORLÉANS.

Aujourd'hui Jeanne d'Arc va commencer une vie nouvelle. Nous n'avons vu en elle jusqu'à présent qu'une jeune villageoise simple, pieuse, modeste, timide, au milieu même de son exaltation; nous allons la voir intrépide, résolue, ferme au milieu des combats, montrant le tact, le coup d'œil d'un vieux, général et la bravoure fougueuse d'un jeune capitaine. Nous allons la voir, pendant sa courte carrière, toujours la même, marchant la première à l'attaque, la dernière à la retraite, et toujours victorieuse.

Dès le moment où le roi Charles VII eut pris la résolution d'accepter les services de Jeanne d'Arc, il lui fit donner le rang et l'état d'un chef de guerre. Jean, sire d'Aulon, brave et prudent chevalier, fut attaché à sa personne pour la servir comme son écuyer; deux jeunes gentilshommes lui furent donnés comme pages. Elle eut pour hérauts d'armes Guienne et Ambreville, et pour chapelain un bon religieux, frère Pasquerel. Le roi lui fit présent d'une magnifique armure à sa taille; mais quand il lui remit l'épée, elle lui dit que, par ordre de Dieu, elle ne pouvait se servir que d'une épée marquée de cinq croix, et qu'on trouverait cette épée dans la chapelle de Sainte-Catherine de Fierbois, où on la trouva en effet. Elle dit aussi que dans ses révélations elle avait reçu ordre de porter un étendard de couleur blanche, semé de fleurs de lis. Au milieu devait être peint le Sauveur des hommes, assis en son tribunal dans les nues du ciel, et deux anges à ses pieds en adoration; l'un d'eux devait porter une branche de lis. Sur le revers devaient être écrits ces deux mots seulement: JESUS MARIA. L'étendard fut exécuté conformément à la vision.

Ainsi armée et accompagnée, Jeanne d'Arc sortit pour la première fois vers le commencement d'avril, pour assister à la montre (revue) des troupes de Charles VII. Elle était suivie de tous les princes et généraux. On ne saurait décrire l'enthousiasme excité par sa présence. Elle montait un superbe palefroi gris qu'elle maniait avec autant de grâce que d'habileté. Elle avait la tournure noble et martiale, le regard doux et fier à la fois; elle était jeune et belle. La richesse de son costume, son étendard extraordinaire, l'espèce de vénération dont les plus grands seigneurs l'entouraient, tout contribua à frapper vivement l'esprit du peuple. Il s'agenouillait sur son passage et remplissait les airs des plus triomphantes acclamations. Pour ceux qui approchaient Jeanne d'Arc, ils étaient émerveillés de ses paroles pleines de sens, d'originalité, et surtout d'un heureux à propos. Elle était si convaincue, qu'elle parvint facilement à convaincre les autres. L'enthousiasme devint bientôt général. Les partisans du roi de France relevèrent la tête; la confiance revint à tous. On regardait il y a quelques jours la France comme perdue, on la regardait déjà comme sauvée; les dévouements douteux se réchauffèrent. Une foule de jeunes gens qui étaient restés dans leurs foyers vinrent se ranger sous les ordres de Jeanne d'Arc; en moins d'un mois la métamorphose était accomplie. Au lieu d'une armée découragée, désaffectionnée, tremblante, Charles VII eut des troupes enthousiastes, demandant le combat, fières, pleines de confiance et d'espoir. Les coffres fermés se rouvrirent, et ainsi que cela arrive d'ordinaire, comme le roi semblait n'avoir plus besoin du secours de personne, chacun venait lui offrir le sien.

Les mêmes causes qui encourageaient les Français abattaient les Anglais. Il n'était plus question dans l'une et l'autre armée que de Jeanne d'Arc, et comme chacun aime à augmenter, à embellir en racontant ce qu'il a appris, il n'est pas de choses merveilleuses qu'on ne débitât sur son compte. Mais on tirait de ces récits des conclusions bien différentes de l'un et de l'autre côté. Le Français voyait dans Jeanne d'Arc une jeune fille inspirée par l'Esprit saint; sa mission était toute divine. L'Anglais, au contraire, disait que ses inspirations ne venaient que de l'enfer, et que Jeanne était une sorcière et une hérétique. En vain les chefs affectaient-ils de la tourner en ridicule, disant que c'était un expédient puéril et désespéré par lequel Charles VII voulait relever sa fortune abattue, et qu'on verrait cette misérable farce tomber à la prochaine rencontre. Ils ne parvenaient pas cependant à rassurer leurs soldats. On ne guérit pas facilement de la peur.

Pendant son séjour à Chinon, Jeanne d'Arc jouit de la considération la plus grande; elle accompagnait le roi dans ses promenades, et courait la lance avec tant d'adresse et de grâce, qu'elle charmait tout le monde. Le duc d'Alençon, l'ayant vue une fois se livrer à ce noble exercice, lui fit présent d'un magnifique coursier. Malgré la faveur dont elle jouissait, Jeanne d'Arc voyait avec peine les lenteurs apportées à son départ; elle brûlait de combattre les Anglais, et il ne se passait pas de jour qu'elle ne sollicitât vivement le roi de la laisser partir.

Cependant un immense convoi de vivres, des troupes fraîches et animées du meilleur esprit, furent enfin rassemblés à Blois. Jeanne d'Arc, accompagnée de l'archevêque de Reims, chancelier de France, et du seigneur de Gaucourt, grand maître de l'hôtel du roi, et suivie de toute sa maison, se rendit dans cette ville vers la fin d'avril. Les principaux chefs de l'armée l'y avaient précédée, et chaque jour il arrivait de jeunes chevaliers qui demandaient du service dans l'armée royale. Jeanne d'Arc commença dès lors à prendre le commandement effectif des troupes, en ce sens qu'elle imposa une discipline nouvelle et toute sévère. Elle fit chasser du camp toutes les femmes qui s'y trouvaient, voulut que les soldats eussent une conduite honnête, irréprochable; elle renvoya ceux qui avaient de mauvaises mœurs ou qui ne voulaient pas remplir leurs devoirs religieux. Elle prêchait plus encore par son exemple que par ses paroles. Chaque jour elle se rendait à l'église, et quand elle ne priait point elle était acheval, allant de tous côtés, visitant les postes, inspectant les bataillons, s'informant des besoins du soldat, y remédiant. Elle couchait sur la dure tout habillée, et se contentait pour ses repas de pain trempé dans du vin. Elle tenait surtout à voir des sentiments religieux aux généraux dans la compagnie desquels elle vivait.

Jeanne ne resta que trois jours à Blois; pendant ce temps, elle envoya aux Anglais la lettre suivante:

JESUS MARIA.

«Roi d'Angleterre, et vous, duc de Bedfort, qui vous «dites régent du royaume de France, vous, Guillaume

«de Nappepoule, comte de Suffolk, Jean Jehan, sire de
«Talbot, et vous, Thomas, sire de Scales, qui vous dites
«lieutenant du duc de Bedfort, faites raison au Roi du
«ciel, rendez-moi les clefs des bonnes villes que vous
«avez prises en France. Roi d'Angleterre, si ainsi ne le
«faites, je suis chef de guerre, et en quelque lieu que
«j'atteindrai vos gens en France, je les en ferai aller, qu'ils
«le veuillant ou non, et s'ils ne veulent obéir, je les ferai
«tous occire; je suis ici envoyée par le Roi du ciel pour
«vous bouter hors la France. Écrit ce samedi de la se-
«maine sainte.»

Enfin tous les préparatifs furent terminés, et Jeanne d'Arc, à la tête de l'avant-garde de l'armée, se mit en marche pour Orléans.

L'expédition était forte de sept mille hommes. Le chef des troupes anglaises, le duc de Suffolk, s'était persuadé que ces forces imposantes n'étaient rassemblées que pour pouvoir faire traverser avec sécurité les plaines de la Beauce au convoi qui devait ravitailler Orléans, et il avait porté une grande partie de ses troupes de ce côté, pour arrêter et détruire ce convoi dans une bataille en rase campagne. Jeanne, quoique son armée fût bien inférieure en nombre à celle des Anglais, voulait aller les attaquer et frapper un grand coup pour son début; mais les chefs qui l'accompagnaient ne partageaient aucunement cet avis, et ne pouvaient amener Jeanne d'Arc au leur. Ils la trompèrent: comme elle ne connaissait pas le pays, ils lui laissaient croire qu'on prenait la rive droite de la Loire quand on prenait la gauche. Des prêtres marchaient en tête de l'armée et faisaient retentir les airs de chants religieux. L'expédition parvint ainsi en deux jours en vue d'Orléans. Alors la Pucelle s'apercevant qu'on l'avait trompée, en voyut que le fleuve était entre l'armée et la ville, elle s'en plaignit amèrement, et dit qu'on ne serait pas longtemps à s'apercevoir que ses conseils valaient mieux que celui de tous les autres. En effet, les eaux étaient si basses que les bateaux venant d'Orléans ne pouvaient arriver jusqu'au rivage pour y être chargés. Les chefs de l'armée se trouvaient dans le plus grand embarras. Le comte de Dunois, qu'on nommait également le Bâtard d'Orléans, et qui commandait dans la ville assiégée, ayant eu connaisance de cette aventure, traversa la Loire dans un petit bateau, et vint la nuit se consulter avec eux pour aviser aux moyens de sortir de cette fâcheuse position.

Quand Jeanne d'Arc vit le comte de Dunois, elle alla au-devant de lui et lui dit: «Êtes-vous le Bâtard d'Orléans? — Oui, reprit-il, et bien joyeux de votre venue. — Est-ce vous, ajouta-t-elle, qui avez conseillé de passer par la Sologne? — C'était, répliqua-t-il, le conseil des plus sages capitaines. — Le conseil de Dieu, reprit Jeanne, est plus sûr que le vôtre. Je vous amène le meilleur secours que jamais ait reçu chevalier ou cité. C'est le secours du Roi des cieux, lequel a eu pitié du royaume de France.»

Le conseil s'assembla aussitôt. Il fut d'avis que l'armée devait rétrograder jusqu'au château de Chécy, distant de deux lieues, où se trouvait un port commode dans lequel les barques pourraient facilement être chargées. Mais le vent était contraire, et il était impossible de faire remonter ces barques jusque-là L'embarras était toujours le même, lorsqu'un bonheur miraculeux vint trancher la difficulté. Tout à coup la pluie tomba par torrents; le vent changea, et le lendemain matin il fut facile, tant les eaux du fleuve avaient grossi, d'exécuter le projet impossible la veille.

Le comte de Dunois supplia Jeanne d'Arc de se rendre aux vœux des Orléanais et de venir avec lui s'enfermer dans leur ville. Jeanne d'Arc y consentit. Après avoir fait ses adieux à l'armée qui s'en retournait à Blois, elle monta dans la barque du comte de Dunois, tenant à la main son étendard.

Elle était suivie de La Hire, de son écuyer et de plusieurs autres guerriers. Deux cents lances les suivaient dans d'autres barques; ils vinrent ainsi aborder au village de Chécy, où les bateaux se chargeaient. Quand le chargement fut opéré, Dunois fit dire aux Orléanais de prendre les armes, d'attaquer avec vigueur le port et le fort de Saint-Loup, devant lequel le convoi devait passer. Cette diversion eut le meilleur résultat. Les assiégés, occupés à se défendre, ne songèrent pas à inquiéter le convoi, qui arriva sain et sauf à Orléans.

Ce premier succès redoubla les espérances du côté des Français. Depuis plusieurs années, les Français ne comptaient plus guère leurs combats que par leurs défaites: les terribles journées d'Azincourt, de Crécy, celle des Harengs, avaient porté à la nationalité française les plus rudes coups: la main de Dieu semblait avoir cessé de protéger la France. Tout ce que les généraux de Charles VII et ses ministres entreprenaient pour le rétablissement des affaires ne faisait que les empirer. Les choses n'avaient changé de face que depuis l'apparition de Jeanne d'Arc; la ville d'Orléans était tellement cernée par les troupes anglaises, qu'on n'osait espérer que les secours annoncés pourraient y être introduits. Les difficultés nouvelles et inattendues avaient rejeté les assiégés dans leur premier désespoir: aussi leur joie fut-elle au comble quand ils virent arriver le convoi dans leurs murs. Jeanne d'Arc fut reçue par les Orléanais comme un ange libérateur. Ils voyaient en elle comme un être surnaturel à qui tout obéissait, jusqu'aux éléments eux-mêmes. L'entrée de la Pucelle dans Orléans fut toute triomphale. Les habitants étaient ivres de joie et d'allégresse; ils se précipitaient sur ses pas; ils voulaient tous toucher quelque chose qui lui appartînt, ils embrassaient ses armes, ses genoux, ses mains, jusqu'aux harnais de son palefroi; ils remplissaient les airs de cris d'allégresse et de joyeux noëls. Jeanne, fidèle à ses habitudes, se rendit directement à la cathédrale, où un Te Deum fut chanté en action de grâces.

Puis elle se retira dans la maison d'un des principaux bourgeois de la ville, dont la femme jouissait d'une grande réputation de vertu. On lui avait préparé un repas magnifique, mais elle refusa d'y prendre part, et, selon sa coutume, elle ne mangea que quelques tranches de pain trempées dans du vin.

Le comte de Salisbury, sage et vaillant capitaine, était venu, nous l'avons déjà dit, mettre le siège devant Orléans le 6 octobre 1428, et il l'avait poussé avec une extrême activité, eu égard aux usages de ce temps-là. Il passa le reste de cette année à entourer la ville d'une formidable ceinture d'ouvrages importants. Du côté de la Beauce, il construisit une grande bastille qu'il appela Paris, une autre à la porte Renard qu'il appela Rouen; il donna le nom de Windsor à celle qu'il éleva vers Saint-Laurent. Il fortifia près la porte de Bourgogne les églises ruinées de Saint-Loup et de Saint-Jean-Leblanc. Au Portereau, il bâtit une grande forteresse sur les ruines du temple des Augustins, et il lui donna le nom de Londres. Il avait voulu pour ainsi dire rassembler autour de cette ville les grandes cités de France et d'Angleterre, pour être comme les témoins de la chute du royaume. Le premier jour de janvier 1429 l'Anglais, comme le dit naïvement de Serres, pour donner des étrennes à ceux de la ville, vint apposer résolument ses échelles contre les murailles et livrer un terrible assaut. Depuis ce jour, les Orléanais souffrirent toutes les horreurs d'un long siége, une terreur continuelle, sans repos, sans relâche, la disette, l'inquiétude, les maladies, la mort. Réduits aux dernières extrémités, les chefs, enfermés dans cette place, avaient mandé au roi Charles VII qu'il leur était impossible de tenir plus longtemps, et qu'il fallait songer à une honorable capitulation. Ils proposaient de remettre la ville au duc de Bourgogne pour la garder au duc d'Orléans ou au duc d'Angoulême encore prisonniers en Angleterre. Mais le duc de Bedfort n'ayant pas voulu consentir à cet arrangement, les braves chefs de l'armée française étaient décidés à s'ensevelir sous les ruines de cette ville plutôt que de la rendre aux Anglais. Toutefois cette chute ne pouvait plus être longtemps retardée. Les soldats, affamés, découragés, maigris, malades, se traînaient avec peine sur lès remparts. La disette faisait ressentir à tous ses plus vives tortures. Les choses étaient en cet état. Le siége durait depuis bientôt sept mois, quand Jeanne d'Arc vint ravitailler cette malheureuse place et s'y renfermer.

Toujours prompte et décidée, son avis fut d'aller dès le lendemain de son arrivée attaquer les Anglais. Elle avait en ses visions une croyance si robuste, que toute sa tactique militaire consistait à aller toujours en avant, à poursuivre sans cesse les Anglais dans quelque endroit et dans quelque position qu'ils fussent, lors même, disait-elle, qu'ils seraient accrochés aux nues. Mais les généraux qui l'accompagnaient, jugeant les choses sous un point de vue plus pratique, voulaient agir selon les règles de la prudence et de l'art militaire. Aussi il y eut dès le premier jour division dans le conseil des chefs de l'armée. Le sire de Gamache, vieux soldat, assez entêté et fort peu timide, déclara nettement que si l'on écoutait les conseils d'une péronnelle plutôt que ceux d'un chevalier tel que lui, il se retirerait du commandement, et pour ne pas forfaire à l'honneur, il combattrait en simple soldat sous les ordres de quelque brave capitaine. Jeanne répondit que les avis des chevaliers comme lui perdaient le royaume depuis assez longtemps, et qu'on devait au moins essayer une fois de ceux d'une péronnelle comme elle; que du reste le roi lui avait confié la défense de sa cause, et que c'était à elle à la défendre comme elle le jugeait bon.

Dunois vit avec peine la division se mettre parmi les membres du conseil, car plusieurs autres chefs semblaient aussi se ranger du côté de Jean de Gamache. Il fit tous ses efforts pour apaiser ce premier orage, et finit par calmer Jeanne d'Arc en lui promettant que lui et le sire d'Aulon allaient se rendre de suite à Blois pour ramener une partie de l'armée avec un nouveau convoi, et qu'aussitôt ce secours arrivé, on attaquerait les Anglais.

Jeanne d'Arc consentit avec peine à ces délais; elle crut devoir faire ce sacrifice au succès de la cause du roi. Cependant elle ne voulut pas laisser les Anglais sans nouvelles de sa part. Elle leur envoya ses hérauts d'armes, Guienne et Ambleville, leur porter une lettre semblable à celle qu'elle avait déjà adressée de Chinon. Au reçu de cette missive, Talbot entra dans une grande fureur, se répandit en invectives contre la Pucelle; il garda auprès de lui Guienne pour le faire brûler comme hérétique, et renvoya Ambleville avec toutes sortes de menaces. Jeanne d'Arc, voyant revenir son héraut, lui demanda aussitôt ce qu'avait dit Talbot. «Il dit de vous, lui répondit-il, tous les maux possibles, et qu'il vous fera brûler s'il vous tient jamais. — Retourne auprès de lui, lui dit la Pucelle. Tu diras à Talbot qu'il s'arme et je m'armerai aussi; qu'il se trouve devant la ville; s'il me peut prendre, qu'il me fasse brûler; si je le déconfis, qu'il lève le siège et que les Anglais s'en aillent dans leur pays.» Dunois ajouta qu'il fallait dire à Talbot que les prisonniers anglais répondaient de ce qui serait fait aux hérauts de la Pucelle. Sur ce, le chef des troupes ennemies renvoya Guienne et Ambleville; mais il ne voulut pas accepter le défi de Jeanne d'Arc.

Dunois partit pour Blois, ainsi qu'il s'y était engagé, pour accélérer le retour de l'armée. Ce voyage fut de courte durée; car cinq jours s'étaient à peine écoulés, qu'un courrier vint annoncer à Orléans l'arrivée de l'armée de Blois. Elle s'avançait du côté de l'occident. Il fallait qu'elle passât, pour arriver à la ville, entre les bastilles de Londres et de Saint-Laurent. A cette nouvelle, Jeanne d'Arc, présumant qu'on s'opposerait au passage de ses guerriers, s'avança à leur rencontre à la tête des plus vaillants chevaliers et des meilleurs soldats. Sa troupe ne s'élevait pas au-delà de cinq cents hommes, mais c'était la fine fleur de l'année française. On s'attendait à une chaude affaire; il n'en fut rien; les Anglais les regardaient passer et repasser entre leurs bastilles comme si ce n'eût été qu'une vaine procession. «Une stupeur invincible, dit David Hume, l'un de leurs historiens, régnait parmi ces soldats, naguère encore si exaltés par la victoire et si audacieux dans les combats.» On peut juger par ce fait irrécusable du miraculeux prestige que Jeanne d'Arc avait su répandre autour d'elle, si l'on songe surtout qu'aucun combat n'avait encore eu lieu. L'armée et le convoi de vivres entrèrent dans Orléans aux acclamations des habitants.

Aussitôt rentrée dans la ville, Jeanne d'Arc, épuisée de fatigues, alla se jeter un instant sur son lit pour prendre quelque repos. Mais pendant ce temps des archers français, postés non loin de la bastille de Saint-Loup, se prirent de querelle avec les soldats anglais de garde sur les remparts du fort. La dispute s'échauffa bientôt: des paroles on passa aux actions, des provocations aux combats. La bataille gagna de proche en proche et bientôt elle devint générale. Les Français, enthousiasmés par leurs succès récents, par les promesses de la Pucelle, brûlaient d'en venir aux mains. Les Anglais, honteux de leur récente inaction, voulaient en effacer la honte par une victoire. Les deux armées combattaient avec une ardeur inouïe à l'insu de leurs chefs. Le bruit de ce combat imprévu se répandit bientôt dans Orléans. Les cris aux armes! aux armes! se firent entendre de tous côtés et vinrent éveiller Jeanne d'Arc. En une seconde sa chambre fut remplie de guerriers, de prêtres, de bourgeois, qui lui venaient apporter cette nouvelle: «Mon Dieu, mon Dieu! s'écria-t-elle en les voyant, le sang de nos gens coule par terre! Pourquoi ne m'a-t-on pas éveillée plus tôt? Ah! c'est mal fait.... Mes armes! mes armes! Mon cheval!» Prompte comme la louve qui voit ses louveteaux aux prises avec les chiens terribles, elle ne fit qu'un bond de la ville à la bastille. D'Aulon et son page la suivaient de près; Dunois, La Hire, plusieurs autres chevaliers s'étaient élancés sur ses pas. Les Français, qui avaient consulté beaucoup plus leur courage que la prudence, succombaient sous le nombre et commençaient déjà à se retirer à l'abri des murailles d'Orléans. Jeanne poussa son coursier à travers les fuyards, droit à la bastille, criant de toutes ses forces le vieux cri de guerre des Français: Montjoie! Saint-Denis! sus aux Anglais! Les combattants, excités par sa voix et son exemple, reviennent à la charge. Le combat s'engage avec une nouvelle ardeur, avec un acharnement incomparable. Les Anglais, bien que privés de leur chef, se défendent avec intrépidité et fermeté ; mais rien ne peut résister à l'élan des Français, constamment soutenus et réchauffés par Jeanne, qui semblait se multiplier et être au même instant sur tous les points. Les Anglais, ayant à leur tête Talbot, accourent aussi au secours de leurs compagnons, assiégés dans la bastille de Saint-Loup. Mais ce mouvement avait été prévu. Le maréchal de Boussac et le sire de Graville vinrent aussitôt, suivis de leurs troupes et des bourgeois d'Orléans, se placer comme une muraille de fer entre les bastilles assiégées et les autres positions anglaises. Leur bonne contenance retint les Anglais, qui abandonnèrent leurs compagnons à leur seul courage, et se tinrent impassibles spectateurs de leurs combats et bientôt de leur défaite. La lutte acharnée et sanglante durait depuis trois heures, quand la blanche bannière de la Pucelle flotta sur les murailles écroulées de la bastille.

Jeanne d'Arc arriva la première sur les remparts, criant: Montjoie! Saint-Denis! ville gagnée! Les Français firent un grand carnage d'Anglais et emmenèrent beaucoup de prisonniers, l'artillerie et toutes les munitions de guerre, puis ils incendièrent ce fort.

Le lendemain de cette première victoire, qui était le 5 mai, jour de l'Ascension, Jeanne d'Arc ne voulut point combattre, à cause de la fête. Elle passa la journée entière dans l'exercice des pratiques religieuses; elle se confessa, communia, et, voulant consacrer cette journée par une nouvelle démarche pacifique, elle s'avança aussi près que possible des bastilles anglaises, prit avec elle un archer à qui elle ordonna de lancer au bout de sa flèche une nouvelle lettre aux Anglais, en leur criant: «Lisez, voici des nouvelles de la Pucelle!» Elle avait fait ajouter au bas de sa lettre les paroles suivantes: «C'est pour la troisième et dernière fois que je vous écris, et ne vous écrirai plus désormais. Signé : JHS MARIA, Jehanne la Pucelle.» Les Anglais, après avoir lu sa missive, se mirent à crier contre elle toutes sortes d'injures si offensantes qu'elle ne put retenir ses larmes. Elle se retira à la fois triste et indignée, et se promettant bien de leur faire payer cher et bien vite leurs lâches insultes.

Pendant ce jour, les chefs de l'armée s'étaient occupés des préparatifs pour la bataille du lendemain, car ils avaient décidé à l'unanimité qu'il ne fallait pas laisser refroidir l'enthousiasme du soldat. Jeanne d'Arc, avant la fin du jour, parcourut la ville, exhortant les soldats à se confesser, disant que l'attaque et la défense seraient bien sanglantes, et que l'on devait se préparer à paraître devant Dieu. L'armée française, ayant à sa tête Jeanne d'Arc, sortit le 6 mai au matin de la ville d'Orléans par la porte de Bourgogne. Cette journée devant être décisive, les chefs les plus célèbres étaient présents: Dunois, La Hire, les maréchaux de Rayz et de Boussac, de Greneville, de Florent, d'Illiers, de Gaucourt, de Villars. Jeanne rayonnait de joie; elle parcourait les rangs, s'écriant avec enthousiasme: «Ayez bon courage, mes amis! Dieu est avec nous,
«et nous bouterons les Anglais ce jour même hors leurs
«bastilles!»

On s'embarqua entre la Tour Neuve et la porte Saint-Loup, et on vint aborder une petite île très-voisine de la rive gauche de la Loire et peu éloignée de Saint-Jean-Le-Blanc. Quand toutes les troupes furent réunies, on plaça deux bateaux en travers dans le canal étroit qui séparait cette île de la terre ferme, et l'armée y passa comme sur un pont.

A la vue de l'armée française, les Anglais abandonnent précipitamment et incendient la bastille de Saint-Jean-Le-Blanc. Jeanne les poursuivit et vint planter son étendard au pied du boulevard des Augustins. Ici le combat s'engagea de part et d'autre avec fureur. Cependant, malgré leur vigoureuse défense, les Anglais furent obligés d'abandonner cette position et de se réfugier dans les Tournelles, après avoir perdu beaucoup de monde.

Les Tournelles étaient de ce côté d'Orléans la seule bastille où tenaient encore les Anglais. Mais cette position était presque imprenable;

elle était bien garnie de toutes provisions, et défendue par Glacidas, l'un des chefs les plus courageux de l'armée ennemie. Nous savons déjà que la tactique militaire de Jeanne d'Arc, toujours la même, est d'aller en avant, d'attaquer toujours et le plus tôt possible. Dès le lendemain de grand matin, elle parcourait les rues d'Orléans, appelant au combat bourgeois et hommes d'armes; mais les autres chefs, jugeant qu'il ne fallait pas, par une précipitation mal entendue, s'exposer à perdre les avantages qu'on avait obtenus la veille, avaient placé à la porte de Bourgogne le sire de Gaucourt pour empêcher la Pucelle de sortir de la ville. Jeanne arriva, suivie d'une foule immense; les portes furent forcées, et bientôt les Tournelles furent entourées d'un grand nombre de combattants. Il n'était pas encore dix heures du matin, que déjà tout était prêt pour donner l'assaut; les chefs eux-mêmes étaient accourus, ne voulant pas laisser leurs soldats se battre sans eux. Ce combat, comme ceux des jours précédents, fut acharné de part et d'autre; trois heures durant, les Français tentèrent l'assaut, et furent repoussés par les Anglais. Mais l'invincible Jeanne d'Arc était là ; elle s'élance tout à coup au milieu des combattants, saisit une échelle, l'applique contre le mur, et y monte avec une intrépidité merveilleuse, malgré les flèches lancées de toutes parts contre elle. Elle allait toucher la crête du mur, quand un trait vint la frapper entre le cou et l'épaule et la renverser dans le fossé. Les Anglais se jetèrent à l'instant sur elle, et ils l'auraient sans doute faite prisonnière, si le sire de Gamache n'était précipitamment accouru à son secours. L'ayant relevée, ce seigneur lui dit: «Jeanne, prenez mon cheval, plus de rancune; j'avais à tort mal pensé de vous. — Sans rancune, répondit-elle, car je ne vis jamais chevalier si bien appris.»

Jeanne d'Arc était grièvement blessée: il fallut la désarmer et l'étendre sur l'herbe; on mit sur sa plaie un appareil d'huile d'olive et de vieux lard. Pendant ce temps, les Français, privés des encouragements de cette intrépide jeune fille, et la croyant à jamais perdue pour eux, ne voulaient plus combattre. Dunois fit sonner la retraite et ordonna d'emmener les canons. A cette vue, Jeanne se relève; l'extrême danger la rappelle à la vie; elle défend qu'on quitte le champ de bataille; elle supplie, elle ordonne, elle menace: «Eh! mon Dieu! s'écriait-elle, attendez un peu; vous entrerez, n'ayez doute!» On lui obéit; elle reprend ses armes, son étendard, remonte sur son cheval en criant: «Allez, la bastille est à nous! à l'assaut!» Les Anglais sont frappés d'effroi à la vue de cette intrépide jeune fille qu'ils croyaient morte; ils hésitent, reculent. Jeanne les presse, les culbute, et en un instant le boulevard fut pris par les Français. Un immense et funèbre cri de sauve qui peut! retentit parmi les assiégés; ils se précipitent pêle-mêle sur le pont-levis qui conduisait du boulevard à la bastille. Mais d'Aulon fit diriger sur ce pont une bombarde qui le brisa en mille éclats; Glacidas et les siens tombent dans le fleuve en poussant des hurlements horribles. Ceux qui n'avaient pas encore atteint le pont furent massacrés par les Français; pas un seul n'échappa à cet horrible carnage.

Cette journée jeta l'épouvante parmi les Anglais postés de l'autre côté de la ville; ils profitèrent de la nuit pour lever le siège, abandonnant toutes leurs munitions de bouche et de guerre dans leurs bastilles. Orléans était délivré. La première promesse de Jeanne se trouvait ainsi accomplie le 7 mai, après un siège de sept mois, jour pour jour.

Le siège levé, Jeanne d'Arc quitta à l'instant la ville, et se rendit auprès du roi Charles VII pour le mener sacrer à Reims; c'était là le second objet de sa mission.

Le monarque français avait quitté Chinon et était venu s'établir à Loches, pour être plus près du théâtre de la guerre. Jeanne d'Arc fut reçue par le roi et par toute la cour avec les marques de la plus vive reconnaissance. Sa présence excitait partout l'admiration; elle était toute pâle et toute souffrante encore de sa blessure. A peine sortie des combats, elle venait s'offrir à de nouveaux dangers; on lui devait les succès présents, et on n'espérait qu'en elle pour ceux à venir. Cependant le roi Charles VII hésitait, tremblait, et n'osait entreprendre ce périlleux voyage de Reims. La route de cette métropole était au pouvoir des ennemis, et il entrevoyait avec effroi tous les combats qu'il faudrait livrer, toutes les villes qu'il faudrait prendre avant de pouvoir poser sur sa tête la royale couronne de France, et recevoir l'onction sainte dans l'antique cathédrale de Saint-Remy.

Malgré les pressantes sollicitations de Jeanne d'Arc, il voulait gagner du temps, rassembler autour de lui une armée plus nombreuse; il voulait attendre que de nouveaux succès lui rendissent la route plus facile. Mais Jeanne supportait tous ces retards avec une visible impatience, et quand on lui demandait quels étaient ses motifs pour mettre tant de précipitation: «Eh! mon Dieu! répondait-elle tristement, je ne dois durer qu'un an au plus; il est temps que je me hâte.» Ses instantes prières décidèrent enfin le roi à partir pour Reims; il convoqua toute la noblesse à ce glorieux voyage. Une armée de cinq à six mille hommes était rassemblée à Selles en Berri; il en donna le commandement au duc d'Alençon, et l'on se mit en marche le 8 du mois de juin.

L'armée royale eut bientôt occasion de signaler sa valeur; Jeanne d'Arc n'était pas femme à lui donner un long repos: dès le soir même on arriva devant Jargeau. Les chefs restés dans Orléans avaient voulu, pendant l'absence de la jeune héroïne, prendre cette ville, où s'était réfugiée une partie de l'armée anglaise; mais ils avaient complétement échoué. Jeanne d'Arc ne voulut pas la laisser derrière elle; elle insista pour qu'on la prît; toutefois elle se rangea de l'avis des autres chefs, qui voulaient qu'on allât auparavant chercher des renforts à Orléans.

Quelques jours après, l'armée revint devant Jargeau, et trois jours n'étaient pas écoulés, qu'elle s'en était rendue maîtresse. Jeanne d'Arc se distingua à ce siège par plus d'une action d'éclat: montant la première à l'assaut, selon sa constante habitude, elle fut renversée par une pierre qui brisa son étendard; elle fit des prodiges de valeur comme toujours; mais, pour la première fois, elle dirigea l'artillerie avec un bonheur et une adresse si extraordinaires, qu'aucun chef de cette arme n'aurait pu mieux faire. Les résultats de cette journée furent immenses; plus de onze cents Anglais furent tués dans celte ville. Le comte de Suffolk, son frère, et plusieurs autres seigneurs de la plus haute noblesse, furent faits prisonniers.

Il se passa à ce sujet un fait, qui peint bien les mœurs militaires de cette époque.

Le comte de Suffolk, réduit aux dernières extrémités, et voulant se rendre prisonnier, aperçut parmi ceux qui le poursuivaient un guerrier qui se faisait distinguer par sa valeur: il marcha droit à lui, s'écriant: «Es-tu gentilhomme? — Oui, répondit le jeune guerrier, qui était un écuyer d'Auvergne nommé, Guillaume Regnault. — Es-tu chevalier? continua Suffolk. — Non, répondit l'écuyer. — Eh bien! tu le seras de mon fait,» ajouta le général anglais. Il lui donna aussitôt l'accolade avec son épée, puis la lui remit, et se rendit son prisonnier. Le comte de Suffolk aurait certainement préféré mourir sur le champ de bataille que de se rendre à un vilain.

De Jargeau, l'armée, augmentée des renforts qui arrivaient chaque jour, se dirigea sur Beaugency, où commandait le célèbre Talbot. Mais que pouvait faire ce guerrier dans une ville peu fortifiée, avec des soldats découragés, contre des ennemis enthousiasmés par leurs succès récents? Il abandonna cette place pour aller se joindre à l'armée anglaise qui venait de Paris, sous les ordres de Fastolf, dans le but de livrer aux Français une bataille décisive. Les deux armées se rencontrèrent près du village de Patay, dans un endroit appelé le lieu des Cognées. Les Français, qui depuis plusieurs années avaient toujours été battus en rase campagne par les Anglais, hésitaient à les attaquer. Mais Jeanne d'Arc, secondée cette fois par les plus jeunes et les plus vaillants chevaliers, La Hire, Dunois, Xaintrailles, les eut bientôt décidés. Les Anglais n'avaient pas encore eu le temps de se ranger en bataille, que l'avant-garde de l'armée française se jeta sur eux avec une si grande impétuosité, qu'ils ne purent soutenir son choc; la frayeur et le désordre se mirent dans leurs rangs. Les cavaliers prirent la fuite à toute bride, à travers les fantassins qu'ils culbutaient. Talbot fit de vains efforts pour rallier ses gens et rétablir le combat; il ne put empêcher une défaite complète: lui-même se rendit à Xaintrailles. On évalue la perte des Anglais à quatre ou cinq mille hommes. Le lendemain Joinville ouvrit ses portes aux vainqueurs.

La délivrance d'Orléans, la prise de Jargeau, de Beaugency, de Joinville, la victoire de Patay, tous ces faits d'armes accomplis dans l'espace d'un mois avaient bien changé l'état des choses en France. Charles VII, cessant d'être incertain et craintif, prit enfin la résolution de marcher sur Reims. On fixa Gien pour le rendez-vous général des troupes qui feraient partie de cette périlleuse expédition. Jeanne, avec une activité indomptable, en pressait les préparatifs, passait les troupes en revue, soufflait partout cet enthousiasme qui l'animait.

Tout étant prêt, on partit de Gien le 28 juin. L'armée montait à environ douze mille combattants. Le succès des armes françaises avait jeté l'épouvante parmi les petites garnisons anglaises de la Beauce; la plupart désertèrent les places qu'elles étaient chargées de défendre. Les villes importantes, Auxerre, Troyes, Châlons-sur-Marne, se soumirent presque toutes sans difficulté. L'armée arriva devant Reims le 15 juillet, presque sans coup férir. A son approche, le seigneur de Chatillon, gouverneur de la ville au nom du roi d'Angleterre, et le sire de Saveuse, qui était venu de la part du duc de Bourgogne, se retirèrent avec leurs troupes; et les habitants étant venus faire leur soumission, Charles VII entra triomphalement dans cette ville, où il voulut être sacré le lendemain.

Durant toute la cérémonie du sacre, Jeanne d'Arc resta debout auprès du monarque, tenant d'une main son étendard, tout rempli de glorieuses déchirures, et de l'autre sa victorieuse épée. Tous les regards étaient fixés sur elle, et les cris de: Vive la Pucelle! retentirent au moins aussi nombreux que ceux de; Vive le roi! Après la cérémonie, Jeanne, tombant aux genoux de Charles VII, lui dit: «Enfin, gentil roi, or est exécuté le plaisir de Dieu, qui voulait que vous vinssiez à Reims recevoir votre digne sacre, et montrer que vous êtes le vrai seigneur à qui la France doit obéir.» Puis elle ajouta: «J'ai accompli ce que Messire m'a commandé, qui était de faire lever le siége d'Orléans, et de vous mener sacrer à Reims. Plût à Dieu, mon créateur, que je pusse maintenant partir, et aller servir mon père et ma mère en gardant leurs brebis avec ma sœur et mes frères, qui se réjouiraient beaucoup de me voir!» Avait-elle, cette pauvre jeune fille, le pressentiment de ses malheurs futurs et si prochains, hélas? ou bien, comme son vieux père était venu la voir, l'embrasser, l'amour du pays natal s'était-il réveillé puissamment dans son cœur? Charles VII, qui avait pu juger par lui-même de toute l'influence de Jeanne sur ses soldats, ne voulut pas la laisser aller. Il la combla d'honneurs pour l'engager à rester auprès de lui. Mais elle disait sans cesse que son fait était un ministère, et que ce ministère était accompli; qu'elle devait s'en retourner aux champs. Dès ce moment, en effet, elle changea tout à fait de conduite. Elle prétendait auparavant à la direction réelle des affaires, elle donnait impérieusement son avis au conseil, et elle le faisait toujours adopter; désormais elle laissa faire le roi et ses chefs de guerre. Il fut facile de s'apercevoir que cette volonté ardente, impétueuse, décidée, ne présidait plus aux opérations de l'armée. Charles VII quitta Reims trois jours après son couronnement, et pendant près de deux mois il erra, pour ainsi dire, à la tête de son armée, à travers la Brie, sans livrer un seul combat décisif. Plusieurs villes vinrent cependant encore se rendre à lui. L'affaire la plus importante fut le siège que les troupes royales vinrent mettre devant Paris le 7 septembre. Jeanne n'y voulait pas paraître, mais le roi l'en pria; elle ne savait jamais résister à ses ordres, et elle se mit cette fois encore à la tête de l'avant-garde: elle attaqua la première barrière du côté du village de la Chapelle, elle y mit le feu, et entra avec sa troupe dans le boulevard du dehors. Quand la Pucelle vit que les ennemis n'osaient tenter une sortie, toujours emportée par sa vaillance, elle résolut de les attaquer: elle fit jeter des fagots et des fascines dans le fossé ; mais comme elle s'en allait sondant partout avec sa lance où l'on pourrait risquer le passage, les assiégés firent pleuvoir autour d'elle une grêle de traits: son porte-étendard tomba mortellement blessé ; elle-même, atteinte d'une flèche qui lui traversa la jambe, fut forcée de se coucher par terre. Cependant, blessée et pouvant à peine se tenir debout, Jeanne conduisait toujours l'assaut, et ne voulait pas qu'on se retirât; en vain la nuit vint-elle, en vain le seigneur de la Trémouille donna-t-il l'ordre à l'armée de se retirer sur Saint-Denis, Jeanne ne voulut pas quitter l'assaut: il fallut que le duc d'Alençon allât la chercher lui-même par ordre du roi.

Cette journée avait jeté le découragement dans le cœur de la Pucelle: elle seule avait fait son devoir; les autres chefs s'étaient conduits avec mollesse; une grande partie n'avait pas voulu combattre, la division régnait dans le conseil, et on prit le parti de se retirer vers la Loire. Cette retraite acheva de désespérer Jeanne d'arc; elle supplia le roi de la laisser aller finir ses jours dans son obscur village. Depuis longtemps elle ne cessait de l'engager à faire la paix avec le duc de Bourgogne, disant qu'assez de sang était versé, et que cette réconciliation amènerait immédiatement la ruine des Anglais et leur expulsion du territoire français. Elle renouvela ses exhortations ce jour-là avec plus d'instance que jamais; puis elle se rendit au tombeau de saint Denis, et y suspendit son armure blanche avec une épée qu'elle avait conquise sur les Anglais dans l'assaut de Paris, car elle avait brisé la veille celle qu'elle avait apportée de Fierbois. Pourquoi fallut-il qu'elle ne pût se retirer, ainsi qu'elle le désirait tant? Le roi Charles VII n'y voulut jamais consentir. Elle suivit encore la fortune de ce prince, qui, pour récompenser son dévouement, l'anoblit par lettres-patentes du 16 janvier 1430, elle et ses frères, qui eurent le droit de porter des armoiries « d'azur à une épée d'argent, à pal, croisée ou pommelée d'or, soutenant de la pointe une couronne d'or, et côtoyée de deux fleurs de lys de même.» Par les mêmes lettres, le roi changea le nom de la famille d'Arc en celui du Lys. Jeanne eut désormais un état de maison qui égalait celui d'un comte: «Elle avait, dit un écrivain contemporain, outre de nobles demoiselles attachées à sa personne, un intendant, un écuyer, des pages, des valets de main, de pied, et de chambre.» Vains honneurs qui n'ont rien ajouté à sa gloire. Son nom du Lys, qui rappelle sa noblesse, n'est-il pas aujourd'hui oublié, et celui-là qui rappelle sa valeur ne brille-t-il pas seul d'un immortel éclat ?

Décidée à rester ou plutôt à mourir au service de Charles VII, Jeanne y mit cette condition, qu'elle ne serait pas inactive. Le roi voulut se rendre maître du cours de la Loire; on rassembla une armée à Bourges pour cette expédition, et on en donna le commandement au sire d'Albret et à la Pucelle. Quelques actions d'éclat vinrent encore ajouter à sa gloire. Elle commença par aller assiéger Saint-Pierre-le-Moutier, petite ville située au confluent de l'Allier et de la Loire. Après un siège acharné de cinq jours, l'étendard de Jeanne d'Arc flotta sur les murailles de la ville prise. Quelque temps après, la Pucelle apprend que Compiègne est vigoureusement assiégée par le duc de Bourgogne. Son parti est bientôt pris; elle court s'enfermer dans cette ville. A peine y est-elle arrivée, qu'elle va, à la tête d'une petite troupe de braves soldats, attaquer les ennemis dans leurs retranchements. Le premier choc fut rude. Les Bourguignons, surpris, sont taillés en pièces; mais bientôt le sire de Luxembourg arrive avec ses gens et rétablit le combat, qui devient furieux. Jamais Jeanne d'Arc ne montra plus de vaillance et d'habileté ; deux fois elle culbuta ses ennemis, deux fois ils revinrent à la charge, leur nombre augmentant sans cesse. Les Français ne pouvant plus tenir, Jeanne songea à une retraite honorable; elle se met à l'arrière-garde. Les Bourguignons se jettent sur elle avec fureur, car ils l'avaient reconnue à sa huque d'écarlate brodée d'or et d'argent. Bientôt elle se trouva environnée d'ennemis de toutes parts. Pour la première fois peut-être, elle se battit corps à corps; elle fit des prodiges de valeur, écartant tout ce qui s'approchait d'elle. Elle allait échapper, quand un archer picard la saisit par sa huque de velours et la fit tomber de cheval. Renversée, elle se débattit quelque temps encore; mais, à bout de ses forces, et voyant arriver Lionel, bâtard de Vendôme, elle se releva fièrement et se rendit à lui.

Elle fut aussitôt conduite au quartier du sire de Luxembourg. On peut juger par la joie que cette prise répandit parmi ses ennemis, de la terreur qu'elle leur inspirait. Des courriers partirent aussitôt pour annoncer sur tous les points cette importante nouvelle, et on chanta des Te Deum d'action de grâces dans toutes les églises des villes soumises aux Anglais.

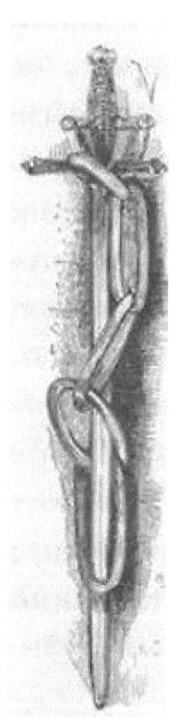

Voici que nous allons assister au dénouement de cette illustre vie. On se figure que le roi Charles VII va mettre tout en usage pour délivrer sa libératrice, pour rendre la liberté à celle qui lui a rendu son royaume. On se figure qu'il va la redemander par ses ambassadeurs; que cette armée, si souvent victorieuse par elle, voudra à tout prix reconquérir son chef, son idole. Helas! cela fait mal à dire, la pauvre jeune fille fut lâchement et odieusement abandonnée, au moins par la cour, car, si l'on en peut croire un historien, La Hire, Dunois, Xaintrailles, quelques braves soldats, avaient formé le projet de s'introduire dans Rouen, et de la délivrer les armes à la main.

Le sire de Luxembourg envoya sa prisonnière avec une escorte nombreuse au château de Beaulieu, puis au château de Beaurevoir en Picardie;

elle tenta de s'en échapper; mais, s'étant blessée en escaladant un mur, elle fut reprise et conduite à Arras.

Les Anglais, les Bourguignons, l'Université de Paris, l'évêque de Beauvais, Pierre Cauchon, excepté ceux qui lui devaient tant, tout le monde fit des offres brillantes au sire de Luxembourg pour racheter sa prisonnière; il se décida en faveur du gouvernement anglais, qui lui compta dix mille livres en la recevant de ses mains à Arras.

Jeanne d'Arc fut en dernier lieu conduite à Rouen et renfermée dans la grosse tour du château. Pendant le jour, elle avait les pieds retenus par des ceps de fer, qui tenaient eux-mêmes à une grosse pièce de bois; la nuit elle était garrottée sur son lit par des chaînes qui l'étreignaient partout, et l'empêchaient même de se mouvoir. Cinq archers anglais étaient chargés de la garder; on choisissait les hommes les plus grossiers; trois couchaient dans sa chambre. Ces misérables insultaient à cette illustre captive et la maltraitaient indignement; ils étaient encouragés à ces odieux traitements par leurs chefs eux-mêmes. Le sire de Luxembourg, les comtes de Warwick et de Straford la vinrent insulter jusque dans cette prison. Les Anglais préludaient dès lors par le martyre odieux de cette jeune héroïne française à cet autre sacrifice du plus grand des héros modernes, qu'ils devaient consommer quatre cents ans plus tard sur le rocher de Sainte-Hélène; deux grandes taches de sang que tous les cœurs français ne cesseront de voir empreintes sur les pages de leur histoire.

Après de longs préparatifs, de cruelles et oiseuses discussions, on commença enfin le procès de la Pucelle. Jamais les formes solennelles de la justice ne furent plus impudemment violées que dans ce monstrueux procès. Il eût été difficile, sans doute, dans celte vie si simple à son aurore, si courageuse et si illustre par la suite, de trouver même l'apparence d'une accusation sérieuse. On fit des informations de tous côtés; on envoya à Domremy; on éplucha minutieusement chaque action de la vie de cette jeune fille; on ne put l'accuser que d'avoir porté des habits d'homme et d'avoir voulu se faire passer pour envoyée de Dieu. Un Français, un évêque, ce Pierre Cauchon dont nous avons déjà parlé, se chargea de soutenir cette étrange accusation. Un chanoine de Beauvais, nommé Estivet, remplissait les fonctions d'accusateur. Ces deux hommes, dont il faut retenir les noms pour les exécrer, injurièrent Jeanne d'Arc pendant tout le procès, qu'ils conduisirent avec une révoltante partialité et une fureur sans exemple. Leurs violences toutefois ne purent la troubler. Jeanne d'Arc se montra dans les fers plus grande que dans les combats, plus ferme devant ses juges que devant ses ennemis. On ne voulut lui donner ni avocat ni conseil; elle se suffit à elle-même; ses juges furent plus d'une fois stupéfaits de la noblesse et de l'à-propos de ses réponses. Quand on l'interrogea sur son étendard, elle répondit: «Je le portais au lieu de lance, pour éviter de tuer quelqu'un; je n'ai jamais tué personne.» Quand on lui demandait par quels sortiléges elle échauffait le courage des soldats: «Je leur disais, repondit-elle: Entrez parmi les Anglais; j'y entrais moi-même la première, et ils me suivaient.» Tous ces docteurs, habitués aux arguties scolastiques, mettaient en œuvre toute leur adresse pour la fourvoyer; mais elle les remettait sans cesse dans la question. Plusieurs conseillers, qui ne voulaient pas se rendre coupables du crime qu'on méditait, se permirent quelques observations; ils furent à l'instant interdits et chassés.

Un conseiller, frère Isambart, voyant que l'accusateur voulait tromper Jeanne d'Arc par l'ambiguité de ses questions, crut devoir à sa conscience de bien les faire comprendre à l'accusée. A peine eut-il prononcé quelques mots, que l'évêque de Beauvais lui ferma la bouche, et que le comte de Warvick lui dit: «Pourquoi souffles-tu cette méchante? Vilain, si je m'aperçois que tu veuilles encore la secourir, je te ferai jeter à la Seine.»

Enfin cette longue torture morale de l'accusée, cette indigne parodie de la justice humaine, eut un terme. Une sentence fut rendue qui déclarait Jeanne d'Arc retranchée de l'Église comme un membre infect, et livrée à la justice séculière. Le 24 mai 1431, elle fut amenée au cimetière de Saint-Ouen.

Là deux grands échafauds étaient dressés: sur l'un était le cardinal de Winchester, l'évêque de Beauvais, Pierre Cauchon, les évêques de Noyon et de Boulogne, et une partie des assesseurs; sur l'autre monta Jeanne d'Arc. Elle était entourée de gardiens et de son confesseur; il y avait aussi sur cet échafaud un docteur en théologie nommé Guillaume Évrard, qui prêcha longuement, ou plutôt recommença une longue accusation contre la Pucelle. Tant qu'il n'attaqua qu'elle, Jeanne garda le silence; mais quand, sur la fin de sa diatribe, il s'écria: «C'est à toi, Jeanne, que je parle, et je te dis que ton roi est hérétique et schismatique. — Parlez de moi, répondit-elle, mais ne parlez pas du roi; et j'ose bien dire et jurer sur la vie que c'est le plus noble d'entre les chrétiens; il n'est point tel que vous le dites.» Cette pauvre fille défendait encore sur l'échafaud celui qui l'abandonnait si indignement.

Le sermon fini, on voulut faire abjurer Jeanne d'Arc; mais elle ne savait pas même ce que signifiait le mot abjuration. Elle comprit que sous ce prétexte ses juges voulaient lui faire reconnaître qu'ils avaient bien jugé ; donc elle refusa nettement; on la pria, on la menaça, on l'insulta, on lui fit de magnifiques promesses; elle restait ferme, disant: «Tout ce que j'ai fait, j'ai bien fait de le faire.» Voyant qu'on ne terminait rien, les Anglais qui assistaient à cette étrange cérémonie murmuraient, tempêtaient, menaçaient, et demandaient sa mort avec d'affreux hurlements. On donna alors à Jeanne d'Arc une nouvelle explication de l'abjuration. On lui dit que c'était reconnaître ce que reconnaît l'Église. «Je veux, dit-elle alors, tout ce que l'Église voudra, et si les gens d'Église disent que mes visions ne sont pas croyables, je ne les soutiendrai pas.» On lui avait fait croire qu'en faisant cette déclaration elle allait être rendue à la liberté ; mais aussitôt qu'elle l'eut signée, on la condamna à passer le reste de ses jours en prison, au pain de douleur et à l'eau d'angoisse.

On la reconduisit dans son cachot. Cependant les Anglais furent indignés de ce dénouement; ils attendaient du sang, et on ne leur en avait pas donné. Ils faillirent se jeter sur les juges, l'épée à la main; mais ils s'apaisèrent sur ce que leur dit le comte de Warvick, que tout n'était pas fini, qu'on retrouverait bientôt cette Pucelle; cruelles et perfides paroles qui furent en effet trop tôt justifiées.

On avait défendu à Jeanne d'Arc de porter d'autres habits que ceux de son sexe, et elle s'y conformait. Mais un matin qu'elle demandait à ses gardiens de la délier pour qu'elle pût se lever, l'un d'eux enleva ses habits de femme qui étaient sur son lit, y jeta des habits d'homme, et dit en détachant la chaîne: «Lève-toi, maintenant. — Vous savez que je ne puis prendre cet habit,» répondit-elle. On lui répondit qu'elle n'en aurait pas d'autres, et qu'ils étaient assez bons puisqu'elle restait enfermée dans une prison. Elle leur objectait qu'elle s'était engagée à ne plus porter d'habits d'homme; eux lui répondaient que personne ne la verrait ainsi: ce débat dura jusqu'à midi. Forcée de se lever, elle prit le seul vêtement qu'elle eût à sa disposition; alors on courut prévenir le comte de Warvick, l'évêque Cauchon et d'autres, qui vinrent constater cette prétendue violation des ordres que Jeanne avait reçus; et dès le lendemain 29 mai, sans vouloir entendre aucune des excellentes excuses qu'elle avait à donner, sans même la faire venir devant eux, les juges la condamnèrent au dernier supplice.

On ne perdit pas de temps. Le 30 mai, à neuf heures du matin, frère Martin Ladvenu se rendit à la prison de Jeanne d'Arc, et lui annonça le sort cruel qui l'attendait; il la confessa et la prépara à la mort. Bientôt on la fit monter dans un chariot qui l'attendait dans la cour du château; à côté d'elle étaient placés frère Martin Ladvenu, son confesseur, Jean Massieu et frère Isambard, qui lui avait témoigné un constant intérêt. Huit cents Anglais armés de haches, de piques, escortaient ce funèbre convoi. Arrivée à la place du supplice, elle s'écria: «Ah! Rouen! Rouen! est-ce ici que je devais mourir!»

Trois échafauds étaient dressés sur cette place. Sur l'un étaient les juges ecclésiastiques; sur l'autre le cardinal de Winchester et les autres prélats et séculiers; le troisième fut occupé par Jeanne d'Arc.

Une multitude immense était accourue à ce cruel spectacle. Un docteur en théologie, Nicolas Midy, prit la parole, et dirigea contre la Pucelle une nouvelle accusation; il lui reprocha durement sa prétendue rechute, et finit par ces mots: «Jeanne, allez en paix; l'Église ne veut plus vous défendre, et vous livre aux mains séculières.»

Jeanne d'Arc écouta tout ce discours avec le plus grand calme: quand il fut terminé, elle se mit à genoux et adressa à Dieu les prières les plus ferventes; elle déclara hautement qu'elle pardonnait à ses ennemis.

La vue de cette jeune fille si courageuse et si patiente au moment où elle avait devant les yeux une mort affreuse, excita un mouvement du plus vif intérêt parmi les assistants. L'évêque de Noyon et plusieurs autres ecclésiastiques français descendirent de l'échafaud et se retirèrent; ils ne pouvaient s'empêcher de pleurer. L'évêque Cauchon conserva sa cruelle impassibilité jusqu'au dénoûment de ce drame terrible; ce fut lui qui lut à la Pucelle la sentence qui la déclarait relapse et la condamnait à être brûlée vive.

Jeanne n'eut besoin que de quelques instants pour se préparer à la mort. Sur sa demande, on lui apporta une croix; elle s'agenouilla devant ce signe sacré qui lui rappelait tout à la fois l'injustice des hommes et la bonté de Dieu. J. Massieu et frère Isambard ne la quittèrent pas et ne cessèrent de lui donner les consolations et les exhortations dont elle avait si grand besoin à ce moment terrible. Cependant ces pieux préparatifs, ces retards nécessaires faisaient murmurer les Anglais, qui poussaient des cris féroces. Tout à coup deux sergents s'approchent de Jeanne, et menacent de la faire descendre de force de l'échafaud sur lequel elle était; voyant cela, la courageuse jeune fille embrassa une dernière fois la croix qu'on lui avait apportée, et s'appuyant sur le bras de son confesseur, elle marcha avec fermeté vers le bûcher. Les Anglais ne purent attendre qu'elle s'y rendît elle-même, des hommes d'armes l'entraînèrent avec fureur.

Le bûcher était dressé sur un massif en plâtre. Quand Jeanne y fut montée, on plaça sur sa tête une mitre où étaient écrits en gros caractères les mots hérétique, relapse, apostate, idolâtre. On avait écrit sur une pancarte placée devant l'échafaud un ridicule amas d'injures grossières qui n'ont pu flétrir cette vertu sans tache, cette noble vie, et qui n'ont prouvé que la rage de ses ennemis contre elle.

Le bourreau attacha Jeanne à un poteau, puis il descendit et mit le feu au bûcher. Bientôt les flammes s'élevèrent tout autour de cette jeune et intrépide martyre; ses yeux étaient fixés sur la croix que frère Isambard tenait devant elle, et sa voix, qui prononçait la prière des agonisants, était toujours ferme et distincte, malgré ses horribles souffrances. Le bourreau, voyant que le feu était lent et prolongeait les douleurs de la victime, eut la compassion de l'activer. Enfin on entendit sortir du sein des flammes un mot crié bien haut: «Jésus!...» C'était la dernière parole et le dernier soupir de Jeanne d'Arc.

Le feu s'éteignit, n'ayant plus rien à dévorer; la foule s'en alla silencieuse et profondément attristée; il ne resta autour du bûcher qu'un petit nombre d'Anglais qui avaient mission d'insulter cette jeune fille après sa mort. Le cardinal de Winchester avait ordonné que les cendres et les os de Jeanne d'Arc seraient jetés dans la Seine. Cet ordre fut exécuté.

Ainsi périt l'illustre et infortunée Jeanne d'Arc. Elle avait dix-neuf ans à peine. Depuis un an elle était prisonnière, et souffrait les plus indignes traitements de la part de ses ennemis, et la plus révoltante ingratitude de ses amis. Depuis deux ans seulement elle avait quitté, pour ne la plus revoir jamais, sa pauvre chaumière de Domremy. Elle fut modeste dans ses succès, ferme et sublime dans l'adversité. Toute sa vie fut irréprochable. Une piété fervente l'animait sans cesse; elle y puisa le courage et la grandeur.

Charles VII, devenu paisible possesseur de son royaume, voulut faire reviser le procès scandaleux de Jeanne d'Arc; il s'adressa au pape Calixte III. La famille de Jeanne d'Arc envoya aussi une supplique pressante au souverain pontife, qui y fit droit par un bref daté des ides de juin 1455.

Les principaux évêques de France, les docteurs les plus renommés par leur instruction et leur piété, s'assemblèrent, examinèrent longuement et minutieusement cette infâme procédure, et le 7 juillet 1456 ils prononcèrent leur sentence, qui déclara nul et invalide le jugement qui avait frappé Jeanne d'Arc, comme entaché de dol le plus manifeste, de calomnie et d'iniquité, avec des erreurs de droit et de fait.

Ce jugement fut publié solennellement dans la ville de Rouen, avec processions et prédications publiques, l'une à la place Saint-Ouen, où s'était passée la scène de la fausse abjuration de Jeanne d'Arc; l'autre au lieu même de l'exécution. Il fut aussi ordonné qu'il serait érigé une croix en cet endroit pour perpétuer le souvenir du crime horrible qui s'y était commis, et de son expiation.

Cet hommage fut à peu près le seul qui témoigna de la reconnaissance et de l'admiration publiques envers la Pucelle d'Orléans, jusqu'en 1820. Jusqu'alors la maison même où elle reçut le jour, d'où elle partit pour chasser l'étranger du territoire français, restait abandonnée et tombait en ruines.

Une circonstance bizarre appela sur cette maisonnette l'attention du gouvernement. Lors de l'invasion en 1815, les étrangers, qu'on appelait alors les alliés, vinrent visiter avec un religieux empressement cette chaumière que les Français laissaient dans un oubli honteux. Chaque visiteur contemplait avec respect ces ruines célèbres, et emportait comme souvenir un morceau de pierre ou de vieux bois. Un général prussien alla trouver M. Gérardin, qui était propriétaire de cette maisonnette historique, et lui proposa de la lui acheter pour la somme de six mille francs. Cet honnête homme n'était pas riche; cependant il refusa un pareil marché. Cette offre, ce refus firent quelque bruit, et quatre ans plus tard le département des Vosges sollicita M. Gérardin de lui céder cette maison, et la lui paya deux mille cinq cents francs.

Le roi Louis XVIII, informé de ce fait, envoya à M. Gérardin la croix d'honneur, et ordonna au prefet des Vosges de s'occuper activement de la réhabilitation de ce monument qui devait être si précieux pour la France. Il envoya aussitôt une somme de vingt mille francs pour être affectée à cette œuvre. On ouvrit une souscription dans toute la France, et avec les fonds recueillis on restaura la maisonnette de Jeanne d'Arc. On acheta les maisons environnantes; on bâtit sur leur emplacement une école gratuite pour les jeunes filles, et on éleva sur la place de Domremy une fontaine publique surmontée du buste en marbre de la Pucelle d'Orléans.

Une table en marbre a été placée contre le mur de la chambre où la tradition prétend qu'est née Jeanne d'Arc; on a gravé sur cette table l'inscription suivante:

    L'AN M CCC XI
NAQUIT EN CE LIEU
JEANNE D'ARC
SURNOMMÉE LA PUCELLE D'ORLÉANS
FILLE DE JACQUES D'ARC ET D'ISABELLE ROMÉE
POUR HONORER SA MÉMOIRE
LE CONSEIL GÉNÉRAL DU DÉPARTEMENT DES VOSGES
A ACQUIS CETTE MAISON
LE ROI
EN A ORDONNÉ LA RESTAURATION
IL A FONDÉ UNE ÉCOLE D'INSTRUCTION GRATUITE
EN FAVEUR DES JEUNES FILLES
DE DOMREMY DE GRIEUX ET AUTRES COMMUNES
ET A VOULU QU'UNE FONTAINE
ORNÉE DU BUSTE DE L'HÉROÏNE
PERPÉTUAT SON IMAGE
ET LES PREUVES DE LA RECONNAISSANCE
PUBLIQUE.

CES OUVRAGES ONT ÉTÉ ACHEVÉS LE XXV AOUT M DCCC XX.

En parlant des hommages rendus à la mémoire de Jeanne d'Arc, nous serions coupables d'oublier cette ravissante statue sculptée par la princesse Marie d'Orléans, que la France eût regardée comme un de ses premiers artistes, si elle n'eût été princesse. Ce monument a plus contribué que la pieuse donation du roi Louis XVIII à populariser la noble figure de cette jeune fille. Honneur au vieux roi et à la jeune princesse, qui ont tiré d'un oubli coupable une des plus belles gloires de la France!

SYLVINE D'AUBENCOURT.

SYLVINE JOLIOTTE D'AUBENCOURT.

La plupart des jeunes filles dont nous avons écrit l'histoire, la plus grande partie de celles dont le nom est vénéré par la postérité, ne doivent leur célébrité qu'à cette vertu sublime qui prend toutes les formes, et qui semble être plus particulièrement le partage des femmes, le dévouement.

Sylvine-Joliotte d'Aubencourt fut encore un de ces anges de la terre dont la vie tout entière consacrée au bonheur, à la joie, au salut des autres, doit être proposée à l'admiration et au respect de la jeunesse.

Toute enfant, Sylvine fut privée de sa mère; non pas que la mort la lui eût ravie; mais une loi qui blesse tout à la fois la morale, la pudeur et la religion, le divorce était alors en vigueur, et M. d'Aubencourt répudia sa femme, dont la conduite ne répondait pas à l'affection qu'il avait pour elle. Il resta, pour ainsi dire, veuf avec trois enfants. Sylvine était l'aînée; elle avait huit ans à peine. Douée d'une intelligence rare, elle fit de rapides progrès dans toutes les sciences que son père jugea à propos de lui faire apprendre. Cependant il ne voulait pas en faire une savante ou un poëte, mais, ce qui vaut bien mieux, une femme aimable, assez instruite pour prendre dans le monde une place honorable, y tenir une conversation intéressante, y être aimable et utile, s'attirer la bienveillance et l'amitié de tous: ainsi était déjà à douze ans la jeune Sylvine d'Aubencourt.

Vous rencontrerez encore assez souvent dans le monde des jeunes filles de douze à treize ans, des enfants que la nécessité rend femmes avant l'âge. Intelligentes, actives, infatigables, elles s'occupent des soins du ménage; elles y introduisent l'ordre, l'économie, vertus précieuses qui procurent seules l'aisance et le bien-être. Le plus souvent ces enfants ont perdu l'un ou l'autre des auteurs de leurs jours; elles veillent à tous les petits détails de la vie domestique, auxquels les hommes sont impropres; vous les voyez au marché, à la cuisine, au salon, partout admirables. Si elles ont des frères ou des sœurs plus jeunes qu'elles, elles en prennent un soin affectueux, depuis le moment où elles les ont éveillés avec des baisers jusqu'à celui où elles les endorment au son de quelque naïve chanson. Avec quelle délicate et minutieuse attention elles font la toilette de ces êtres chéris! Comme elles ont soin qu'aucun de leurs petits vêtements ne gêne, ne blesse leurs membres délicats! Durant toute la journée elles ont constamment sur eux un œil attentif. Quelle que soit leur occupation dans l'intérieur du ménage, elles ne les perdent jamais de vue; elles sont toujours près d'eux au moindre danger, à la plus légère alarme; et quand ils arrivent à l'âge où ils peuvent recevoir les premiers éléments des sciences, c'est encore cette sœur dévouée qui devient leur premier instituteur. Avec quelle patience alors, avec quelle infatigable persévérance elle montre à ces bambins à épeler les premières lettres, à former les premiers O! Quel maître aurait cette affection soutenue, douce, infatigable? Quand l'enfant impétueux, enchaîné à ces premières études, s'ennuie, se fatigue et pleure, un baiser, une douce caresse le calme et lui donne de nouvelles forces; de petites récompenses à propos distribuées soutiennent sa volonté chancelante, sa faible énergie. Je ne connais pas un plus ravissant spectacle que celui d'une jeune fille, enfant elle-même, initiant à la vie, aux rudes commencements de l'existence, d'autres enfants comme elle. Quel bonheur respirent toutes ces petites têtes blondes, jouant, étudiant ensemble, qui ne connaissent encore que les jours purs et roses de la vie! Hâtez-vous de jouir du bonheur de l'enfance, enfants naïfs; fleurs à peine écloses, hâtez-vous d'ouvrir au soleil vos pétales blancs: le printemps passe vite; l'automne arrive bientôt, sombre et menaçant.

Sylvine d'Aubencourt était ainsi la providence de toute sa famille. Elle entourait ses deux jeunes frères de l'affection la plus active et la plus touchante. Elle charmait son excellent père; elle le consolait de ses chagrins domestiques, de l'ingratitude de sa femme, par les plus naïves caresses; ses vertus de jeune fille prédisaient une femme accomplie. Elle enchantait tout le monde par ses aimables qualités. Sa conversation, où brillait sa belle âme, et son éducation soignée, la rendaient aimable partout. Ses prévenances, sa douceur, étaient les mêmes pour ses supérieurs que pour ses inférieurs; elle n'était pas moins polie envers le pauvre qu'envers le riche, envers le domestique qu'envers le maître. Tous les paysans du village, tous les serviteurs du château l'aimaient comme leur propre fille, et la repectaient comme une mère; toutes les mères la proposaient pour modèle à leurs filles. Tous les malheureux avaient en elle un ange gardien. Jamais un pauvre ne se présenta au château non-seulement sans y recevoir un soulagement, mais encore sans bénir la main qui donnait avec tant de grâce et de bonté.

Sylvine confiait rarement à d'autres le soin de ses deux jeunes frères; elle les instruisait et les promenait elle-même; elle avait l'habitude de les mener jouer dans un petit bois, non loin du château. Un jour qu'elle y était allée (elle leur avait promis cette partie de plaisir comme récompense de leur docilité : pauvre jeune fille!) elle avait emporté avec elle des fruits, des gâteaux, des confitures, pour faire un petit dîner sur l'herbe: un dîner sur l'herbe, la grande joie, le plaisir suprême des enfants! C'était par une de ces chaudes soirées d'été. A peine avaient-ils fini leur joyeux repas, que le ciel se couvrit de nuages sombres et menaçants. Bientôt des éclairs terribles sillonnent ce ciel noir; la foudre gronde au loin. Les deux petits garçons, transis de peur, se réfugient auprès de leur sœur, que cet orage désolait, mais n'effrayait pas. Elle les abrita le mieux possible, pensant que cet orage serait de courte durée; mais combien son espoir fut cruellement trompé ! La pluie tomba par torrents et eut bientôt mouillé ces pauvres petits êtres, qui tremblaient de tous leurs membres. Le vent agitait les arbres avec une telle violence, qu'il devint dangereux de rester dans le bois; à chaque instant d'énormes branches tombaient par terre, brisées par la force du vent, écrasant tout ce qui se trouvait sous leur chute.

Sylvine vit bien alors que cette tempête durerait le reste du jour, et que, malgré tous les dangers, elle n'avait pas d'autre parti à prendre que de regagner au plus tôt le château, sous peine d'exposer ses jeunes frères aux plus grands dangers.

L'intrépide jeune fille n'hésita pas longtemps; elle les prit tous deux par la main, et après avoir adressé à Dieu une courte prière, elle s'aventura à travers les champs par le chemin le plus direct. La pluie ne cessait de tomber, la foudre de déchirer le ciel; à chaque pas les pauvres enfants faillirent tomber. Le vent les jetait tantôt d'un côté, tantôt de l'autre. Les petits garçons, transis de peur et de froid, avaient presque perdu tout sentiment, et se laissaient machinalement entraîner. Ils n'étaient plus très éloignés du château, quand ils rencontrèrent sur leur route un ravin grossi par les pluies, large et des plus dangereux. Quel fut le désespoir de Sylvine à la vue de cet obstacle! Son courage n'en est cependant pas abattu; elle prend un de ses frères dans ses bras, charge l'autre sur ses épaules, se recommande à Dieu, et s'élance intrépidement dans le ravin furieux. Ce qu'un homme fort, intrépide, dans la fleur de l'âge, n'aurait peut-être pas entrepris, cette jeune fille de quinze ans le fit. Malgré la pluie qui tombait, malgré l'impétuosité des eaux qui la baignaient jusqu'à la ceinture, malgré les pierres entraînées par ces eaux furieuses, et qui venaient à chaque instant frapper ses faibles jambes, elle parvint à déposer sur le rivage opposé ses deux frères: ils avaient perdu toute connaissance. Alors, s'oubliant elle-même, elle les embrasse, les caresse, les réchauffe autant qu'elle peut, les encourage par les plus douces paroles et les ramène à la vie. Elle les reprend de nouveau par leurs petites mains glacées, et les guide à travers mille obstacles. Enfin ils atteignirent les premières maisons du village.

Bientôt après ils entrèrent dans le château, où leur absence causait les plus vives, les plus dévorantes inquiétudes. Un cri de joie les accueillit: Les voilà ! les voilà sauvés! M. d'Aubencourt, ivre de bonheur, pressait tour à tour ses enfants sur son cœur, les inondait de caresses et de larmes. Sylvine, toujours dévouée, s'occupait exclusivement de ses frères, qu'elle approchait du feu, auxquels elle courait chercher des vêtements secs et chauds. Mais tout à coup cette intrépide enfant pâlit, chancelle et tombe; ses forces, soutenues par le danger d'abord, par la joie ensuite, étaient épuisées. On s'empressa de la mettre au lit. Personne ne songeait alors qu'elle ne s'en relèverait jamais.

Cependant une fièvre ardente la saisit; le sang se porta à la tête avec violence; on eut bientôt perdu tout espoir de la sauver.

Cette jeune fille ne fut pas moins admirable à l'approche de la mort que pendant toute sa vie: la vertu, inspirée de bonne heure aux enfants, s'infiltre, pour ainsi dire, dans leur sang, devient partie intégrante d'eux-mêmes et ne les quitte jamais.

Une seule idée occupait cette enfant sublime: dans son délire comme dans ses moments lucides, elle ne songeait qu'à ses frères, à son père désolé. C'est en les pressant tous trois sur son cœur, en prononçant leurs noms chéris, en les consolant, que cette jeune fille mourut, victime de l'amour fraternel, en l'année 1735, à Pierrefort en Auvergne; elle venait d'avoir quinze ans. Ai-je besoin de dire que le village entier la pleura et porta le deuil? La vertu a des droits qu'on respecte partout, partout et toujours elle inspire les mêmes regrets, quand il plaît à Dieu de la rappeler à lui.

PRASCOVIE LOPOULOFF.

Qui ne connaît la Sibérie, étrange et malheureux pays qui renferme à la fois les sources de la richesse et la plus affreuse désolation, des mines d'or et d'argent, et des serfs condamnés à toutes les misères humaines; terre maudite qui alimente les somptuosités des empereurs de Russie et exécute leurs vengeances, qui donne ses trésors en échange de prisonniers; mère indigne, qui laisse mourir de faim et de froid ses enfants et ses hôtes, et comble de faveurs ses maîtres lointains? Bienfaitrice des uns, bourreau des autres.

Vers le commencement de ce siècle, il y avait dans ce pays une famille qui expiait, non pas le crime, mais le malheur de son chef, Jean Lopouloff, vieux soldat qu'on avait jeté dans cet exil. Cette famille était peu nombreuse; vous l'auriez vue dans une chétive cabane d'Ischim, petite ville ou village du gouvernement de Tobolsk; elle se composait de Jean Lopouloff, de sa femme Anne et de leur unique enfant Prascovie. A cette époque, cette jeune Russe pouvait avoir quatorze ans. Rien n'était plus triste à voir que cette famille au premier aspect: la misère la plus profonde l'entourait; mais quand on l'avait considérée quelque temps, on n'osait plus la plaindre. La mère et le père chérissaient leur enfant jusqu'à l'idolâtrie, et Prascovie leur rendait un amour et un dévouement sans bornes. L'affection que ces infortunés avaient l'un pour l'autre aurait changé leur misère en bonheur et leur chaumière en palais, si le souvenir de leur position passée, de la patrie absente, n'était venu souvent attrister jusqu'aux larmes le vieux Lopouloff et sa bonne compagne. Prascovie, amenée jeune encore dans cet exil, ne regrettait rien, car elle ne se souvenait de rien; elle ne savait que par ouï dire qu'il y avait en Russie de grandes villes opulentes, renfermant des maisons bien chaudes, dans lesquelles on était à l'abri du froid. Elle n'avait jamais été plus heureuse; jamais la pauvre enfant n'avait connu les aises et le bien-être de la vie; elle supportait donc sans trop de peine une position dans laquelle elle était pour ainsi dire née. Cependant la vue de ses parents en pleurs, les regrets qu'ils exprimaient souvent, lui firent comprendre, dès qu'elle avança en âge, le malheur de l'exil; elle devina facilement que le retour dans la patrie pourrait seul rendre au bonheur les objets de sa vive affection. Elle ne songea bientôt plus qu'aux moyens de faire cesser l'exil de ses parents; mais comment parvenir à ce but? Pauvre enfant isolée, comment obtenir une pareille faveur? Elle ne peut se l'expliquer; cependant elle l'espère, elle y croit, et sa croyance s'augmente sans cesse de toute l'ardeur de son désir. Elle sut bientôt que l'empereur seul pouvait lui accorder cette grâce, que l'empereur était à Saint-Pétersbourg, et que d'Ischim à Saint-Pétersbourg il n'y avait pas beaucoup moins de huit cents lieues. Son courage n'en est pas alarmé ; il s'exalte au contraire à la vue des difficultés, des dangers. Le premier obstacle était le plus grand peut-être: il fallait que Prascovie décidât ses parents à la laisser partir pour cette ville lointaine. Il est facile de comprendre combien de résistances, de prières, de menaces, elle eut à surmonter: c'était leur unique enfant, une enfant adorable et adorée, leur unique amour, leur seule espérance, leur seule joie; et cependent elle parvint à obtenir leur consentement. Il y a dans la conviction et dans le dévouement je ne sais quelle puissance qui subjugue et maîtrise les autres.

Un jour tous les pauvres exilés qui partageaient le triste sort de Lopouloff se rassemblèrent dans sa cabane; c'était un 8 de septembre, jour d'une fête de la Vierge et anniversaire de la naissance de Prascovie. Elle avait choisi ce jour, qui lui était cher à plusieurs titres, pour son départ; elle était dès le matin toute équipée pour ce voyage. Les voisins arrivés, elle s'agenouilla pour recevoir la bénédiction de ses parents. Ils lui donnèrent en outre tout ce qu'ils possédaient d'argent, et c'était une bien petite somme, un seul rouble, quatre francs environ; et l'ayant recommandée à Dieu, ils la laissèrent aller.

La consternation de tous les assistants était si grande, que chacun restait immobile, versant des larmes. Prascovie, courageuse et ferme, s'en allait seule, et n'osant se retourner sur cette scène désolante, quand deux voisins de Lopouloff se détachèrent du groupe en pleurs pour aller l'accompagner jusqu'aux limites de la bourgade. Arrivés là, ils augmentèrent son petit pécule de toutes leurs économies réunies, ce qui pouvait faire en tout une cinquantaine de kopecks. Elle reçut leurs adieux, se recommanda à leurs prières, et s'éloigna de ce pays où elle avait été élevée, de ses parents adorés, de ses tristes compagnons d'exil, en donnant un libre cours à ses larmes.

Comment décrire maintenant cet incroyable voyage d'une jeune fille de quinze ans, seule, sans argent, à travers ces rudes et tristes pays, à travers ces champs presque déserts de la Sibérie, ignorant même la route qu'elle doit suivre; aujourd'hui accueillie et hébergée par de pauvres paysans, demain repoussée et abandonnée; d'autres fois obligée de passer la nuit dans les champs, blottie sous quelque arbre, dans quelque trou, exposée à toutes les intempéries! Plus d'une fois elle se crut arrivée au terme de sa vie et de ses fatigues; plus d'une fois la maladie vint l'arrêter en chemin. Jamais elle ne changea de résolution; jamais son courage ne faiblit; à peine échappée à un danger, elle en affrontait un nouveau; elle allait demandant un peu de pain de porte en porte, suppliant qu'on lui donnât l'hospitalité. Toujours confiante en Dieu, toujours animée par les plus douces espérances, elle avançait sans cesse vers le but de son voyage.

Elle arriva un soir dans un village; elle était si fatiguée, qu'elle put à peine se traîner sous le porche de l'église; elle était dans un état si piteux, qu'on la prit d'abord pour une vagabonde, qui sait? pour quelque chose de pis encore: personne n'osait approcher d'elle. Le staroste (maire du village) vint enfin l'interroger; elle répondit à ses questions avec tant de simplicité et de candeur, que ce brave homme, transporté d'admiration pour son héroïque dévouement, la fit conduire chez lui; elle y reçut une hospitalité généreuse, répara ses forces épuisées. Le staroste, après l'avoir hébergée pendant plus d'un mois, ne voulut pas la laisser continuer sa périlleuse route sans lui avoir fait accepter des vêtements plus propres et plus chauds que ceux qu'elle portait; une chaussure solide. Il y avait alors deux mois qu'elle avait quitté ses pauvres parents; on était au fort de l'hiver, et les chemins étaient presque impraticables. Cependant elle se mit résolument en route. Elle marchait peu; mais le peu qu'elle marchait, elle avançait vers son but. Elle voulait surtout arriver avant les grands froids à Ekaterinbourg, ville capitale de la province de ce nom; elle espérait pouvoir y prendre du service dans quelque bonne maison pendant le fort de l'hiver, ou bien, comme cette ville est le siège de l'administration des mines et fonderies de Sibérie, et que les rapports avec Moscou étaient fréquents, elle croyait, d'après ce qu'on lui en avait dit, pouvoir prendre passage sur quelque traîneau qui conduisait des métaux ou des canons. Mais elle était encore bien éloignée de cette ville quand elle tomba d'épuisement et de fatigue sur le bord du chemin; elle y resta une nuit entière et le lendemain. Un convoi, qui allait porter des provisions à Ekaterinbourg pour la fête de Noël, la trouva toute transie. A la vue de cette pauvre enfant, les conducteurs du convoi furent émus de pitié ; ils la prirent dans leurs pelisses, la réchauffèrent petit à petit, la placèrent à côté d'eux; elle arriva ainsi heureusement à la ville si désirée. Mais quand elle fut installée dans une bonne auberge où descendaient les conducteurs de traîneaux, elle s'aperçut avec effroi qu'elle avait perdu la bourse de cuir qui contenait toute sa petite fortune. Qu'on juge de la terreur de cette pauvre fille, qui avait déjà fait quelque dépense: elle vint trouver la maîtresse de l'auberge, lui raconta son malheur avec tant de franchise et de naïveté, que celle-ci ne put s'empêcher de la croire; elle la prit non-seulement en pitié, mais en amitié, et la traita avec toutes sortes d'égards. Prascovie, de son côté, cherchait à se rendre utile en aidant à tous les travaux dont elle était capable. L'aubergiste voulait la retenir près d'elle au moins tout l'hiver; mais les mêmes conducteurs de traîneaux qui l'avaient amenée ayant pris du chargement pour une ville qui la rapprochait de Saint-Pétersbourg, elle se remit aussitôt en route avec eux. Arrivés au terme de leur voyage, ces braves gens lui dirent adieu, firent des vœux pour l'heureux accomplissement de son saint pèlerinage et la laissèrent.

Prascovie avait compté sur celui-là seul qui ne trompe jamais, sur Dieu, pour accomplir son généreux projet. Aussi quand les hommes l'abandonnaient, son refuge était toujours le même, le temple: elle s'y rendit encore cette fois; son premier soin fut de remercier le Seigneur de ce qu'il avait déjà fait pour elle. Sa ferveur, le mauvais état de son habillement la firent distinguer bientôt par une bonne dame qui priait non loin d'elle. Madame Milin s'approcha de Prascovie, l'interrogea, et, satisfaite de ses réponses, l'emmena chez elle.

Les âmes bonnes et honnêtes se devinent, se comprennent et s'aiment à la première vue. Prascovie était à peine chez madame Milin, qu'elle s'était fait une amie de sa protectrice. On peut voir par cet exemple combien sont cachées les voies de la Providence. Au moment où Prascovie devait se croire perdue, où elle était sans ressource aucune, tous les secours lui arrivent ensemble: pour la première fois peut-être, elle va voir que son projet n'est pas insensé, et que la réalisation, quoique difficile, n'en est pas absolument impossible, comme tout le monde le lui a dit jusqu'à présent. Madame Milin, qui était comme Prascovie une de ces femmes de dévouement intrépide, approuva l'héroïque résolution de la jeune Sibérienne; elle lui dit qu'elle avait des amis puissants à Moscou et à Saint-Pétersbourg, et qu'elle l'adresserait à eux. Cependant elle ne voulut pas que Prascovie se remît en route avant la fin des grands froids. Durant plusieurs mois qu'elle la garda près d'elle, elle lui enseigna les premiers éléments de lecture et d'écriture. Elle lui apprit les grandes et sublimes vérités de la religion; elle crut que, pouvant donnera son âme généreuse la divine nourriture de la science et de la religion, elle ne ferait pas assez pour sa nouvelle amie si elle ne pourvoyait qu'à ses besoins physiques.

Les routes étant devenues plus praticables et le froid moins rigoureux, Prascovie supplia madame Milin de lui laisser accomplir son projet. Quelque peine que la bienfaitrice eût à se séparer de sa protégée, elle ne voulut pas mettre obstacle à cette belle action; elle paya le passade de l'exilée sur un bateau de transport qui devait la conduire à Nijnéi-Novogorod, ville située près du confluent de l'Oka avec le Volga, et distante seulement de Moscou d'une centaine de lieues. Elle lui donna en outre une petite valise bien garnie d'argent pour le reste de sa route, et une lettre de recommandation pour une grande dame de Moscou. L'intrépide Prascovie quitta madame Milin, emportant la douce espérance qu'elle allait enfin toucher au terme d'un si long et si périlleux voyage. Mais Dieu lui réservait encore de nouvelles épreuves.

Elle fit heureusement le trajet jusqu'à l'embouchure de la Khava dans le Volga. Depuis ce lieu le bateau remontant le fleuve était tiré par des chevaux; pendant un orage très-violent, les bateliers voulant éloigner la barque du rivage, la poussèrent avec une telle brusquerie, qu'elle chavira; trois personnes, au nombre desquelles était Prascovie, furent jetées dans le fleuve: on les retira aussitôt, et la jeune fille ne fut que blessée légèrement. En vain la pressa-t-on de quitter ses vêtements mouillés et de revêtir les habits chauds et secs qu'elle avait avec elle; comme le bateau ne renfermait aucun endroit isolé où elle pût faire ce changement, sa pudeur ne lui permit pas d'y procéder devant ses compagnons de voyage. Un gros rhume la saisit bientôt, et elle arriva à Nijnéi dans un état de santé fort alarmant. Cependant, ne voulant pas se rendre dans une auberge, elle alla demander l'hospitalité dans un couvent de religieuses, où madame Milin l'avait adressée. Sur la recommandation de cette dame, elle fut parfaitement reçue des religieuses. Mais sa maladie augmentait, et faillit la conduire au tombeau; elle dura près d'une année. Dans les intervalles de repos que lui laissaient ses souffrances, elle continua les études commencées chez l'excellente madame Milin. Revenue enfin à la santé, elle alla trouver l'abbesse, la supplia de lui donner les moyens de se rendre à Moscou, et lui promit volontairement que si Dieu couronnait son entreprise du succès, elle reviendrait à ce couvent apprendre à mieux connaître la religion, et qu'elle s'y consacrerait à Dieu, si ses parents de retour le lui permettaient.

Quelques jours après cette entrevue, Prascovie était à Moscou, et bientôt après à Saint-Pétersbourg.

Durant la route de Moscou à Saint-Pétersbourg, Prascovie inspira un vif intérêt à un marchand qui habitait cette dernière ville. Il prit soin d'elle pendant le voyage, et, arrivé dans la capitale de l'empire russe, il ne voulut pas qu'elle prît d'autre logis que sa propre maison. Malheureusement ce marchand ne put rester que quelques jours à Saint-Pétersbourg, et, quoiqu'il n'eût aucune connaissance qui pût efficacement aider la pauvre jeune fille, il lui aurait au moins épargné bien des fatigues et bien des démarches inutiles. Prascovie avait une lettre de recommandation pour la princesse de T.... Mais elle ne put d'abord, malgré toutes ses recherches, trouver le domicile de cette dame. On lui avait, en outre, fort mal à propos persuadé que le sénat pouvait seul réviser le procès de son père et qu'elle devait s'adresser à lui. Elle voulut voir plusieurs sénateurs, pour les prier de remettre et appuyer sa supplique; mais les domestiques ne la laissaient pas même arriver jusqu'à leurs maîtres, la voyant pauvre et misérablement vêtue. Désespérée, elle rentra un jour chez son hôte, fondant en larmes et ne sachant plus quel parti prendre. La femme du marchand, qui était bonne et peu craintive, lui dit qu'elle allait se mêler de ses affaires et qu'elle les conduirait tout autrement. En effet, la marchande se mit aussitôt dans ses beaux atours, prit Prascovie avec elle, et marcha à la recherche de la princesse de T..., dont elle trouva facilement le palais.

Prascovie, introduite auprès de cette dame, lui expliqua le but de son voyage, la supplia, les larmes aux yeux, de lui venir en aide, lui raconta par combien de fatigues et de périls elle était parvenue enfin dans cette grande ville de Saint-Pétersbourg, où elle était abandonnée de tous. La dame fut attendrie par ce naïf récit, et promit à Prascovie toute sa protection. En effet, dès le lendemain l'empereur Alexandre connaissait cette anecdote touchante, et avait fait mander la pauvre fille de Lopouloff. Quels furent l'étonnement et la joie de Prascovie quand elle se vit si soudainement introduite dans le palais impérial! Arrivée près de l'empereur, elle se précipita à ses genoux et les baisa avec transport. L'empereur ne lui donna pas le temps de parler; il la releva avec bonté et lui dit: «Je connais votre noble dévouement, et déjà la grâce de votre père vous est accordée. Celui qui a su inspirer à sa fille une si grande vertu ne peut être un coupable. Allez, noble enfant, et soyez heureuse.»

Prascovie allait en effet se retirer, quand elle songea qu'il lui restait encore un devoir à remplir. Elle s'inclina de nouveau devant l'empereur, et, rassemblant toutes ses forces, elle lui dit: «Deux autres vieux soldats languissent dans le même exil que mon père; ils m'ont accompagnée jusqu'aux limites du bourg d'Ischim, et m'ont donné tout l'argent qu'ils avaient pour faire ma route. Mettez le comble à vos bienfaits, ô noble empereur! en m'accordant aussi leur grâce.» La pauvre enfant pleurait et tremblait. L'empereur ne voulut pas qu'elle fût à moitié heureuse, et lui accorda la grâce de ses protégés.

Le lendemain Prascovie se mit en route pour le couvent de Nijnéi, où elle arriva après une longue et pénible marche. Elle revit avec joie ces cloîtres gothiques, cette magnifique chapelle où la divine religion du Christ lui avait été révélée dans toute sa sublime grandeur.

Il y avait dix-huit mois qu'elle avait quitté son père, sa mère. Elle venait les attendre dans cette demeure hospitalière. A peine arrivée, la maladie la saisit de nouveau; sa santé, détruite par les fatigues, les sensations si profondes et si fréquentes, ne se rétablit plus. Le mal faisait, au contraire, chaque jour de nouveaux et terribles progrès. Elle vit arriver la mort sans aucune crainte; elle l'avait si souvent bravée au milieu des dangers de toute espèce! «Que j'aie seulement le bonheur d'embrasser mon vieux père, ma bonne mère, s'écriait-elle souvent, et je mourrai heureuse et contente.» Ce bonheur lui fut accordé. Elle mourut le 8 décembre 1809. Ses parents étaient arrivés quelques jours auparavant. «Hélas! mon Dieu, disait-elle en expirant, je quitte cette terre sans regret, si vous me faites la grâce de les revoir dans le ciel.»

JUSTINE-NICOLETTE DE FOIX.

Ce fut l'an 1514 que Françoise de Foix épousa le comte de Chateaubriand. Quoique bien jeune encore (elle avait à peine treize ans), elle passait pour la beauté la plus remarquable de son temps; l'éclat de sa naissance était encore relevé par l'illustre nom qu'elle recevait de son époux. Riche elle-même, elle entrait dans une maison riche et puissante; jeunesse, beauté, honneurs, richesses, tout ce qu'on appelle les grands bonheurs de la vie, Françoise de Foix l'avait en partage. Comme l'avenir devait apparaître resplendissant et magnifique à cette jeune et noble fille! Quelque temps après son mariage, le comte quitta son vieux manoir de Chateaubriand pour aller guerroyer, recommandant à sa jeune épouse de vivre solitaire et sage dans la compagnie de ses femmes, et surtout et avant tout lui défendant d'aller à la cour fastueuse du roi François Ier. Mais bientôt les froids honneurs du château féodal, la noble et triste solitude, la compagnie de vieilles matrones, ennuyèrent cette jeune femme, qui avait rêvé bien d'autres joies en se mariant. Le roi la pressait de venir embellir la cour; il l'en pria: elle eut la faiblesse coupable d'y consentir; elle quitta bientôt sa vieille et austère Bretagne pour le séjour magnifique de Paris et de Saint-Germain, emmenant avec elle sa petite fille-Nicolette de Foix, qui venait de naître. Quelques années s'écoulèrent pour la comtesse de Chateaubriand au milieu des fêtes et des splendeurs de la cour de France. Mais les causes qui avaient éloigné le comte de Chateaubriand n'existant plus, il revint dans son comté, et y rappela sa jeune épouse et sa fille, qui avait alors six ans. Jaloux et furieux de la désobéissance de la comtesse, il méditait une vengeance terrible. A peine cette pauvre jeune femme fut-elle entrée dans le château, que le comte, après lui avoir reproché sa conduite dans les termes les plus outrageants, la fit renfermer dans une vaste pièce, préparée à l'avance pour être son éternelle prison.

Rien n'était plus affreux que cette pièce: toutes les fenêtres avaient été bouchées, et elle était toute tendue de noir; une lampe sépulcrale jetait sa pâle lumière dans ce vaste cercueil. Un peu de pain et d'eau était toute la nourriture accordée à la comtesse de Chateaubriand, naguère fêtée à la cour du plus fastueux des rois. Au moins une consolation lui fut-elle laissée; on permit qu'elle gardât auprès d'elle sa fille chérie. On avait pensé que cette enfant, effrayée par le funèbre aspect de ces lieux, demanderait elle-même à n'y pas rester; mais cette attente fut déçue. Justine-Nicolette ne voulut jamais quitter sa mère. Elle refusait tout pour rester dans cet affreux séjour. Cette touchante affection, ce dévouement sublime dans un enfant si jeune, avaient augmenté encore l'amour que la comtesse avait pour sa fille. Sa prison lui était devenue tolérable. Ce que voyant le comte de Chateaubriand, il pensa que sa vengeance ne serait complète que s'il pouvait séparer l'enfant de la mère, et il le tenta.

Un jour on vint arracher de ce lieu funèbre la jeune Nicolette de Foix, malgré ses prières et ses larmes. Pour la distraire, on lui mit de magnifiques vêtements; on la conduisit dans les fêtes; on lui donna mille jouets; on l'entoura de jeunes enfants de son âge. Rien n'y fit, elle ne demandait, ne voulait qu'une seule chose, sa mère! Irrité de cette obstination, qui aurait dû plutôt l'attendrir, le comte, n'espérant plus rien de la douceur, employa la rigueur et les menaces pour amener sa fille à ses volontés: il la renferma seule dans une chambre presque déserte. La jeune Nicolette perdit alors tout espoir de fléchir son implacable père; elle résolut de mourir plutôt que de vivre séparée de sa mère. Cette résolution prise, elle déclara qu'elle refuserait toute nourriture jusqu'à ce qu'on lui eût accordé sa demande. Cette menace effraya peu; on pensait bien que cette volonté d'enfant ne tiendrait pas devant les tortures de la faim. Il en fut cependant ainsi qu'avait dit l'enfant. En vain lui apportait-on les mets les plus appétissants; en vain la priait-on, la menaçait-on; elle restait inébranlable. Le comte de Chateaubriand eut la cruauté de pousser jusqu'aux dernières limites cette affreuse expérience; mais il recula devant la certitude d'une mort prochaine. On remit la jeune colombe dans le nid de sa mère, qui la ranima par ses baisers, qui la réchauffa dans son sein, et la rappela à la vie, ou, pour mieux dire, aux douleurs, car le faible estomac de cette enfant, délabré par ce long jeûne, ne reprit plus jamais l'exercice complet et facile de ses fonctions; et puis, à cette jeune plante, si tôt brisée par le vent de la douleur, pour reverdir, pour reprendre cette vie qui avait failli l'abandonner pour toujours, il aurait fallu le grand air, la bonne rosée du matin, le soleil fécond. Et vous savez dans quel tombeau on la tint renfermée. Elle y resta près d'un an encore, donnant au monde un spectacle, je crois, bien unique. Quel héroïsme dans un enfant si jeune! affronter pour sa mère non pas seulement une mort horrible, mais mille morts, pendant une longue année. La maladie faisait chaque jour de nouveaux progrès. Enfin Dieu la rappela à lui; Nicolette mourut tenant sa mère embrassée et ne la voulant pas quitter. Mais celle-ci la consolait en lui disant: A bientôt.

La plus courte en ce monde est la meilleure vie.

La comtesse de Chateaubriand eut à peine en effet le temps de rendre à son enfant les honneurs funèbres. Le comte, ayant apris la mort de sa fille, monta dans la tour où était renfermée la comtesse, menant avec lui cinq domestiques armés et deux chirurgiens. Là, après avoir accablé cette pauvre jeune femme des plus sanglantes injures, il la fit attacher sur une table et saigner des quatre membres à la fois. La mort suivit de près cette horrible opération. La jeune comtesse mourut, pleine de repentir et de résignation, remerciant son cruel époux de la réunir à un enfant qui avait partagé ses douleurs; et il y eut ce jour-là deux anges de plus dans le ciel: le repentir est une seconde innocence.

MARIETTE.

Cette histoire nous a été racontée par un vieux laboureur flamand. Nous étions assis tous les deux sur le bord du chemin, devisant ensemble. De l'endroit où nous étions, on apercevait une croix de bois plantée sur un petit tertre; cette croix avait bien des fois attiré mes regards et éveillé ma curiosité ; elle ne portait d'autre inscription qu'un nom à demi effacé : MARIETTE, et au-dessous une date, 1814.

Je n'avais jamais demandé le sens de cette courte inscription. J'aimais le vague où elle me laissait, et chaque fois que je passais devant cette tombe solitaire, mon imagination créait une nouvelle explication de cette triste énigme.

Comme j'avais les yeux fixés sur la croix, le laboureur les porta aussi de ce côté, comme pour voir ce qui attirait si fortement mon attention. Bientôt, saisis tous deux de la même pensée, nous avions cessé de parler.

«Pauvre Mariette!» s'écria-t-il tout à coup, essuyant une larme et se levant pour reprendre son travail.

Je le retins, le priai de rester un instant, et bientôt j'ajoutai: «Quelle est donc l'histoire de Mariette?»

Il me regarda avec étonnement: «Tout le monde la connaît, répondit-il.

— Je ne l'ai demandée à personne.

— Vous voyez bien, me dit-il aussitôt, cette chaumière là-bas, au bout de la prairie? il y a vingt ans que Mariette y vivait, chez de braves gens qui n'y sont plus. Si vous l'aviez vue, mon bon monsieur! il n'y avait pas dans tout le pays une plus belle créature: forte, alerte, infatigable, serviable surtout, toujours prête à aider le voisin: la pauvre enfant n'avait rien, elle trouvait le moyen d'obliger tout le monde; ni vous ni moi n'aurions fait meilleure journée qu'elle alors qu'elle n'avait encore que treize ans. N'était sa tristesse continuelle, on ne pouvait rien imaginer de plus charmant que cette enfant. Elle n'avait plus de parents, mais tout le village l'aimait comme des parents savent aimer; il n'y avait pas une porte où elle n'aurait pu aller frapper, pas une table où elle n'aurait pu aller s'asseoir. Mais je vais commencer par le commencement.

«Pierre Madou, qui était le père de Mariette, fut forcé de partir pour l'armée, et d'abandonner femme et enfant. La femme n'avait pas beaucoup plus de vingt ans, et la fille plus de deux. A l'armée, Madou fit son devoir comme un bon Flamand qu'il était; mais il eut du malheur: il fut fait prisonnier, et je ne sais trop comment il tomba entre les mains des Anglais. Sa fille avait huit ans quand on apprit cette nouvelle au village; la femme Madou venait de mourir. Que Dieu veuille avoir son âme! ajouta-t-il en faisant le signe de la croix. Le travail l'a tuée. Il s'en fallut de peu que Mariette n'en devînt folle, toute jeune qu'elle était. Nous avons cependant fini par la consoler un peu. Chacun voulait avoir chez soi cette pauvre petite orpheline. Elle s'en est allée chez les Duval, qui étaient cousins de son père. Les Duval commençaient à se faire vieux, ils n'avaient pas d'enfants; elle les aida d'abord, puis les servit, puis travailla pour eux. Mais on gagne peu dans nos pays, vous le savez, et quand une pauvre petite créature de treize à quatorze ans a nourri de son travail elle et deux vieillards, elle court grand risque de ne pouvoir faire des économies. Cependant on apprenait chaque jour de plus tristes nouvelles de Madou; le pauvre prisonnier se désespérait, se lamentait. Sur les pontons où il était, n'ayant jamais rien su de sa vie que cultiver la terre et se battre, il ne pouvait gagner un sou. Il écrivait qu'il ne vivrait pas longtemps ainsi, ne pouvant même fumer, faute d'argent pour acheter du tabac. Nous avons tant fait, sa fille a tant travaillé, tant couru de tous côtés, qu'une première fois nous lui avons envoyé quelque soulagement. Une autre fois, nous avons encore pu faire quelque chose. Mais le village était pauvre, mon bon monsieur; il l'est beaucoup moins aujourd'hui, mais alors vous n'y auriez pas trouvé vingt pistoles, et chacun a ses petites charges. Depuis longtemps on n'avait rien envoyé à Madou. Mariette était triste; elle travaillait avec un courage indomptable; le jour aux champs, la nuit au filoir. La sueur et les larmes mouillaient souvent sa figure d'ange, et cependant son travail suffisait à peine à nourrir les Duval, vieux et infirmes, et qui n'avaient plus d'autre soutien qu'elle.

«Mais j'ai oublié de vous dire, je crois, que Mariette avait les plus beaux cheveux qu'on pût voir au monde, cheveux blonds et dorés comme les épis en août, longs, soyeux; c'était l'admiration de tout le pays. Un homme de Saint-Omer, qui passait dans nos campagnes et qui y faisait des commerces inconnus, vit cette riche chevelure; il proposa de l'acheter pour un petit écu. Mariette, heureuse de pouvoir envoyer le petit écu à son père, allait livrer sa tête au marchand; nous en avons exigé deux; le marchand les a donnés. Quand elle se vit rasée, quand elle vit sa tête nue, qu'elle se vit privée de sa seule richesse, la pauvre enfant ne put s'empêcher de pleurer; mais quand elle eut dans les mains les deux écus et les envoya au pauvre Madou, elle aurait encore eu vingt chevelures, qu'elle les aurait toutes volontiers sacrifiées. Nous étions tous tristes et désolés de voir ainsi tondue la plus jolie fille du village; c'était aussi la première qui eût vendu ses cheveux dans notre pays. Elle était transportée de joie. Tous frais d'envoi payés, il revint à Madou un peu plus d'un petit écu, qui lui servit à revenir au pays; car à peine eut-il reçu cet argent, qui avait coûté si cher à sa fille, qu'on le renvoya.

«Il nous arriva un jour sans nous avoir prévenus; sa fille travaillait dans le champ où vous voyez la croix. Le vieux Duval se chauffait au soleil non loin de là. Le prisonnier vint à eux; le bonhomme le reconnut, et cria à Mariette: «Petite, voilà ton père!» Le père et l'enfant se jetèrent dans les bras l'un de l'autre. Ils y restèrent longtemps. Madou pleurait; quand il regarda sa fille, il la vit évanouie; elle mourut un instant après: la joie l'avait suffoquée.

«On l'enterra où elle était tombée. M. le curé nous disait en l'enterrant, je m'en souviens encore: «Mes amis, ne pleurez pas sur Mariette, elle est au ciel; pleurez sur vous, qui ne verrez plus cette sainte fille, et ne la pourrez plus montrer à vos enfants comme l'image de la vertu sur la terre.»

«Chaque année nous venons déposer des couronnes de roses sur cette tombe, le 15 août, fête de la vierge Marie.»

Table des matières

INTRODUCTION.	6
LES ENFANTS D'ÉDOUARD.	12
FRANCESCO MICHELI.	22
PIC DE LA MIRANDOLE.	31
LES DEUX PETITS LAZZARONI.	40
HENRI ET FRANÇOIS DE NEMOURS,	50
LE DUC DE BOURGOGNE,	59
NICOLAS FERRY, DIT BÉBÉ.	69
TURENNE.	81
JEUNESSE DE LULLI.	87
JOHN LANDEN.	95
JEUNESSE DE PASCAL.	104
RAISIN ET BABET.	112
JEUNESSE DE VALENTIN JAMERAY DUVAL.	122
ÉDOUARD VI.	141
VOLNEY BECKNER.	150
AMBROISE DE BOUFFLERS.	155
UN PRIX MONTHYON.	164
FRANÇOIS DE BEAUCHATEAU.	168
ENFANCE DE DU GUESCLIN.	175
ENFANCE DE SAINTE GENEVIÈVE,	184
Mlle JULIE D'ANGENNES,	197

JEANNE GRAY.	203
HAL-MEHI-CANTIMIRE,	222
MADEMOISELLE MARGUERITE ESTANCELIN.	234
CHRISTINE DE SUÈDE.	239
ANNE-HENRIETTE DE FRANCE.	250
LOUISE LABBÉ.	258
VIE DE JEANNE D'ARC,	267
SIÉGE D'ORLÉANS.	276
SYLVINE JOLIOTTE D'AUBENCOURT.	316
PRASCOVIE LOPOULOFF.	325
JUSTINE-NICOLETTE DE FOIX.	338
MARIETTE.	342